理论、构建与管理 Theory, Construction and Management

养老金投资组合

Retirement Portfolios

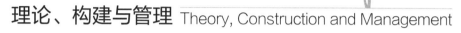

[美] 迈克尔·茨威彻（Michael J. Zwecher） 著

兴全基金管理有限公司 译

中信出版集团 · 北京

图书在版编目（CIP）数据

养老金投资组合 /（美）迈克尔·茨威彻著；兴全
基金管理有限公司译 . -- 北京：中信出版社，2019.1
书名原文：Retirement Portfolios: Theory,
Construction and Management
ISBN 978-7-5086-9711-6

Ⅰ.①养… Ⅱ.①迈… ②兴… Ⅲ.①退休金－投资
Ⅳ.① F241.34

中国版本图书馆 CIP 数据核字（2018）第 245815 号

养老金投资组合

著　　者：[美]迈克尔·茨威彻
译　　者：兴全基金管理有限公司
出版发行：中信出版集团股份有限公司
　　　　　（北京市朝阳区惠新东街甲 4 号富盛大厦 2 座　邮编　100029）
承 印 者：北京诚信伟业印刷有限公司

开　　本：787mm×1092mm　1/16　　印　张：21.25　　字　数：192 千字
版　　次：2019 年 1 月第 1 版　　印　次：2019 年 1 月第 1 次印刷
京权图字：01-2018-7471　　　　　广告经营许可证：京朝工商广字第 8087 号
书　　号：ISBN 978-7-5086-9711-6
定　　价：69.00 元

本书献给我的女儿奥利维亚（Olivia）、玛娅（Maia）和佐伊（Zoe），她们让每一天都充满意义，我保证我永远不会从父亲这一"职位"退休。

个人养老规划领域的大机遇和大挑战

美国的理财顾问常常被客户提问："我为什么要买你的服务？"每个市场都有类似的情形，客户只愿意为专业且有效的理财建议买单。所以，如果你想在新时代成为一名成功的理财顾问，我建议你认真阅读这本书。在未来很长一段时间内，个人养老业务将蕴含巨大的机遇，而这本书对于理财顾问专业能力的提升和业务的拓展有极大的帮助。

2018 年是个人养老账户的元年，个税递延型养老保险试点启动，养老目标基金成立，接下来，部分公募基金也可能被纳入个税递延账户，账户扩容之势可见一斑。个税递延对老百姓有巨大的吸引力，加上传统养老模式的力有未逮，国内的个人养老金规模将会飞速增长。以美国市场为例，截至 2017 年年底，美国养老金总规模突破 28 万亿美元，其中，个人养老金的占比达 80%。国内的个人养老市场刚刚起步，预计个人养老咨询将成为投顾领域最有前景的子市场之一。

帮客户做好养老金组合规划并非易事。一方面，个人养老金投资在国内是新事物，大部分理财顾问很少接触相关业务，理论储备和实践经验几乎都是空白；另一方面，养老金投资不同于普通的理财规划，具有显著的长期属性，需要与用户的生命周期匹配，目标上在追求稳健的同时，更要在长寿风险增加的情况下实现更高的长期回报。养老金投资组合的复杂性也对相关从业人员提出了更高的要求。因此,国内的理财顾问迫切需要一套体系完备且行之有效的方法论,来指引他们应对客户越来越多的个人养老理财需求。

在此背景下,我们翻译了这本主要面向理财顾问的《养老金投资组合》,希望从个人养老已相当成熟的美国市场汲取经验,学习他们如何动态地管理养老金投资组合。构建投资组合就好比烹饪,原料可能相差不多,但经不同厨师加工后,菜肴的味道迥异。这本书致力于帮助每一位理财顾问成为"大厨",用专业独到的投资组合规划建议让客户获得美味的"菜肴"。

《养老金投资组合》的内容系统全面。其详细之处,既在于理论模型和具体实践的高度结合,有理有据;也在于通过丰富的案例为不同生存状态下的投资者提供个性化解决方案,读者可以对号入座找到适用的操作方式;还在于全方位覆盖了生命周期的现金流分析、家庭资产负债表、动态平衡、主动风险管理等诸多与养老金投资相关的要点,读者可以通过关键词搜索的方式针对性地查询所需内容。

除了严谨的方法论,本书也不乏深刻有趣的观点,甚至颠覆了一些投资者深以为然的观念。比如,本书的背景是 2008 年金融危机后,很多居民的养老金遭受了巨大损失,作者认为十分有必要提醒投资者保本对于养老资产的重要性,年金并非最佳选择,最好投资于债券或债券基金,保本之外有余力再适当投资风险资产,以追求更高的超额收益。再比如,市场波动对 30 岁左右的年轻人来说是"朋友",对 65 岁的退休老人来说却是"敌人",无论哪种配置策略都非持续性的"灵丹妙药",养老金投资组合需要配合生命周期做动态调整。

本书虽然主要面向理财顾问,但对个人投资者和机构投资者也大有裨益。作为个人投资者,你可以通过浏览本书加深对养老金投资的了解,从而更高效地向理财顾问表述自身的需求,降低沟通成本。对于机构投资者，本书提供了很好的借鉴：如如何设计出更契合养老金配置需求的产品，并在投资管理中充分把握养老金资产的属性等。

医疗技术越发达，居民可以生存得越久，人口老龄化本身体现了社会的进步。我们可以看到，在越发达的经济体中老龄化率往往越高。我们的恐惧不是来自老龄化，而是来自没有做好充分应对人口结构变化的准备。2018年，个人养老的"第三支柱"正式起步，这是一件有利于国计民生的大事，其建设和壮大需要大家的齐心协力。

兴全基金管理有限公司（简称兴全基金）在经营过程中始终坚持履行社会责任，是第一家将社会责任投资理念引入国内的公募基金，在过去几年内成立了多只社会责任投资专户产品，自2006年开始，持续为公益累计投入超过1.1亿元。在国家推动个人养老体系建设的过程中，兴全基金高度重视并参与其中，希望为个人养老体系的建设贡献自己的力量。兴全基金对海外养老金制度、运作机制、养老金资金特性等做了充分的研究，目前已经获批了一只养老目标基金产品，希望将长期以来形成的价值投资、责任投资的投资理念，运用于养老金的投资运作管理。

我们相信，作为"第三支柱"的个人养老金投资会对中国的居民养老问题产生极其深远的影响，养老金投资需尽早规划，更需用妥当的方式规划，积跬步以行千里。从这个角度来看，无论对理财顾问，还是个人投资者和机构投资者，《养老金投资组合》均具有一定的参考借鉴意义，希望读者能从中获益。

兴全基金管理有限公司董事长

中国证券业协会监事长

兰荣

2018年11月

2009 年及以前的生活

"我为什么要买你的服务？"

这是很多理财顾问会被问到的问题。提问的客户当时的态度可能是真诚的，也可能是不屑的，但这是个很实在的问题。零售金融服务的业务模式基于一个美好的"愿景"，但缺乏明确的目标；用MBA（工商管理硕士）的术语来说，该业务模式出售"希望"，而没有向客户提供任何明确的可交付成果。

自 1981 年开始的 25 年间，基于"愿景"的业务模式十分成功。随着富裕阶层的扩大，投入各领域的资产使市场蓬勃发展。理财顾问可以出售"愿景"，市场通常可以为进行理财规划的人①和退休人员提供令其满意的回报。偶尔出现的小"风暴"② 也可以被很好地处理，而这些小"风暴"就是这个业务模式的一部分。与其他业务模式类似，销售不是该业务模式的核心，金融市场业务模式的核心驱动力是"预期差"。这种业务模式的重点在于提高业绩预期，而不是最后的业绩结果。这样的业务模式暗含较高的风险，

---

① 进行理财规划的人是指在合意风险下追求期望收益最大化的投资者，此类投资者与退休人员的区别在于，前者的资产足够多，不需要考虑变卖自己的资产用于消费（可理解为投资时只需考虑风险收益率的高净值客户）。
② "风暴"指市场下跌。——译者注

使客户容易暴露于金融"飓风"之中。

2007 年年初，自汇丰控股出人意料地减记其抵押贷款开始，一场金融风暴朝华尔街袭来。2007 年 6 月，两只贝尔斯登（Bear Stearns）对冲基金的破产清算昭示着事态迅速恶化。信贷市场很快就开始崩塌，企业借款人，尤其是通过短期票据融资的债务人无法偿还和续借债务。资产支持商业票据（ABCP）市场、标售利率证券（ARS）市场、浮动利率债券（FRNs）市场及整个回购市场都陷入沉寂。尽管美联储削减了利率并向市场注入流动性，但贝尔斯登、美国国际集团（AIG）、雷曼兄弟（Lehman Brothers）仍然相继倒闭，美林（Merrill）、摩根士丹利（Morgan Stanley）也处于破产的边缘。

2007—2009 年的事件对客户来说是双重打击：房地产市场的疲软影响了客户的资产负债表，并拖累了经济增长；而金融体系的崩溃几乎把经济推向危险的"悬崖"边缘。所有类别的资产受突如其来的冲击而出现暴跌，就好像金融业的"埃博拉病毒"（Ebola）一样，许多经营零售客户业务的投顾公司自身也遭到重创。这些公司要为自身的不作为承担主要责任。一个管理层决策连续失误、向资不抵债的深渊滑落、在国会公开乞求政府救助的金融投顾公司，提供的资产配置建议还有什么价值？对于客户来说，这意味着基于节俭和延期消费的计划被破坏；对于理财顾问来说，这影响了他们自身的投资收益，也影响了他们的职业生涯。

恐慌之后，一些人看到客户的投资组合亏损、与客户的关系受损，就迅速宣告零售模式"死亡"。在笔者看来，基于"愿景"和"大概率事件"进行销售的业务模式应该不会"死亡"，但一定会消沉一段时间，甚至可能会消沉十年之久。客户正在重新评估他们构建投资组合的策略，这意味着原有的业务模式将会进化或出现新的业务模式。

过去，我们十分推崇追求高阿尔法①（alpha）收益的投资理念（基于风险收益，提高单位风险的收益预期）。遗憾的是，那些所谓的阿尔法，实际上要么是流动性溢价，要么是非线性风险溢价。这些溢价在正常的市场环境中逐渐被持有人获得。在 2008 年的市场中，流动性不足就像压倒骆驼的最后一根稻草，以前被认为不可能的事情却发生了。在大多数情况下，以高阿尔法为卖点的产品，通常向投资者销售一个美好的"愿景"，但在某些特殊市场环境中截然不同。理财顾问需要一个既能满足客户的收益期望，又能抵御一定市场波动、满足客户未来消费需求的商业模式。

尽管发生了许多事情，但有个消息能让我们略感宽慰。我们可以通过市场已有的资产品种构建抵御市场震荡的投资组合。就好比烹饪，尽管原料类似，但菜品最终的口味可能大不相同。对于很多人来说，这意味着他们可以保留自己熟悉并且乐于持有的投资组合类型。对于理财顾问来说，业务模式的改变是从量变到质变的自然过程。可以确定的是，我们需要重新思考并改变一些做法。对大多数人来说，没有必要采取过去的老方法：退休储蓄并不容易，但你可以建立合理的投资组合以抵御市场风险并维持合意的生活方式，同时留有享受更好生活的可能。

客户延迟消费并进行储蓄是有原因的。构建投资组合不是纯粹为审美需要而设计"花园"，而是一种为未来需求做好准备的手段。客户希望在未来需要的时候获得足够的资金，并愿意为此承担一定的风险。对理财顾问来说，这意味着切实保证客户在未来的基

---

① 阿尔法是指相对市场平均回报的超额收益，且这种超额收益能够被规律、可靠地挖掘。理财顾问可以向渠道客户销售以高尔法为卖点的产品。

本收益很重要。但同时，这并不表示要完全规避风险。相反，我们只需要进行风险监测，并在合适的时候进行风险分散。

现在正是反思的好时机，反思理财顾问能做什么，反思如何改进业务模式并重新赢得客户的信任。理财顾问需要提供的不仅仅是市场知识、产品知识、交易和其他各项建议，而应当更多地挖掘自身作为服务提供方的相对优势。本书旨在帮助理财顾问和个人投资者利用这一相对优势，力求在投资组合的构建和管理阶段实现价值增值。

在传统业务模式中，理财顾问需要把对产品和市场环境的理解与自身的销售"嗅觉"结合在一起。在本书中，我们对风险收益的理念做了拓展，力求创建一个既符合理财顾问的工作习惯，又满足客户定制需求的业务模式。同时，我们还介绍了理财顾问为客户的资产增值的其他方式，特别是，作为一名理财顾问，不因为同时管理自己的情绪和客户的投资组合，而让自己的行为受主观因素影响。无论客户是否将投资组合全权委托，理财顾问对市场的跟踪观察的优势意味着其可以在条件满足（非全权委托）或条件合理（全权委托）的情况下采取更快速、果断的行动。

对于大多数人来说，养老金组合管理几乎是最不透明、最昂贵、最令人焦虑的财务规划。好消息是，这个状况可以被改变。坏消息是，截至 2008 年，只有一小部分理财顾问有能力构建满足客户退休需求的投资组合。客户无法向 401（k）的管理人员寻求解决方案；401（k）的管理人员会寄给你一份适用于大多数退休人员的小册子，里面写满陈词滥调。但对于客户而言，这些小册子没有任何作用。大多数情况下，那些 401（k）的管理人员未得到可提供投资建议的正式授权，也无法满足客户的定制需求。询问不在"菜单"上的内容完全是在浪费时间。而这一现状对于理财顾问来说，正是一个机会。

如果方法得当，构建基于养老目标的投资组合并不像大多数人想象的那么难。只要积累了相关知识，你就可以分析客户的情况，并向他们展示如何进行管理以消除他们的困惑。通过了解客户的现状以及他们的诉求，你可以更好地采取行动以达到理想的效果。

理财顾问和客户需要知道的大部分内容都浅显易懂——这是有意义的。本书大部分内容是面向金融专业人员的；如果你的目标只是了解需要做什么，并能够与你的理财顾问进行明智的交谈，那么你可以略过书中关于技术细节的部分。本书的每一章旨在增进了解，提高专业性。看完本书，你至少会对需要做什么有更好的了解，即使你跳过了关于如何做或如何做好的内容。

本书的大部分内容是说明性的而非技术性的。如果你感兴趣并且有耐心，那么本书的每一章都会对你有所帮助，本书中关于组合构建和主动风险管理的内容较抽象，但笔者已经尽量减少抽象的描述并增加具体的例子。书中部分内容涉及所使用方法的理论，这些理论对于想要了解那部分内容的读者来说十分有用。

对于理财顾问来说，在阅读本书的过程中，你将花大部分时间学习如何进行操作，及如何为客户创造更多价值。大部分内容集中在如何保障客户退休后的保底生活以及满足客户更高层次的消费期望。你还将获得一系列可用于和客户沟通的产品列表。本书介绍的方案都经过长期实践的检验。你的工作是了解客户的偏好，并选择最适合他/她的方案。对于个人投资者来说，你可以通过阅读本书来学习自行管理养老金或者选择合适的理财顾问代为理财。

在写本书时，笔者没有收到任何公司的资金。笔者写本书的目的是进行投资者教育，或者帮助理财顾问更好地开展业务。因此，本书旨在帮助专业人员了解如何管理资产组合，以满足客户的养老消费需求。部分读者可能会发现本书很有用，本书不仅仅是对普通读者的简单指导。对于专业人员，笔者试图提供一个解决方案的框架，以便其扩展到自己的客户群。这些专业人员可以是：

- 代理下单的销售人员。
- 募资人。
- 投资组合经理。
- 保险规划师。
- 财务规划师。

第一部分：提出问题

第一部分（第一至五章）介绍了本书的背景，讨论了人们退休后的收入来源。前面几章聚焦于如何解决养老金投资组合的构建问题。若将本书看成一个解决问题的过程，则第一部分旨在帮助你了解关于投资组合问题的重要方面，随后的第二至四部分将逐步展开解决相关问题的细节。

第一章"聚焦投资组合和生活阶段"，介绍了退休生活规划绝不能简单等同于传统的理财规划。

第二章"自上而下的视角：养老金投资的经济学模型简介"，概述了经济学家过去 40 年的理论研究成果，以及与养老有关的投资组合的配置决策。这里提供了一个有用的方法来解决问题，并将问题分为两部分：满足客户的保底支出需求和满足客户更高层次的消费需求。第一部分中其余内容的重点是讨论如何满足客户的保底支出，我们将满足客户更高层次的消费需求放到第二至四部分。在第二至四部分，我们将讨论投资组合的具体配置和养老金投资组合的风险管理流程。

第三章"保底投资组合的重要性",介绍了保底投资组合以及用于构建保底投资组合的产品类别,并进一步介绍了如何将需求与资源匹配,目的是实现我们期望的生活方式。

第四章"货币化死亡风险:年金和长寿保险",从风险的角度,讨论了与寿命相关的产品是如何运作的,以及个人货币化死亡风险的能力。目前,约有15%的养老资产持有保险产品,例如年金。对很多人来说,这是他们唯一持有的养老产品。其实,还有很多保险产品,大多数个人投资者对其不甚了解。第四章的目标是增进客户对保险产品的了解,并配合第三章帮助客户确定保险产品是否适合自己。

第五章"利用资本市场产品构建保底投资组合",简要介绍了如何利用资本市场产品来满足保底支出需求。这虽然不是一个全面的指导,但本章与第四章一起提供了一个视角,帮助我们了解了用标准的有价证券(如股票和债券)保障生活方式的可能性。读者可结合第三章的内容,来理解第五章有关保底投资组合的概念。

第二部分: 构建养老金投资组合

第二部分旨在帮助你从"纸上谈兵"转换到付诸行动,这是一个从量变到质变的过程。在这一部分,我们从一些简单的养老金投资组合的构建开始,这与传统的投资理财理念类似。我们有两个目标:第一个目标是,向理财顾问和个人投资者阐述,通过从传统的理财规划自然地向养老金投资组合的转变,我们可以为退休生活做好准备;第二个目标是,证明构建养老金投资组合并不一定要有剧烈的转变,转变应能让客户接受,并具备可拓展性。

第六章"构建养老金投资组合",介绍了养老金投资组合的基本构建方法。对于那些仍在工作或处于退休前财富积累阶段的人来说，本章介绍了养老金投资组合构建的具体方法。对于所提供的投资组合的构建方法，个人投资者可直接使用，专业人员可用来向多个客户提供服务。第六章的最后一部分提供了 11 个关于使用应税和税收优惠账户常见陷阱的清单。

第七章"根据年龄和生活方式构建实用的资产配置组合"，提供了一些资产配置的实例，帮助读者理解构建完整养老金投资组合的实用功能。本章提供了与生活必要支出、长寿风险、预防性需求相关的资产配置指导。我们还讨论了保障生活方式与个人风险承受能力的关系。第七章有助于读者厘清保险产品与债券等标准资本市场产品的区别。

第三部分： 管理养老金投资组合

不管是被动管理还是主动管理的投资组合，都需要我们随时监控并进行重点分析。对于被动管理的投资组合，我们的目标是将投资组合维持在约定的配置比例上。对于主动管理的投资组合，我们的目标是在限定的风险范围内寻求更高的回报，但这一风险不能危及我们退休后的保底资产。

第八章"养老金投资组合的再平衡"，介绍了即使你为养老金建立了被动投资组合，也需要定期进行再平衡以达到配置的目的，并避免过度的风险暴露。我们这里谈到的再平衡是针对养老金投资组合的，这与传统的理财规划有所差异。在我们的案例中，再平衡是一个微妙但不困难的问题。传统的再平衡方式，对于投资组合中可自由支配的财富部分仍然适用。

第九章"养老金投资组合的主动风险管理"，展示了在保障保底投资组合的基础上，如何主动进行风险管理。我们介绍了如何审慎地暴露风险，以获得更高回报。值得注意的是，通过历史收益分析发现，主动承担一点风险可以极大地提高我们退休后的生活水平。另一方面，历史回报也告诉我们，若主动暴露的风险较大，即使积极主动地管理风险，也可能实现不了预期的高收益。

第四部分： 从理论到实践

读到第四部分，你应该对养老金投资组合的重要考量因素如构建方法及管理技巧有了深入的了解。接下来，这一部分试图帮助你将养老金管理服务融入你的传统业务模式。我们力求在现有模式下实现自然转换。为此，我们强调在现有条件下进行转换，并了解客户定位的微妙变化，以及如何使产品融入我们的框架。这里涵盖了大量针对不同细分市场的投资组合的案例（在第十四章中）。本书的最后一章集中讨论了关于投资组合的不利的传言和谬论，以及面对资产缩水时的应对方法。

第十章"转换阶段"，将关注点从理财规划转移到保障退休生活上。本章的目标是让传统理财规划自然地转向养老金投资组合，并使客户易于接受这个转换过程。本章展示了组合转换的最佳时机和方式。

第十一章"提出方案"，将本书的观点汇总，以便理财顾问可使用全书内容，向客户提供投资建议。此外，我们使用直观简洁的方式，展示如何将传统的理财规划转变为适用于退休人员的养老金投资组合。

第十二章"客户定位"，综合了前几章有关客户定位的内容。如你所见，传统理财规划的客户定位与养老金投资组合的客户定位存在着微妙、深刻的差异。本章旨在展示产品设计人员、营销人员和理财顾问针对不同细分市场如何提供产品方案。

第十三章"产品和投资组合样例"，提供了适用于各类客户的研究案例和投资组合样本。虽然没有介绍特定的产品，但这些投资组合仍具备相当的实用性。

第十四章"帮助客户构建养老金投资组合"，帮助你从客户的角度出发，为客户提供一些帮助，以满足客户的需求。

第十五章"账户拯救行动，错误和谬论"，旨在指导客户如何摆脱养老金可能不足的困境。我们首先讨论了养老金投资组合中常见的错误和谬论。然后，我们讨论了如何使自己的养老金投资组合从 2008 年的经济危机中恢复，以及如何帮助深陷财务困境的客户解决问题。

附录

本书还包括两个附录。

附录 A"生命周期规划的理论研究历程"，介绍了第二章所涉及内容的更多技术细节。它的技术性更强，比正文内容更加深入，但仍可供普通投资者阅读。

附录 B"专业人员使用指南"，介绍了无论理财顾问的业务模式是代理下单还是主动管理客户资产，服务的客户是机构投资者还是个人投资者，应如何最大限度地发挥本书的作用。

第四部分　从理论到实践

第一部分
提出问题

第一章

聚焦投资组合和生活阶段

目标

养老金投资组合为什么与普通的理财规划不同？

现金支取计划（drawdown plans）的风险。

就像为女儿攒嫁妆与实际筹备婚礼不同，提前进行退休生活规划和实际面临退休也是不一样的。每隔几年，总会发生同样的金融恐慌，许多即将退休的投资者突然发现自己的投资组合不足以保障退休后的生活。本书的目标是帮助你将客户（或你自己）的理财规划逐步转换成应对养老需求的投资组合。让我们开始吧！

对于大多数客户而言，退休不仅是投资组合演变过程中的另一个阶段，而且是他们储蓄并进行理财规划的主要原因。本章的目的是引发你对投资组合的重新思考，以达到客户的收益目标。从某个时候开始，客户考虑的重心将从简单的理财转向满足退休生活需求。如你所见，转换后的投资组合仍由我们熟悉的产品构成，但具

3

体的管理方式可能需要调整。在后面的内容中，我们将讨论如何帮助客户逐步转换并建立"正常"的投资组合，这些投资组合旨在满足退休生活需求，同时保留获取更高收益的可能。在本章中，我们将重点讨论传统理财规划与养老金投资组合的差异。

在本章中，我们将通过一些例子来阐述，为什么"均衡"的投资组合对退休生活的保障缺乏可持续性；为退休进行储蓄与构建养老金投资组合有何不同；典型的支取固定金额（可变权重）的投资组合为何容易使客户过早地耗尽资金；典型的支取固定比例（可变支出）的投资组合为何可能会导致客户的生活方式发生不希望的波动；此外，我们将讨论墨菲退休时机选择定律。

此外，我们还讨论了行业中倾向于推销某种单一产品的发展趋势。简而言之，我们会将产品与解决方案进行对比。客户需要解决方案，产品是解决方案的组成部分，但单个产品远远不能覆盖我们的养老风险。

"平衡" 的投资组合无法适用于整个退休期间

若一个人有较多的可自由支配财富，则"平衡"的投资组合是非常理想的理财方式，配置资产的方法对我们最终积累的资产金额有很大影响。将维持平衡作为目标的不足之处将在后面的章节中进行介绍。笔者写这一略带争议的标题，是想强调，大多数现代投资组合理论（MPT）以及由此产生的投资组合建议仅适用于传统的理财规划。传统的理财规划并不受现金提取需求的限制，因此关注的主要是投资组合中风险资产和无风险资产的平衡，在实现资产保值增值的同时让客户满意。对于理财规划而言，最关键的问题是让客户的投资组合的净值增长，保证你和客户能夜夜安眠。而在养老金投资组合中，我们的目的是满足客户的养老支出需求，每年提供足够的现金，并能满足客户更高层次的消费欲望。

用游戏来比喻：传统的理财规划是一种以进攻为主的游戏，构建养老金投资组合则需要攻防兼备。① 我们向你展示如何实施静态且积极的计划，并为你提供防御手段，我们希望每一个读者都能从中受益，而不仅仅是群体中的大部分人。

在养老金计划中，关键是保持一种可被资金完全保障的生活方式。它可以从社会保障和确定给付型养老金中获得部分资金，也可以从客户的投资组合中获得部分资金。匹配风险与回报的想法没有错，然而，在养老金计划中，尤其当资本市场的下行风险较大时，入不敷出是一个非常严重的问题。在退休之初遇到熊市将使资金支取计划变得非常"敏感"。我们会讨论如何保护生活方式免受诸如健康问题或人身伤害等不可预见事件的影响，但本书的重点是讨论理财顾问能控制的事情，并在投资组合的设计中加入部分灵活的资产配置，以应对那些不可抗力因素。

支取固定金额 （可变权重） 的投资组合和资金短缺风险

为什么在游戏中要关注如何防守呢？如果客户在退休前后恰逢市场崩盘（如 1973 年、2000 年或 2008 年），那么他们可能会陷入窘境，甚至无法满足温饱。另外，如果防守方式过于僵化，你将无法应对紧急情况并把握机会。如果坏的情况发生了，我们能否"吃饱"取决于市场与投资组合恢复的方式和速度，这种"看天吃饭"的行为很危险，甚至可能"致命"。如果采用错误的方式防御，客户将面临资金短缺的风险。一旦客户无法再获取外部收入，

---

① 抛开比喻，如果你的资产足够多，那么你就不用担心。

将使资金短缺的状况雪上加霜。

考虑下文中"幸运"或"不幸"的退休者，他们每个人都需要一笔钱来维持 20 年的退休生活。对于"幸运"的退休者来说，在退休的前 10 年，一连串的正回报意味着其每年能够提取 50 000 美元而不会耗尽资金（见表1.1）。

表 1.1 "幸运"的退休者的资金能维持 20 年的退休生活

时期	期初金额（美元）	收益率（%）	期末金额（美元）	当期支取金额（美元）	剩余金额（美元）
1	1 000 000	10	1 100 000	50 000	1 050 000
2	1 050 000	10	1 155 000	50 000	1 105 000
3	1 105 000	10	1 215 500	50 000	1 165 500
4	1 165 500	10	1 282 050	50 000	1 232 050
5	1 232 050	10	1 355 255	50 000	1 305 255
6	1 305 255	10	1 435 781	50 000	1 385 781
7	1 385 781	10	1 524 359	50 000	1 474 359
8	1 474 359	10	1 621 794	50 000	1 571 794
9	1 571 794	10	1 728 974	50 000	1 678 974
10	1 678 974	10	1 846 871	50 000	1 796 871
11	1 796 871	− 10	1 617 184	50 000	1 567 184
12	1 567 184	− 10	1 410 466	50 000	1 360 466
13	1 360 466	− 10	1 224 419	50 000	1 174 419
14	1 174 419	− 10	1 056 977	50 000	1 006 977
15	1 006 977	− 10	906 279	50 000	856 279
16	856 279	− 10	770 652	50 000	720 652
17	720 652	− 10	648 586	50 000	598 586
18	598 586	− 10	538 728	50 000	488 728
19	488 728	− 10	439 855	50 000	389 855
20	389 855	− 10	350 869	50 000	300 869

表 1.1 展示了，"幸运"的退休者早早赶上牛市并获取市场回报，留出足够的资金进行消费。请注意，在年底支取后的剩余金额，是明年开始投资的金额。表 1.2 展示了，"不幸"的、想尝试相同资金支取策略的退休者赶上了熊市。在这里，退休开始后的一系列负回报意味着这些"不幸"的退休者在 11 年后耗尽资金。这个遗憾的结果意味着还不如把钱藏在床垫下。这种现象折射出一个问题，持有现金可以保证确定性，但我们现在把钱投入投资组合中，不就是希望能获得资金的增值吗？

在这两种情况（表 1.1 和表 1.2）下，平均回报为零，差异只在于回报的排序不同。在后面的章节中，我们将回看这个开始有 1 000 000 美元，在以后 20 年里每年需要支出 50 000 美元的案例。我们将证明，如果使用正确的投资组合构建方法，这个人的退休生活是有全额资金支撑的，而且实现这一目标是不成问题的。

表 1.2 "不幸"的退休者的资金过早地被花光了

时期	期初金额（美元）	收益率（%）	期末金额（美元）	当期支取金额（美元）	剩余金额（美元）
1	1 000 000	−10	900 000	50 000	850 000
2	850 000	−10	765 000	50 000	715 000
3	715 000	−10	643 500	50 000	593 500
4	593 500	−10	534 150	50 000	484 150
5	484 150	−10	435 735	50 000	385 735
6	385 735	−10	347 162	50 000	297 162
7	297 162	−10	267 445	50 000	217 445
8	217 445	−10	195 701	50 000	145 701
9	145 701	−10	131 131	50 000	81 131
10	81 131	−10	73 018	50 000	23 018

假设我们现在考虑的是"普通"退休人员。对于这些人，我们假设回报率总是平均回报率。在这种情况下，平均回报率为0%，从1 000 000美元开始，20年中每年支取50 000美元。虽然回报数据是人为设计的，但这些例子清楚地表明，标准的资金支取策略对退休者来说蕴含巨大的风险。在任何资金支取策略中，只看平均回报是不够的；回报的顺序很重要，且会产生很大的影响。

用现代投资组合理论构建的投资组合适用于"普通"情况。然而，对于养老金投资组合而言，关键问题是不管在何种市场环境中，投资组合都能创造稳定收入并有潜在的增值空间。这样，投资组合可通过被动或者主动的方式构建，后者的风险更大，但不一定能提供更高收益。对于理财顾问来说，最好的方法是了解该客户的信息和需求；我们在本书中也会向你和客户介绍各种可行的方法。

让客户的资金保值增值并不意味着把所有资金都放在债券或年金中，而是要匹配客户退休后每年的支出需求。在很多情况下，配置的债券不仅能平抑组合波动，还能定期支付票息，并在到期后支付票面金额。在本书中，我们探讨在整个退休规划期间使用主动管理或被动管理的具体方式。理财顾问应牢牢把握自己的客户，并向他们销售合适的产品（说得很坦白了）。如果你不是理财顾问，也不打算自己做养老规划，那么通过本书你可以进一步了解如何与理财顾问进行有效的互动，以便你的理财顾问可以充当代理人，帮助你实现养老投资目标。

以下是关键概念：一旦客户开始考虑养老规划，你需要帮助他们理解并规划他们的保底支出（客户保持其生活方式所需的最少资金），并逐渐将他们投资组合的重点从简单的理财规划（通常是平衡性资产组合）转移至养老目标规划，在保持其生活方式的同时，使投资组合具有增值潜力。这个保底支出不一定是他们维持温饱需要的花费，而是他们维持自己的生活方式需要的花费。基于养老需求的投资组合首先要满足保底支出。

支取固定比例（可变支出）的投资组合和生活方式风险

可能有些读者已经想到了另一种方法：即每年支取固定比例的资金，但取出的金额会随市场环境的变化而波动。以一个拥有 100 股的投资者为例，如果他的投资组合计划维持 20 年，那么他每年可以卖出 5 股。在这种情况下，资金不会被耗尽，但他可能会经历一些好过的年份和一些难熬的年份。同样，我们用这种方法思考上文中"幸运""不幸"和"普通"的退休者的案例。对于"普通"的退休者来说，平均回报为零，其每年将花费 50 000 美元。"幸运"和"不幸"的退休者的消费路径见表 1.3 和表 1.4。

表 1.3 "幸运"的退休者能拥有不错的生活

时期	期初金额（美元）	收益率（％）	期末金额（美元）	当期支取金额（美元）	剩余金额（美元）
1	1 000 000	10	1 100 000	55 000	1 045 000
2	1 045 000	10	1 149 500	60 500	1 089 000
3	1 089 000	10	1 197 900	66 550	1 131 350
4	1 131 350	10	1 244 485	73 205	1 171 280
5	1 171 280	10	1 288 408	80 526	1 207 883
6	1 207 883	10	1 328 671	88 578	1 240 093
7	1 240 093	10	1 364 102	97 436	1 266 666
8	1 266 666	10	1 393 333	107 179	1 286 153
9	1 286 153	10	1 414 769	117 897	1 296 871
10	1 296 871	10	1 426 558	129 687	1 296 871
11	1 296 871	– 10	1 167 184	116 718	1 050 466

时期	期初金额 （美元）	收益率 （%）	期末金额 （美元）	当期支取金额 （美元）	剩余金额 （美元）
12	1 050 466	−10	945 419	105 047	840 373
13	840 373	−10	756 335	94 542	661 793
14	661 793	−10	595 614	85 088	510 526
15	510 526	−10	459 474	76 579	382 895
16	382 895	−10	344 605	68 921	275 684
17	275 684	−10	248 116	62 029	186 087
18	186 087	−10	167 478	55 826	111 652
19	111 652	−10	100 487	50 243	50 243
20	50 243	−10	45 219	45 219	—

对于"幸运"的退休者来说，在退休的前10年里，投资组合提供一连串正收益，这意味着每年（最后一年除外）用于生活的开销将超过50 000美元。

在刚开始筹划退休组合时碰上牛市，"幸运"的退休者在投资组合规划方面的稳定性不足，但在这段时间里有几个好的年头。然而，对于表1.4中"不幸"的退休者来说，若遵循相同的支取规则，在截然不同的市场环境中，该计划几乎没有效果。

在表1.4的案例中，"不幸"的退休者前10年的回报是负的，此人的生活水平还不如把钱藏在床垫下的那些人。

支取固定比例的方法，的确消除了资金枯竭的风险，但这也不一定就是理想的方法。当收益率不变且没有波动时，这种资金支取计划可以满足投资者稳定的消费需求。然而，对于含风险因素的投资组合，任何一个风险厌恶的投资者都希望选择更平滑、更可预测的消费路径。

表 1.4 "不幸"的退休者的生活相对拮据

时期	期初金额（美元）	收益率（％）	期末金额（美元）	当期支取金额（美元）	剩余金额（美元）
1	1 000 000	－ 10	900 000	45 000	855 000
2	855 000	－ 10	769 500	40 500	729 000
3	729 000	－ 10	656 100	36 450	619 650
4	619 650	－ 10	557 685	32 805	524 880
5	524 880	－ 10	472 392	29 525	442 868
6	442 868	－ 10	398 581	26 572	372 009
7	372 009	－ 10	334 808	23 915	310 893
8	310 893	－ 10	279 804	21 523	258 280
9	258 280	－ 10	232 452	19 371	213 081
10	213 081	－ 10	191 773	17 434	174 339
11	174 339	10	191 773	19 177	172 596
12	172 596	10	189 855	21 095	168 760
13	168 760	10	185 636	23 205	162 432
14	162 432	10	178 675	25 525	153 150
15	153 150	10	168 465	28 078	140 388
16	140 388	10	154 426	30 885	123 541
17	123 541	10	135 895	33 974	101 921
18	101 921	10	112 113	37 371	74 742
19	74 742	10	82 217	41 108	41 108
20	41 108	0	41 108	41 108	—

墨菲退休时机选择定律

对于大多数人来说，退休并不是一时的冲动行为，通常是预先计划好的。这个预先计划通常受当前经济情况和投资组合表现的影响。当市场蓬勃向上时，人们感觉自己的财务状况良好，这导致一些人低估市场下跌的可能性。这种幸福感可能会让一些人在长期繁荣和接近市场高峰时倾向于选择提前退休。这就是墨菲退休时机选择定律：人们倾向于在市场低迷前夕退休，这可能让我们变成上文案例中"不幸"的退休者。我们想告诉你如何保护自己的投资组合，实现长期的保值增值，同时满足自己的生活需求。进一步说，这有助于简化问题，维持生活方式的可持续性。

资金支取计划对预期寿命的敏感性

所有资金支取计划，无论是支取固定金额还是支取固定比例，都对预期寿命很敏感。如果理财顾问试图进一步优化支取计划，那么他不得不依赖基于历史数据的预期寿命试算表。

对于支取固定金额的计划，估算的支取期限越长，对资金消耗的预测的准确性越低。很少有人愿意给自己的生活附加不必要的限制。这意味着人们有动机去寻求最高的支取比例。但是，适用于10年期限的支取比例可能不适用于30年的期限。理财顾问面临的风险是，如果客户足够长寿，那么每年的支取金额越高，在养老计划中途耗尽资金的可能性就越大。

对于支取固定比例的计划，长寿也是风险因素。从数学意义上讲，经调整的支取比例反映的是每个时间点的预期寿命，运算结果可以在一定程度上降低风险。但是，数学运算结果不一定是合理的。理论上计算的支出金额可能不足以满足生活支出的需求。预期寿命调整得越频繁，因现金流不足而无法维持生活方式的可能性越大。

退休之前：积累财富

为退休生活而储蓄：
积累财富

退休后：保障生活方式

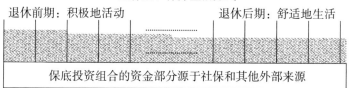

退休前期：积极地活动　　　　　　　　退休后期：舒适地生活

保底投资组合的资金部分源于社保和其他外部来源

保底投资组合/生活方式

图 1.1　组合增值和保障生活方式

退休储蓄与养老金示例

从概念上讲，退休储蓄的本质是在给定客户风险偏好的前提下，尽可能多地积累财富。一旦退休，每个客户都需要维持一种适合自己的生活方式。你需要考虑的是，为客户退休后每一年的花费设定一个保底水平，并且你的目标是让客户可用的资金不低于这个保底水平。如图 1.1 所示，"储蓄池"最终会衰竭。量力而行地进行消费是必要的，客户的部分收入可能来自"储蓄池"的外部，客户可能认为他们的生活支出会随年龄的增长而降低。

如果客户加入了社会保障体系，或者有其他形式的收入，例如退伍军人的福利，那么这些收入可用于他们的部分养老花销。此外，虽然除政府公务员之外已很少有人参与定额给付计划（DB 计划），但有些客户仍可能会获得这种收入。除了社会保障和 DB 计划，其他收入可能源自金融资产和人力资本。

13

产品与解决方案

养老金投资组合的构建是一个涉及多方面的工程。其目标是维持生活方式，有能力应对突发事件，并能够追求更好的生活方式。客户面临的风险包括理财顾问可以控制以及不能控制的风险。理财顾问可以帮助投资者分散市场风险、信用风险、长寿风险、通货膨胀风险、与税法改变相关的一些风险以及某些健康风险。但理财顾问无法控制支出风险、公共政策风险和无法承受的灾难性事件带来的风险。本书的重点是管理和化解风险，并寻找有助于避免风险的解决方案。

单一产品不能算作解决方案，但产品是解决方案的组成部分。不同人在财富、风险偏好、健康和长寿等细分方面存在差异，因此会有不同的解决方案。特定产品通常被包装为解决方案。在少数情况下，存在可以满足细分市场的单一产品。然而，本书不会推荐特定的产品。单一产品不可能为所有类型的客户提供解决方案。产品对不同类型的客户来说是有利有弊的。对于某些类型的客户来说，年金产品是十分契合的，对其他类型的客户来说，有价证券可能是更好的选择，对另外一些类型的客户来说，既有有价证券又有保险相关产品的混合型投资组合可能更加合适。

为了让个人投资者能够实践自己的解决方案，本书列举了不同产品类型。我们展示了如何构建投资组合，并在必要时管理投资组合中的风险。在大多数情况下，正确的解决方案是（或几乎是）静态①的——包括偶尔的再平衡。但也有一些解决方案需要主动进行风险管理。

---

① 静态指调整较少。——译者注

总结

本章表明，基于传统理财规划建立起来的投资组合在客户退休后往往令其面临入不敷出的困境。简而言之，传统理财规划围绕"一般"情况下的最佳原则设计方案，方案是为那些不在乎投资失败的人设计的。本章前几个例子旨在强调资金支取计划可能蕴含重大缺陷。

- 在执行资金支取计划时，获得收益的顺序很重要。
- 退休时点和当时的市场环境对于投资组合的成败有重要影响。
- 意外的冲击，即使是一次性冲击，都可能破坏理财计划。
- 对于"最优化"退出策略来说，投资者在世而资产耗尽正成为更严重的风险。

第二章

自上而下的视角

养老金投资的经济学模型简介

目标

让投资者了解养老金投资管理的框架。

- 保障最低需求。
- 在保障保底投资组合的基础上创造额外的投资收益。

了解资金供给的状况，同时理解承担风险的必要性。

- 了解资本市场与资本市场的风险。
- 风险分摊：货币化死亡风险的方式及其风险。

金融专业人员都接受过良好的教育，了解资本市场与资产价格的动态特性。但现存文献（这些文献的目标读者通常是金融专业人员）对个人投资者的投资特点的介绍很少，他们往往基于某个特定目标进行投资、储蓄。而那些指导理财顾问如何采取措施以实现客户投资目标的文献就更少了。值得注意的是，客户的需求会随着时间的推移而不断改变。而当下，大多数理财顾问采用的标准模

式往往将客户的投资组合与其未来的消费需求分隔处理。分隔投资组合与消费需求，同时忽略投资组合的构建目的的处理方式可能会降低理论方面的教学难度，但是这也会削弱其实用性。

　　将投资组合与消费需求结合起来考虑的研究已有半个世纪的历史。正如你在本章中将要看到的那样，对传统标准框架进行简单而细微的修改，能够为我们带来很多务实的理念。我们的叙述力求深入浅出，避免过度学术化。

　　我们从对养老金投资组合模型的简单介绍开始——我们更关注该模型的简洁性与实际的商业意义。接着，我们将传统的理财规划与养老金投资组合联系起来——其中，在实际操作中，我们对客户的风险偏好较感兴趣。当客户关心的问题是维持退休后的生活水平时，投资组合构建的目的可以划分为维持保底支出与提供额外投资收益两大类。而最后，我们将在本章讨论客户的目标、客户实现其目标的能力、承担市场风险的能力以及风险分摊（risk pooling）在抵抗风险时的作用。

养老金投资组合的模型综述

　　几乎所有有关终身投资组合构建、消费决策选择的现有理论模型都会得出相似的结论。这些结论在直观上往往非常容易理解，同时在不受特定参数约束的情况下，我们可以应用这些结论，这有助于我们在实际中运用这些模型。在此处，我们用一些技术语言来解释这一现象——所有基于传统效用函数[①]的结论都指出，在任意时

---

① 例如，双曲型绝对风险偏好函数（HARA）$\rightarrow U(C_1, C_2, \cdots, C_T) = \sum_i \beta^i (C_i - C_{保底\,i})^\lambda \div \lambda$，其中 C_i 代表 t 时段的消费额，$C_{保底\,i}$ 是指个人特定的保底生活方式的消费，λ 代表个人的风险厌恶水平，而 β 刻画的是个人的提前消费偏好。

刻，最优消费可以分为（基于个体情况的）保底消费部分和可自由支配财富（现有总财富减去未来保底消费的现值）部分。不同最优消费之间的显著差异体现在不同的支取比例（$x\%$）上。

　　换一种表达方式，即个人的最优消费应该由保底消费部分以及一部分可自由支配的财富组成，所有经济学家通常所运用的模型都会得出同一结论。

　　而上述结论的数学表达式如下：

$$最优消费 = 保底消费 + x\%（现有财富 - 未来保底消费的现值）$$
$$= 生活方式对应的保底消费 + x\% \times 可自由支配的财富$$

　　基于上述结论，我们将"最优"的投资组合描述为保底投资组合和超额收益投资组合。

　　在所有模型中，确保保底投资组合处于首要地位。一些模型假设，无论个人的消费与财富如何增长，保底投资组合的资金占比应保持不变；而另一些更为精细的模型会在生活水平提高时，提高保底投资组合的资金占比。总而言之，所有模型都强调某种保底水平的重要性。而对于投资组合的其余部分，不同偏好带来的最优结果的差异是可忽略的。不同的偏好主要体现在投资组合的不同以及从可自由支配财富中支取比例的不同。

- 不同的风险偏好对应着不同的可自由支配的财富组合，对于具有不同风险偏好的个人，存在相应风险水平的可自由支配的财富组合。
- 那些风险偏好不受其财富多少影响的投资者，会选择以稳定的方式对可自由支配的财富进行消费；而那些风险厌恶水平随着财富的消耗而不断提高的投资者会更加保守，当财富减少时，他们的风险容忍程度也会降低。

传统理财规划与养老金投资组合的异同

乍一看，前一部分内容中讨论的理念和数学公式似乎与我们常用的标准马科维茨（Markowitz，1952，1959）模型或者现代投资组合理论框架并不相似。但事实上，现代投资组合理论框架是我们在此使用的萨缪尔森（Samuelson，1969）和默顿（Merton，1969，1971）等通用生命周期框架的一种特例。现代投资组合理论起源于马科维茨，并不断发展至今。基于生命周期的模型与传统马科维茨模型存在两个主要区别。首先，前者明确提出了消费存在着物质与心理两方面的最低需求。就其本身而言，这种差异似乎很细微，但其对投资组合的构建却有较为深远的影响。其次，前者考虑了生命周期跨期投资过程中的动态因素，而马科维茨模型仅仅停留在单期最优化问题上。

基于保底生活水平的模型认为，大多数人都会尽力避免那些危害到他们基本生活保障的情形发生——在几乎所有金融模型中，基于安全和恐惧心理的情感驱动投资者的行为。而保底投资组合的观点认为，存在一定的资产下限，低于该下限时，投资者对损失的恐惧会压倒对收益的渴望。简而言之，保底投资组合所对应的下限指的是总投资组合的一部分，这一部分能保证未来各期都获得稳定的现金流。

投资组合中可自由支配的财富部分，即投资组合中超出保底投资组合的部分，与传统理财规划的模型在思想上是高度一致的。这一模型与传统模型最大的差别在于它是动态的，与投资者在各个时间段的需求、幸福感演变相关联。在动态假设中，平稳的消费需求是传统的单期模型无法刻画的。这就意味着，在类似于马科维茨模型的投资组合中，随着财富的增减，客户的风险偏好可能会改变，同时最优的投资组合也会相应地发生变化。

为了更好地理解养老金投资组合与传统理财规划的异同，我们先来观察一个理论上的两期问题以及由该问题演化出来的简单样例。

假设我们考虑的是马科维茨模型中当期和下期两个时点的相关问题。将问题进一步简化，我们假定今天的消费已被事先计划好了，这样唯一需要确定的就是如何分配剩余的财富。从形式上讲，投资者（或消费者）的问题就是在财富数量与各类资产的限制下，选出能够最大化下一阶段预期效用的投资方式。用方程式可以将这一问题表述如下：

$$\max E\big[U(C_{t+1})\big]$$

条件是：

$$C_{t+1} = W_{t+1} = (W_t - C_t)(1 + R_{t,t+1})$$

和

$$R_{t,t+1} = \sum_{i=1}^{N} w_i r_i$$

在上述方程式中，$E[\ ]$ 表示期望，C 表示各期对应的消费水平，W 表示各期的财富，$R_{t,t+1}$ 表示该组合当期的收益。单类资产的收益用 r_i 来表示，而各个资产的配置权重记为 w_i。约束条件是所有的权重之和为1。

由于我们已经设定了当期的消费 C_t，这个问题等价于寻找最优投资组合的配置权重 w_i。当效用函数是二次函数，或者资产回报符合正态分布时，该问题就变成了标准的均值－方差优化问题。

而养老金投资组合的构建可以被看作一个几乎相同的问题，唯一的差别是需要增加一个限制条件，即下一期的财富必须高于某一保底水平。在此问题中，投资组合的权重依然是需要确定的变量，但是在选择最终的投资组合时需要将保底水平的限制考虑在内。

$$\max E\left[\,U\left(\,C_{t+1}\,\right)\,\right]$$

条件是：

$$C_{t+1} \;=\; W_{t+1} \;=\; \left(\,W_t \,-\, C_t\,\right)\left(\,1 \,+\, R_{t,t+1}\,\right)$$

和

$$R_{t,t+1} \;=\; \sum_{i=1}^{N} w_i r_i$$

$$W_{t+1} \geqslant 保底水平$$

在上述的简化模型中，投资组合将会配置更高比例的无风险资产，从而能够满足保底支出。[①] 我们仅略微提高了模型的复杂性，但是其对投资组合构建的影响却是非常深远的。

为了理解这一影响的深远性，我们考虑一个包含两个投资组合的样例，见表 2.1。

我们通过以下方式计算投资组合的预期回报与波动率：

$$组合均值 \;=\; \sum_{i=1}^{N} 概率_i \times 收益率_i$$

$$组合方差 \;=\; \sum_{i=1}^{N} 概率_i \times \left(收益率_i - 组合均值\right)^2$$

$$组合标准差 \;=\; \sqrt{组合方差}$$

投资组合的均值、方差和标准差见表 2.2。

---

① 为了模型的可行性（在承受范围之内），保底消费需求应该处在 0 与 $W_t(1 + r_f)$ 之间，其中 r_f 指的是无风险收益率。

表 2.1　包含两个投资组合的样例

投资组合 1		投资组合 2	
概率	收益率（%）	概率	收益率（%）
0.5	22	0.08	90
0.5	−6	0.92	0

表 2.2　投资组合的均值、方差和标准差

投资组合	均值（%）	方差	标准差（%）
投资组合 1	8.0	0.019 6	14
投资组合 2	7.2	0.059 6	24

投资组合 1 相较于投资组合 2 拥有更高的平均回报以及更低的标准差。从博弈论角度分析，在随机条件下，投资组合 1 相较于投资组合 2 是一阶占优与二阶占优的策略。均值/方差框架下的投资者会偏好投资组合 1，因为其拥有更高的回报以及更低的风险。对于一个初始投资金额为 100 美元的投资者来说，效用函数为 $U = \sqrt{\text{最终财富}}$，投资组合 1 有更高的预期效用。

投资组合 1：

$$U_{P1} = \sum_{i=1}^{n} \text{概率} \times U(\text{结果}_i)$$
$$= 0.5 \times \sqrt{122} + 0.5 \times \sqrt{94} = 10.37$$

投资组合 2：

$$U_{P2} = \sum_{i=1}^{n} \text{概率} \times U(\text{结果}_i)$$
$$= 0.08 \times \sqrt{190} + 0.92 \times \sqrt{100} = 10.30$$

相比之下，假设投资者的初始投资金额是 100 美元，但是其效用函数包含最低水平下限 93，则效用函数为 $U = \sqrt{最终财富 - 93}$，对于投资组合 1：

$$U_{P1} = \sum_{i=1}^{n} 概率 \times U(结果_i)$$
$$= 0.5 \times \sqrt{122 - 93} + 0.5 \times \sqrt{94 - 93} = 3.19$$

对于投资组合 2：

$$U_{P2} = \sum_{i=1}^{n} 概率 \times U(结果_i)$$
$$= 0.08 \times \sqrt{190 - 93} + 0.92 \times \sqrt{100 - 93} = 3.22$$

在效用函数中设置了保底支出水平后，投资组合 2 成了更受欢迎的投资组合。

一旦模型中设置了保底支出水平，所有达不到保底支出水平的投资组合将被剔除，而超过保底支出水平的投资组合对于满足客户需求将更为重要。尽管投资组合 1 相对投资组合 2 具有更高的平均回报和更小的方差，但是投资组合 2 在保障保底支出方面的风险更小，从而成了更可取的投资组合。上述样例告诉我们，在考虑保底支出的情况下，不同投资组合的优劣顺序会发生改变，但更关键的一点在于，考虑保底支出会使投资组合的回报不对称（超出保底支出的部分更为重要）。

有趣的是，当保底支出水平高于 94 时，投资者甚至不会考虑投资组合 1。事实上，理财顾问并不能直接观察到客户的效用函数，但是能够看到哪些投资组合更为畅销。现实中很少有投资者会去选择均值/方差最优的投资组合，很多投资者会同时参与年金与权益资产投资（理论上，年金计划本身就已经在配置"合理"比例的权益资产）。上述论证是为了说明，理财顾问往往只能看到客户的行为，而不能看到客户行为背后的动机；很多投资者看似选择了次优的投资组合，因为从均值与方差的角度分析存在着更好的选择，有些理财顾问甚至会从异常的、非理性的角度去解读这一现象。事实上，从客户的偏好来看，其行为可能已达到效用最优；对投资目标函数的一个微小修改，都可能使最优投资组合的选择发生巨大的变化。①

　　一般而言，均值/方差最优化问题的框架依赖于以下两类假设之一——投资者的偏好仅由投资组合预期收益的均值和方差来决定，或投资组合的收益可以完全由均值、方差来刻画。而保底支出水平的存在使投资者在选择投资组合时，存在着不对称的偏好特性——相较于传统的正态分布，其对于下行结果的容忍度更低。② 所以，除非偏好的形式被严格限定在投资组合的均值/方差框架下，否则，在其他情景中，我们将转向考察前述的保底支出＋潜在超额收益的讨论框架。而在此框架下，风险－回报的框架依然适用，但是风险意味着生活水平的降低，而不仅仅是

---

① 一些更普遍的标准行为学模型能够更好地刻画消费下限这一特点。根据这些模型，我们能够解释许多看起来异常的行为，例如，投资者似乎对多元化没有兴趣、投资者同时购买保险以及彩票等。当我们将保底支出加入考虑范围之后，我们发现最优的消费方式似乎与认购期权有相似的形式。当保底支出被保障时，即便对于风险厌恶的投资者而言，资产的额外波动都是有价值的。

② 对于与彩票性质类似的资产而言，有趣的地方不在于从某种角度来说它们是一种不理想的赌博行为，而在于它们不对称的回报中较高的部分是如此诱人，以至于人们会在负的预期回报下出价购买。大多数结构性产品所谓的"增强收益"都是通过以下形式进行的：设计者在与原始资产高度相关的另一个市场卖出保障契约，获取一定的保费，然后通过产品将该市场参与者的收入与风险转嫁给结构性产品的购买者。结构性产品的购买者通过承担下行风险获得保费，从而使其他人获得不对称的上行回报。

波动。

由于对风险回报的均值/方差的分析往往会得到一些空洞的、对客户意义不大的结论，我们不能将分析仅仅局限在这一框架中。我们可以使用与实际情形更接近，并且应用更广泛的保底支出 + 可自由支配财富的框架来探讨问题。

养老决策更看重的是实际结果，而不仅仅是预期。在一些完整且拥有丰富细节的模型中，随投资者退休日的临近，投资组合会动态强化保底支出的约束力。对于养老金投资组合而言，组合目标从纯粹的理财规划转变为保障保底投资组合，这一过程被称为"转换"（transition）。

风险偏好的动态过程

大多数人的行为都可以用相对风险厌恶递减（decreasing relative risk aversion，简称 DRRA）的效用函数来解释。当财富增加时，人们往往愿意承担更多、更大的投资风险。而在退休后，当财富逐渐减少时，人们的行为和投资组合的选择会越来越克制。这种克制会持续到生命的最后阶段，直到人们考虑问题从"未雨绸缪"转化为"钱财乃身外之物，两手空空而来，两手空空而去"的时候才结束。所以，我们常常能够听到许多有关老年人从节俭反转为铺张的传闻，这一现象不仅仅与健康有关，也不是因为他们想少缴一点遗产税；这在生活中常常发生，但似乎与财富或者健康无关，仅表明客户对年岁不多的焦虑胜过了日常节俭的习惯。

图 2.1 描绘了相对风险厌恶系数（constant relative risk aversion，简称 CRRA）为常数的个人投资者的财富消耗形式。这样的个人投资者无论在何种财富水平下，其风险容忍度都是不变

的。而消费水平的增长是因为其希望在当期和未来消费中得到相同水平的快乐。换句话说，由于未来消费带来的快乐低于当期消费（提前消费偏好），要想获得同样水平的快乐，就得提高未来消费的水平。

对于相对风险厌恶系数为常数的投资者来说，消费水平的设定仅依赖于消费的剩余年限。消费会被设定一个仅基于剩余年数得出的固定比例，而使消费曲线上升的因素是提前消费偏好。提前消费偏好决定了消费曲线的倾斜程度，是当前消费比未来消费更优程度的度量。只有当延迟消费的效用足以补偿相应的当前消费时，我们称其达到了无区别的均衡状态。在前面的例子中，财富水平的逐渐下降与消费水平的稳步提升就体现了提前消费偏好的影响。

图2.2在投资者的相对风险厌恶系数递减的假设下，重复了图2.1显示的相对风险厌恶系数下降的情形。在这一情形下，相对风险厌恶系数递减的投资者对于财富下降的容忍度更低。由于对未来不确定性的恐惧胜过了提前消费偏好，直到生命的最后阶段，个体都表现为消费行为递延、投资组合保守等。当个体生命接近终点的时候，由于未来所需担忧的时间缩短，恐惧逐渐消退，提前消费偏好重新"归来"。

在这一情形下，风险厌恶水平会随着财富的减少而提高，投资者对未来资金紧缺的忧虑反映在投资者的消费计划中。在图2.2中，我们观察到的现象可能令人惊讶：直到生命的最后阶段之前，退休者们通常会握紧钱包；提前消费偏好被人们的风险意识抑制。消费水平在最后阶段急剧增长，财富急剧减少，但这一现象与个体的健康状况或遗产税等因素无关。它只是如实地反映了随着剩余年限的减少，风险偏好的变化如何影响人们的消费计划。

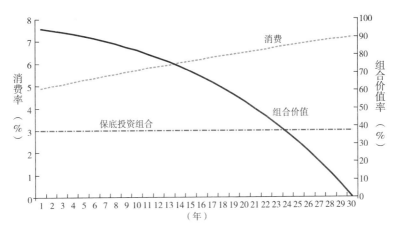

图2.1 相对风险厌恶系数为常数的投资者的财富消耗形式

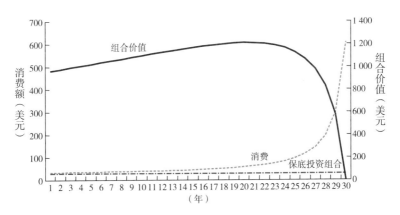

图2.2 相对风险厌恶系数递减的投资者的财富消耗形式

保底投资组合和潜在超额收益投资组合之间的隔离

我们没有直接从行为金融学模型出发，并试图设计最优的解决方案。我们首先考虑一个简化的模型——投资者需要保障一个特定水平的保底支出，并且自然而然地希望退休后的消费能够高于这个水平。由于模型的基本要素没有改变，我们将问题分为两个部分：

怎样构建一个保底投资组合模型以及怎样处理资产的其他部分，才能使整个投资组合的潜在效用最大化。首先，我们关注保底投资组合的问题，以帮助客户选择合适的产品，如某些投资者更愿意选择资本市场产品，而另一些投资者更愿意接受保险机构的产品。在下文中，我们将会简短地介绍不同类型的投资者在考量保底投资组合时的区别。当完成对保底投资组合的讨论之后，我们着重考虑解决保底投资组合可能面临的资金不足的问题，以及如何处理剩余财富。

图 2.3 给出的资金源于私人（内部）与社会（外部，如社会保障收入、DB 计划等），其形状完全取决于个人对消费的偏好。

在图 2.3 给出的投资者保底消费需求中，早期消费活动较为活跃，而晚期的消费需求逐步下降。

在前文构建的模型中，满足保底消费的需求最为迫切，而上述简化问题的方式是通用的消费模型的构建方式；对于组合管理并满足保底消费这一任务，上述模型使其更加明确且有可操作性。

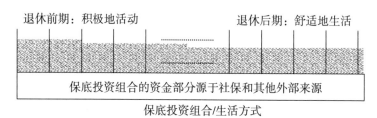

图 2.3　规划退休后的生活方式及退休生活支出的来源

资金充裕与资金不足

当现有的总财富值 W 大于等于未来消费需求的下限 PV[①] 时，

---

① 在整本书中，我们都用 $PV(x)$ 的简写形式来表示 x 的现值。

当前投资组合为资金富余的，我们有大量不同的构建长期可持续的投资组合的方式可供选择。最简单的方式是通过一系列不同到期日的一般债券、零息债券、本息分离债券来满足保底消费需求，然后将剩余的部分投入任意一类资产组合中进行管理。用具体的例子来说，我们可以将资产组合分为一系列零息债券，并将保底投资组合其余的部分放入某个常规组合中：

$$总财富组合 = ZCB_1 + ZCB_2 + ZCB_3 + \cdots + ZCB_N +$$
$$剩余资金的组合$$

上式通过构建零息债券满足了各年的保底投资组合，同时还包括一部分剩余资金，它们的组合构建完全由个人的偏好来决定。

而当现有的总财富值 W 小于未来需求的消费下限 PV 时，该组合为资金不足的。在这种情形下，共有四种方式可供选择：增加工作时间、降低生活水平、主动承担市场风险及货币化死亡风险。不考虑前两种方式，我们关注后两种方式——主动承担市场风险以及通过风险分摊条款将死亡风险货币化。

货币化死亡风险

风险分摊是一种将个人的死亡风险货币化的方式。从条款来看，其对资产所主张的权利建立在风险的基础上。其条款的核心逻辑是，保险的参保者需缴纳一定费用，如果其在合同约定的年限仍然存活，那么其将获得合同约定的相应回报。[1] 相应地，早逝的参

---

① 唐提式（Tontines）养老金制度是最直接的一个样例，最后活着的人能够得到最高的回报。大多数情况下，这一制度是违法的，因为这一制度会激发参保者杀死其他参保者的动机——从这个角度来看，这一制度是保险业道德风险的典型样例。

保者则损失了缴纳的费用。这样的交易是否值得，主要取决于下面几个因素。

- 死亡风险的价格（个人预期可以获取资金的时间长度）：也就是说，当投资者主观认为的生存概率高于保险公司所设定的生存概率时，投资者会更愿意去购买相关的保险。
- 遗赠的需求（个人希望留下多少遗产）：在其他条件相似的情形下，一个不那么愿意进行遗赠的投资者更愿意将死亡风险货币化。
- 可撤销性（当特殊情形发生或者生存概率发生改变时的选择余地）：许多年金计划对于中途放弃计划或者修改提取率都会额外收费。

主动承担市场风险

在货币化死亡风险的同时，资金不足的个体往往不得不主动承担市场风险。主动承担市场风险的最简单的方式是选择企业债券或者权益资产进行投资。从本质上说，在信用评级相同且不考虑债券的信用风险时，购买企业债券等同于购买了一个固定期限的年金。假设投资者主动承担了分散化的权益风险，其通过增加资产下行风险暴露的方式，换取了潜在的更高的预期收益。在保险投资中，大量参保者寿命超预期可能会带来风险，但该类风险首先由保险公司承担，其次才会以信用风险的形式影响参保者。所以，相对而言，参保客户并不会承担过多的市场风险。

通过主动承担市场风险，客户有可能摆脱资金不足的困境并满足自身的需求。但也存在着在资金不足的困境中越陷越深的风险。事实上，当任意期限到期时，通过无风险利率得到的看涨、看跌期权的价格是相同的，所以在资本市场，没有理由期待简单策略击败无风险收益率的概率能够大于50%。在之后的章节中，我们将讨论那些因盲目高估客户摆脱困境的概率而为客户带来的窘境。即使在较长的时间维度下，保证投资组合的收益稳定超越无风险收益所需的成本也不会随时间跨度的延长而降低——正如我们一位前同事所说："相对于短期投资，长期投资仅仅意味着时间跨度更长，而不意味着它更安全。"

各种风险都一样， 是这样吗

从本质上说，货币化死亡风险和传统的市场风险是不同的，区别主要体现在这些风险的定价与交易方式上。在那些非合格投资者①常参与的零售市场，资本市场的风险往往以某些专业的名称（如期权、期货等），通过标准合约的形式在各类双向交易竞价市场中存在：交易所负责制定包括做市规则、询价方式、交割形式与冲突解决规则等在内的交易规则。与之相反，保险市场从本质上说是一个垄断竞争、单向交易的市场，其中的参与者（保险合约发行者）仅负责发行各类差异化的产品。

货币化死亡风险与传统的市场风险的另一个主要区别体现在保险市场与资本市场定价的方式上。在资本市场，风险定价是通过确定无风险套利策略所需的成本来进行的。换句话说，风险资产的价格是通过计算将风险转由他人承担这一过程所需的成本得出的。而

---

① 合格投资者是指那些符合收入要求和财富适当性要求的投资者。他们获取了进入那些没有严格监管的金融产品市场的权利（如奇异期权、定增等），而代价是这些市场可能缺乏对投资者的保护。

在保险市场，风险定价是指通过精算假设方式，计算从概率角度出发的合理的风险资产的价格。例如，一家参与资本市场定价的公司，在为一个与股价挂钩且有保底派息的证券定价时，会将其类比为该发行公司做空了一个债券和一个股票的看涨期权。对该空头头寸进行对冲的成本就成了客户最终得到的价格的定价基础。相应地，保险合约往往会先将某一类风险分摊，然后基于该合约的预期支出与资本充足概率来为其定价。相对于保险定价，资本市场的定价更看重可能发生的事件本身而不是对可能发生事件的预期；预期在资本市场定价中的作用远远低于其在保险定价中的作用。

风险、 不确定性以及风险厌恶

当市场下跌时，本金损失（或者说，远在死亡之前就遭受资产损失）的发生是客观存在的，如何合理引导风险厌恶的投资者，使其能够接受投资组合失败的可能性，这是一个值得探讨的课题。如果投资者了解到一个投资组合在损失发生后，其补救措施可能无法真正起效，那么除非存在一定的补偿，否则这样的投资组合对风险厌恶的投资者将毫无吸引力。对于风险厌恶的投资者来说，这比成功或失败的结果影响更深刻。风险厌恶的投资者往往青睐收益较为稳定的投资组合，而厌恶收益高度波动的投资组合。例如，在养老金投资组合中，在提供相同预期回报率的前提下，能够同时保障生活稳定的投资组合更受欢迎。当市场缺乏更好的替代选择时，人们甚至会为了避免生活水平波动的风险，去选择那些投资收益仅能满足保底消费需求的投资组合。这也部分地解释了，对于那些没有需求或没有意愿货币化死亡风险的投资者，年金计划为何是一个有吸引力的选项[1]。

在传统的理财规划中，不仅存在市场短期波动的风险，还存在大类资产收益分布不确定的风险。在 2008 年以前，没有人预料到标普 500 指数的波动率会达到与某些投机个股相似的水平。即使对了解其背后概率的人来说，这样的现象也是意料之外的。幸运的是，现实中存在一些自然的组合构建方法，能够减少生活水平的不确定性；而保障一定的生活水平是大多数计划退休的投资者最关心的问题。我们将会在后文中展示一些组合的构建方法，它们与传统方式相似，能够通过我们熟悉的方式发挥作用，最终能够带来更有保障的计划并为退休者带来更好的结果。

总结

本章中我们介绍了与现代投资组合理论相关的传统理财规划投资理论，事实上，其只是一个一般性框架的特例[2]。简而言之，普通的投资理论忽略了维持保底生活水平的重要性。养老金投资组合理论在确保未来一定的消费水平的同时还保留了资产获取超额收益的可能性，从而为投资者提供了一种将养老金投资组合区分为保底投资组合及潜在超额收益投资组合的管理方式。

本章还重点讨论了在可交易合约中，保底投资组合常遇到的两大类合约（资本市场合约与保险合约）的异同。

- 将养老金投资组合划分为保底投资组合 + 潜在超额收益投

---

[1]　我们将在第三章介绍有关年金可投资品种的操作性定义。

[2]　一般性框架是指考虑保底消费需求的投资理论。——译者注

资组合两部分。

- 风险厌恶程度会随着财富水平的变化而改变。
- 资金富余与资金不足的情形不同。
- 通过风险分摊将死亡风险货币化。
- 资金不足时，主动承担市场风险是一个常被考虑的选择。
- 资本市场合约与保险合约在定价和交易方式上有区别。

第三章

保底投资组合的重要性

目标

估算保底投资组合所需的金额。

考量通货膨胀的影响。

评估并选择合适的保底投资组合类型。

制订明确的目标并付诸行动是人们为退休生活而采取的一种方法。另一种方法是尽可能明智地进行储蓄——但不知道效果如何，这种方法并没有什么明确的计划。两种方法都是合理的，投资者仅凭其偏好做出选择。在本章中，我们将重点讨论在不同生活方式的保底投资组合中，如何制定目标并实现目标。

预估和确定养老需求的概念对那些倾向于提前规划的人来说可能非常明确。我们将客户生活方式对应的需求称为他们的保底消费需求，理解保底消费需求是解决问题的开始。如何构建保底投资组合在很大程度上取决于投资者的个人喜好。如果你要问他们需要多少资金和什么方式的最低保障，那么请阅读本章内容。你应该根据客户的喜好将保底投资组合分为三种类型：保险型、资本市场型、混合型。此外，通过考量物价上涨的利害关系，你能全面分析一个名义金额计价和经通货膨胀调整后的保底投资组合之间的差别。你会更全面地了解构建一个名义金额计价的投资组合好还是构建一个通货膨胀保护的投资组合好。构建投资组合的具体方法将在第六章和第七章中讨论。

那些不愿意透露太多个人信息的客户或者自由型人格的人，在本章讨论名义利率和实际利率前，可以略读，以便更快速地转向关于构建养老金投资组合的章节。

我们将在第六章和第七章中重新审视保底投资组合，仔细观察客户资产和资产配置。在那里，我们会试图弄清目前的资产组合（或者可能的未来资产）是否足以覆盖客户的保底投资组合。如果不能，你可以与客户一起想想解决办法，要么延迟退休、降低目标、通过保险产品实现死亡风险货币化，要么将客户的养老金投资组合置于更高的风险中，以获得更高收益。

其中一个非常重要的观点是，保底支出被定义为退休后需要保证的最低消费金额，在给定的时间段内，可以指名义金额或者实际金额。[①] 我们应当谨慎地看待收益回报类产品，只有当该产品承诺了最低收益率并且最低收益率乘以投入本金超出保底投资组合时，我们才据此构建保底投资组合，而像股票、投资基金一类的产品，由于收益与分红具有不确定性，更需要谨慎选择。

在本章中，我们从资产负债表的角度出发，按照类别划分客户

---

① 我们想传达的概念是，所谓保底支出，是指在未来较长时间内需要花费的最少资金，而这个较长时间指的是客户不确定的寿命。

资产，并将消费需求作为资产负债表中的负债。当我们讨论哪些资产或产品类型符合保底投资组合的条件时，要注意养老金投资组合需要确定性的收益而不仅仅是预期收益。

在快速理解资产负债表的概念之后，我们聚焦于对投资组合一些要素的估算：需要的金额、需要的期限以及满足需求的计划。我们深入研究有助于对计划和资产进行分类的方法并厘清一些定义。生活方式的概念是主观的，因客户而异，因此我们把最终的保底投资组合拆分为基本保底投资组合和满足更高层次消费欲望的保底投资组合。

我们要特别关注通货膨胀的潜在影响。对于客户的生活需求来说，通货膨胀有时被认为是"沉默的杀手"。

总而言之，在本章中，我们重新审视保底投资组合的类型；侧重于根据客户的能力、需求和特定情况做出选择。

保底投资组合：　基于资产负债表的角度

理财顾问通常只关注金融财富。对于生命周期的规划来说，金融财富只是财富的一个组成部分。大多数撰写这方面内容的作者会将财富分为金融财富、人力资本和社会资本。

具体来看，我们把过去积累的财富归为金融财富；把客户通过个人努力，在未来将获得的财富货币归为人力资本；把通过自己的影响力，让别人干活（而非直接交换）创造的财富归为社会资本。

金融财富主要源于先前的努力和积累。其中，部分金融财富是由金融服务专业人员来管理的。根据我们的定义，金融财富包括传统金融账户、房屋、艺术品、收藏品以及家中的各种小玩意儿、小金库和土地所有权的清算价值。此外，金融财富还包括由企业或其他权益实体产生的未来现金流量现值。

人力资本是指客户通过个人努力赚到的未来收入的现值。人力资本包括工资及预期专利、版权和尚未实现的创业活动的现值。简而言之，这一类别包括客户通过个人努力，预期但尚未实现的所有可能收入来源的现值。

社会资本是一个经常被忽视的有趣的财富类别。首先，举一个例子，社会资本中最简单的要素就是社会保障收入。社会保障体系是一项转移支付计划，年轻人正在将财富转移给那些不再工作但之前为该体系做出贡献的人。无论政治家怎样标榜这一体系，社会保障体系仅仅将财富从工作的人向不再工作的人转移。如果要改变这个制度，那么老年人将没有社会保障收入。同样，社会资本还指来自社会、慈善机构和家庭成员的其他财富来源。

通常，理财顾问和财富管理机构专注于资产负债表中可变现的金融财富部分，并致力于增加客户财富。对于渴望永远活着的客户来说，这是理所应当的。然而，人总有生老病死，养老金投资组合的客户需要将支出与收入进行匹配。请客户拿出一张纸，并考虑与他们的收入以及金融财产相匹配的生活方式，这样可能对你有所帮助。

图 3.1 是一个虚拟的退休者的资产负债表。左边是资产，右边是负债（消费、欲望性支出）和负债以外的资本开支。从概念上讲，这相当于一个真正的经济类资产负债表，而不是 GAAP（一般公认会计原则）资产负债表——该表包括像人力资本这样的无形资产。请注意，此图仅显示资产负债表，而不显示资产负债表相关的风险（如风险资产和不可预见的负债）。

根据你的业务模型，深入地思考客户的资产负债表，并根据客户资产负债表回顾你的业务情况，如表 3.1 所示。

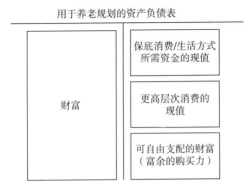

用于养老规划的资产负债表

图3.1 虚拟的退休者的资产负债表

表3.1 客户资产负债表分类

资产	负债
人力资本	消费的现值
● 工资	● 退休前
● 版权的现值	● 退休后
● 尚未实现的创业活动的现值	
金融财富	遗赠的现值
● 投资组合	● 给子孙后辈
● 房地产	● 给慈善机构
● DB 计划	
社会资本	可自由支配的财富
● 社会保障收入	
● 财富继承权	
● 资金援助（家庭、社区）	
总和	总和

养老金组合管理需要确定性的收益，而不仅仅是预期收益

　　市场不是随机变量的简单集合，我们不能轻易合成稳定的投资

组合。市场的实际运行反映了数百万参与者的投资决策，这些参与者的决策有时是明智的，有时是情绪化的。当情绪化因素占主导地位时，市场可能会大幅波动。我们往往会对此感到惊讶，惊讶市场波动的程度比我们想象的高得多。我们经常会被长时间保持稳定的市场所迷惑，从而产生自满和一种虚假的控制感。在不同环境中，市场变化的持续时间、程度比我们想象的更长、更大。我们认为自己有能力对资本市场的运行过程进行建模和预测，但市场却定期提醒我们，我们的模型并不完美，只能刻画某些特定个体的行为表现。

与传统理财规划相关的大量投资组合着重于总回报和风险敞口的管理。对风险回报的过度关注，使我们忽略了组合构建的动机：最大限度地满足我们的延期消费。图 3.2 显示了传统理财规划的模拟累积路径：风险未完全规避，我们看到大部分的路径能满足保底支出。一般情况下有效的策略，并不一定对你的某个特定客户有效。有了保底投资组合，人们就可以避开灾祸。

根据客户的生活方式确定保底投资组合是养老金投资组合管理的重中之重。为退休生活制订的财务计划要能得到确定性的收益，并考虑客户更高层次的消费欲望。剔除不好的结果后，客户可以管理自己的养老计划。毕竟，在面临巨大的不确定性时，制订具体的计划很困难。这种关注点的重要变化源于预期结果的不确定性。预期结果有一定的波动性和有限回撤，有助于我们克服养老规划的困难。

传统理财规划的重点在于权衡风险－回报和评估客户风险承受能力。在这种情况下，客户可能有得有失，但他们有再试一次的机会。金融计划和养老计划都存在风险。若理财顾问将客户置于市场的波动风险中并使其蒙受巨额损失，将导致客户不满，并可能面临仲裁或诉讼。但养老金投资组合管理不同，明智的做法是通过下文介绍的实用策略来规避上述风险。

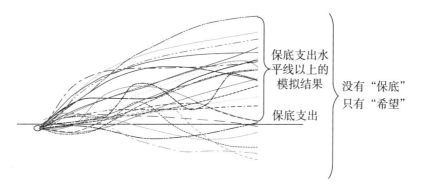

图3.2　传统理财规划的模拟累积路径

消费需求

　　一般来说，人们退休后的花费约占其退休前收入的70%，但这一数值在具体实例中基本没有意义。重要的不是客户赚了多少，而是他们花费了多少。弄清楚维持客户生活方式需要的金额是首要问题，为此进行规划和实践是一回事，确保养老资金的安全是另一回事。我们通过自上而下和自下而上的方式来缩小客户消费需求的范围。从客户的角度分析，应该鼓励他们在与你一同规划之前就这么做。任何有良知的理财顾问都会要求客户在开始采取行动之前就完成这项工作。你要做的事情是，让客户估计他们现在的消费需求，并根据预期的变化进行调整。

　　一个重要但常常被忽视的观点是，消费需求是一种必须承担的负债。就好比一个人必须吃东西，当客户饿了，必须要花钱买食物。个人的收入或投资组合的回报可能有风险，未来的可能收益需要风险折现，并达到一个必要的金额。第四至六章介绍了如何满足这个必要的金额并与资产相匹配；债务是否与相同风险水平的资产

41

相匹配；如何管理风险错配是需要考虑的重要问题。

我们必须格外重视刚性需求。与客户打交道时，这既是一个挑战，也是一个机遇。将需求和欲望用无风险利率折现是一种积极的方式，更高需求的现值可以让客户重新审视自己生活中最重要的方面。

首先，我们采用最简单的"是/否"方法来帮助客户了解，如果其维持当前的状态，经通货膨胀调整后，最终能否达到理想的退休状态。从下文开始，我们转向确定需求的具体流程。

"是/否" 计划

"是/否"计划的目的是让个人看到自己是否适应目前践行的路径，以及这个路径的终点是不是个人想到达的地方。现在的问题是，现有的条件能否支持我们实现并维持期望的生活方式。这与现在许多理财规划工具的方式和效果类似，但我们希望尽可能去除关于投资组合业绩表现的假设。没有人从这个计划中得到快乐，对"是/否"问题的回答几乎总是否定的。但是，这个计划有助于人们开始考虑给自己的生活需求设定一个基准。

该计划非常简单，只需要一点计算。个人只需将自己目前每年积累的退休储蓄资产与退休前的剩余年数相乘，然后加上目前的退休储蓄资产即可，无须经过无风险利率的调整。由于货币市场基金的收益率与通货膨胀率几乎一致，持有货币市场基金不能使自己的实际财富增长。名义财富增长的幻觉可能是因为个人没有考虑通货膨胀。在个人有了第一次计算的结果后，将其除以预期的退休年限即可。

例如，假设客户是一对年龄为 45 岁，目前有 400 000 美元退休储蓄资产的夫妇。进一步假设，他们的各种账户每年能积累 30 000 美元，如果距离退休还有 20 年，那么他们的现金账户合计应有1 000 000美元。如果这对夫妇认为其中一人或两人可能在退休后活40年，那么他们的投资组合可以提供每年25 000美元的保底消费（这部分金额不包括社保的转移支付）。

若这对夫妇能承担部分市场风险，结果可能更好也可能更糟。但问题在于，这个保底投资组合是否已经能满足其生活需求。

我们现在转向更正式的养老规划流程，分两步进行。首先，确定所谓的基本保底支出；其次，添加欲望保底支出（或更高层次的保底支出）。基本保底支出衡量客户现有生活方式的成本，而不涉及与工作相关的成本①。理想的保底支出并不是一份愿望清单，而是客户为了过上他们希望的生活所做的实际养老规划。

维持生活方式的期限

另一个简单的测试是根据财富水平来衡量一种生活方式，看钱花光需要多长时间。为了开始这个测试，我们在退休前一年就要进行投资组合的估算。假设我们在退休前一年购买了普通年金，且这个年金的年付款金额刚好能覆盖我们想要的生活方式的支出。那么，我们看看这个年金可以维持多少年。②

---

① 与工作相关的成本具体指通勤成本、为工作而准备的衣着成本以及其他与工作相关的成本。

② 用 $\ln(x)$ 表示 x 的自然对数，r 表示折现率，i^e 表示预期的通货膨胀水平，则在退休后能够维持的期数可以表示为：

$$N = \left\{ \frac{\ln\left[1 - \dfrac{财富}{维持生活方式的消费}\left(\dfrac{r - i^e}{1 + i^e}\right)\right]}{\ln(1 + i^e) - \ln(1 + r)} \right\}$$

这个公式使用起来很方便，可以解决诸多问题，例如，要计算一笔本金变动（追加）的贷款需要偿还多长时间，仅需在借款金额增加时修改财富的值即可。

表3.2 购买年金产品可以维持生活支出的最长期限

		可提取的最大期数和折现率							
		折现率							
		3%	4%	5%	6%	7%	8%	9%	10%
生活支出占财富的比例	3%	∞	∞	∞	∞	∞	∞	∞	∞
	4%	46	∞	∞	∞	∞	∞	∞	∞
	5%	30	41	∞	∞	∞	∞	∞	∞
	6%	23	28	36	∞	∞	∞	∞	∞
	7%	18	21	25	33	∞	∞	∞	∞
	8%	15	17	20	23	30	∞	∞	∞
	9%	13	14	16	18	22	28	426	∞
	10%	12	13	14	15	17	20	26	∞
	11%	10	11	12	13	14	16	19	25
	12%	9	10	11	11	12	14	16	18
	13%	8	9	9	10	11	12	13	15
	14%	8	8	9	9	10	11	11	13
	15%	7	7	8	8	9	9	10	11

表3.2显示了购买年金产品可以维持生活支出的最长期限。表左侧是生活支出占财富的比例，顶部是年金的折现率。例如，初始金额为100美元、每期支付9美元、折现率为7%的年金，可以持续22期。

表3.2未考虑通货膨胀。表的左侧展示的是生活支出占财富的比例。例如，对于一个拥有1 000 000美元的投资组合，每年需花费150 000美元的人来说，根据折现率的不同，其年金能持续的时间可参见表3.2的最后一行。表中首行的不同列表示用于计算现值的折现率。表中的数值是全额年金可以覆盖的最长期限。例如，一

个每年支取 10% 的退休前财富用于生活支出的人，在折现率为 4% 的条件下，其原有的生活方式可以维持 13 个周期。请注意，若生活支出占财富的比例小于年金的折现率，则投资组合可以永续。表 3.3 显示了适度通货膨胀对持续时间的影响。

表 3.3 显示了预期通货膨胀率为 3% 时普通年金的最大持续期数。生活支出占财富的比例在表左侧列示，折现率在表顶部列示。初始金额为 100 美元、每期支付 9 美元，但有 3% 的预期通货膨胀率的年金，在折现率为 7% 的情况下，仅能维持 14 个周期。

表 3.3　购买年金产品可以维持生活支出的最长期限（3% 的预期通货膨胀率）

<table>
<tr><td colspan="2"></td><td colspan="8">可提取的最大期数和折现率</td></tr>
<tr><td colspan="2"></td><td colspan="8">折现率</td></tr>
<tr><td colspan="2"></td><td>3%</td><td>4%</td><td>5%</td><td>6%</td><td>7%</td><td>8%</td><td>9%</td><td>10%</td></tr>
<tr><td rowspan="13">生活支出占财富的比例</td><td>3%</td><td>33</td><td>40</td><td>54</td><td>123</td><td>∞</td><td>∞</td><td>∞</td><td>∞</td></tr>
<tr><td>4%</td><td>25</td><td>28</td><td>34</td><td>45</td><td>92</td><td>∞</td><td>∞</td><td>∞</td></tr>
<tr><td>5%</td><td>20</td><td>22</td><td>25</td><td>30</td><td>39</td><td>74</td><td>∞</td><td>∞</td></tr>
<tr><td>6%</td><td>16</td><td>18</td><td>20</td><td>23</td><td>27</td><td>34</td><td>62</td><td>∞</td></tr>
<tr><td>7%</td><td>14</td><td>15</td><td>16</td><td>18</td><td>21</td><td>24</td><td>31</td><td>53</td></tr>
<tr><td>8%</td><td>12</td><td>13</td><td>14</td><td>15</td><td>17</td><td>19</td><td>23</td><td>28</td></tr>
<tr><td>9%</td><td>11</td><td>11</td><td>12</td><td>13</td><td>14</td><td>16</td><td>18</td><td>21</td></tr>
<tr><td>10%</td><td>10</td><td>10</td><td>11</td><td>11</td><td>12</td><td>14</td><td>15</td><td>17</td></tr>
<tr><td>11%</td><td>9</td><td>9</td><td>10</td><td>10</td><td>11</td><td>12</td><td>13</td><td>14</td></tr>
<tr><td>12%</td><td>8</td><td>8</td><td>9</td><td>9</td><td>10</td><td>10</td><td>11</td><td>12</td></tr>
<tr><td>13%</td><td>7</td><td>8</td><td>8</td><td>8</td><td>9</td><td>9</td><td>10</td><td>11</td></tr>
<tr><td>14%</td><td>7</td><td>7</td><td>7</td><td>8</td><td>8</td><td>8</td><td>9</td><td>10</td></tr>
<tr><td>15%</td><td>6</td><td>6</td><td>7</td><td>7</td><td>7</td><td>8</td><td>8</td><td>9</td></tr>
</table>

在表 3.3 中，我们调整了生活支出的方式，以将预期的通货膨胀考虑在内。在预期通货膨胀率为 3%、折现率为 4% 的情况下，当生活支出占财富的比例为 10% 时，年金只能维持 10 个周期。请注意，变化最大的是生活支出占财富比例较低的部分。例如，在折现率为 3% 的情况下，当生活支出占财富的比例为 4% 时，年金的持续时间从 46 个周期降至 25 个周期；此时，长寿成为一种风险。

基本保底支出

在预算中，主要有两种资金估算方法：一种是自上而下的，从当前的预算开始，并试图调整未来预算的值；另一种是自下而上的，对于没有历史记录的新项目或预算作为额外项目独立编制的，可能需要重新编制预算。

自上而下的估算

自上而下的估算通常被称为模糊预测，这种方法对于用户搭建个人的理财框架十分有帮助。[①] 首先，客户需要和美国国税局（IRS）做的类似，把自己所有的收入渠道都计算进来。简单来说，你或客户需要将他近几年的各种收入都加起来，如工资、利息、分红还有其他可以计算的收入，不考虑彩票中奖或其他一次性收入。这部分客户要注意的是对自己诚实，并尽量用最简单的计算方式。其次，看财务报表，看这些年有多少收入被花掉了。运用等式"消费 = 收入 - 储蓄"，你可以用当年的收入减当年的储蓄计算当

---

① 人们经常引用英国经济学家凯恩斯（J. M. Keynes）的名言，"宁要模糊的正确，也不要精确的错误"。

年的消费。

　　告诉客户，这里的计算仅需考虑他们在退休后可能真实发生的支出。告诉客户要面对现实——如他们的小孩在搬出去之后仍然会花他们的钱。但通勤和其他与工作相关的支出会消失。在这里，不用担心紧急事件和预防性储蓄，我们之后会进一步讨论。

自下而上的估算

　　在这里，你可以直接使用客户当前的预算方法来估计其消费需求，或者让客户将支票簿的每笔支票或取款加起来。这样做的目的是通过分析客户在退休后的预期花费金额来确定其保底投资组合。尽量让客户减少退休后预计不会产生的费用。同样地，增加客户预计在退休后经常会产生的费用。为了更好地了解客户正常情况下的消费需求，你需要了解潜在的一次性费用，例如为子女筹备婚礼及其时间安排。

　　自下而上的估算需要一个更全面的财务考虑，而这可能超出了很多理财顾问愿意承担的职责范畴。然而，对于那些试图成为养老领域专家的理财顾问来说，了解客户的资产负债表和损益表是这一过程的重要组成部分。

更高层次的保底支出

　　在基本保底支出之外，是客户在退休阶段真正打算做但现在没有时间做的事所需的支出。我们称这些为更高层次的保底支出。在这里，你可以为客户在退休时考虑的完整生活添加其合理的需求。也许他们计划旅行，参加大学课程，或培养昂贵的业余爱好。在添加这些需求之前，你需要让客户自行回答一个重要问题，即这些花销是保底消费的一部分还是纯粹的欲望。这两者之间没有明确的界限，需要你和客户自行判断。如果是纯粹的欲望，那就先不考虑它们，也许它们可以源于可自由支配的财富，或者源于客户的投资组合中超额收益的部分。如果支出符合客户的愿望并且在他们的掌握范围之内，那么将其纳入进来。我们在这里要做的事情主要是找到定义他们身份的生活方式，同时确保他们仍处于自己所能负担的现实世界之中。

最终的保底投资组合

现在你已经对满足基本保底支出的投资组合和满足更高层次保底支出的投资组合有了认识，我们可以把它们放在一起。客户希望的退休生活如图 3.3 所示，以图形的形式呈现可能对你和客户非常有帮助。在这里，人们可以再次看到，我们对退休生活的规划，即使面对很长的寿命，也要能适应。对于客户来说，通过该图，可以让他们开始考虑自己的退休活动和寿命因素可能产生的影响。

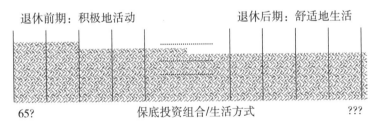

图 3.3　客户希望的退休生活

以名义或实际金额计价的保底投资组合

通货膨胀是养老金投资组合的"沉默杀手"。通货膨胀对生活质量的影响常常使人们感到惊讶和沮丧。如果他们的保底投资组合不是完全由社会保障收入构成的（社会保障收入会依据通货膨胀做自动调整），你和客户都要面对通货膨胀的威胁。你们无须惊慌，也不一定要做任何特别的事情，但必须知道通货膨胀的影响。减弱通货膨胀的影响有两条主要途径：一是构建一个以名义金额计价的保底投资组合，将预期的通货膨胀考虑进去；二是构建会根据通货膨胀进行调整，以实际金额计价的保底投资组合。调整名义保底消费是一项简单的任务。如果你想要建立50 000美元的保底投资组合，在通货膨胀率为 4% 的条件下，你可以调整名义金额，如表 3.4 所示，$52 = 50 \times 1.04$，$54.08 = 52 \times 1.04$，$56.243 = 54.08 \times 1.04$ 等。[①]

如果不直接购买通货膨胀保护的投资组合，那么在制订养老金计划时就要考虑通货膨胀对投资组合的影响。

要了解通货膨胀在何时将成为重要的考虑因素，请参见表 3.5。表 3.5 展示了不同通货膨胀率下物价翻倍所需的期数。

在表 3.5 中我们看到，通货膨胀很重要，连续几年的高通货膨胀率会损害客户投资组合的收益。

提前对通货膨胀进行保护的另一种做法是，购买那些会根据通货膨胀自动调整的有价证券。在这个时候，对特定产品进行太多细节讨论还为时过早。在这里，我们简单介绍通货膨胀保护的产品类别及其产品属性。

通货膨胀保值债券（TIPS）是提供通货膨胀保护最常用的工具。从某种意义上说，它们是衡量所有其他通货膨胀保护证券的标准。表 3.6 显示了通货膨胀保护证券的部分清单。

---

① 用一个比喻来说明，构建一个经通货膨胀调整、逐步提高的保底投资组合可被看作"通往天堂的阶梯"。

表 3.4　名义与实际金额计价的保底投资组合（假设通货膨胀率为每年 4%）

距今年份（年）	名义金额计价的保底投资组合（美元）	经通货膨胀调整的实际金额计价的保底投资组合（美元）
0	50 000	50 000
1	50 000	52 000
2	50 000	54 080
3	50 000	56 243
4	50 000	58 493
5	50 000	60 833
…	…	…
15	50 000	90 047

表 3.5　不同通货膨胀率下物价翻倍所需的期数

通货膨胀率（%）	物价翻倍所需的期数
1	70
2	35
3	23
4	18
5	14
6	12
7	10
8	9
9	8
10	7

表 3.6　通货膨胀保护证券的部分清单

有价证券	特别说明
通货膨胀保值债券	幻影收入在联邦征税的范围内，如果不是在个人养老账户（IRA）或者 401（k）账户中购买，那么需要纳税
海外发行的通货膨胀保值债券	汇率风险，美国和债券发行国的通货膨胀率不同，需纳税

续表

有价证券	特别说明
收益与通货膨胀相关的结构性产品	并非大众熟知，产品结构复杂，面临发行方的信用风险，需纳税

非有价证券	特别说明
通货膨胀挂钩债券	每期产生收入，联邦征税
房地产	无收益保证，需纳税，与个人养老账户的投资不可类比
通货膨胀连接的年金产品	发行方的信用风险；是否纳税需看产品形式

通货膨胀保值债券和通货膨胀挂钩债券（I-bond）均由财政部发行，但他们略有不同，并具有不同的税务效果。通货膨胀保值债券的特点为：假设通货膨胀保值债券以 1 000 美元面值和 3% 的票息率发行。如果通货膨胀率达到 5%，那么通货膨胀保值债券的名义金额将上升到 1 050 美元，3% 的票息率不变。[①] 税收问题在于美国国

税局把名义上 50 美元的增长视为今年的收入，即使这只是一个名义上的增长，持有人也要等到票据到期时才能真正兑现。这就是通常所说的幻影收入。重要的是，通货膨胀保值债券在税收递延账户中的效果最好，在提取资金之前不存在税务问题。通货膨胀挂钩债券是为小型储户设计的，且不作为交易证券发行。通货膨胀保值债券调整名义金额，但票息率保持不变，而通货膨胀挂钩债券会根据通货膨胀率

[①] 通货膨胀保值债券每个月根据滞后三个月的城市 CPI（居民消费价格指数）重新调整名义值。在通货紧缩的情况下，通货膨胀保值债券的名义值不低于 1 000 美元。通货膨胀保值债券每半年支付一次票息。

调整票息率。① 通货膨胀挂钩债券不受幻影收入的影响。

一些外国政府也发行他们自己的通货膨胀保值债券。这些产品对于通货膨胀保护很有价值，但将其纳入投资组合中会使投资者面临外汇波动、主权国家风险和不同国家通货膨胀率的差异风险。

一些关于养老问题的权威研究人士认为，通货膨胀的风险意味着所有的保底投资组合都应该用实际金额计价。② 出于两个原因，笔者不赞同这一观点。首先，通货膨胀保护资产和名义收益率资产之间的定价有微妙的差别，这个差别不是由预期通货膨胀驱动的，而是通货膨胀溢价。其次，尽管存在通货膨胀保值债券，名义利率计价债券在市场发行量方面仍占据主导地位，这表明许多人有通货膨胀风险的意识，但似乎更愿意买入通货膨胀看涨期权。③

在名义利率计价债券和通货膨胀保值债券同时交易的情况下，两者票息率的差额被视为通货膨胀的期权价值会更易于理解。名义利率计价债券的买方在每个票息期间收到固定金额的付款，而债券本金不做调整。如果通货膨胀率上涨，债券买家就会亏损；如果通货膨胀率降低或为负，债券买家就会获益。实质上，名义利率计价债券的买家对债券发行人来说相当于卖空了一笔期权。在这种情况下，通货膨胀保值债券的票息率和名义利率计价债券的票息率之间的差额可以看作债券买方支

---

① 通货膨胀挂钩债券的利率等于一个固定利率加上通货膨胀率。通货膨胀挂钩债券每半年根据城市 CPI 重置其利率中通货膨胀部分的数值。

② 很多人，包括一些非常杰出的思想家，如滋维·博迪（Zvi Bodie）和威廉·夏普（William Sharpe），认为通货膨胀保值债券适用于构建保底投资组合。笔者同意通货膨胀保值债券对于很多人来说是一个非常好的默认选项。但购买通货膨胀保值债券需权衡风险与收益，包括购买债券的意愿、支付内嵌期权的溢价费以及对未来通货膨胀的判断等诸多因素。

③ 很多人知道通货膨胀保值债券，但观察现在市场上债券的交易规模发现，大多数投资者还是会选择名义利率计价的债券。——译者注

付的期权溢价。当市场对未来通货膨胀的担忧程度很高时，实际利率和名义利率之间的差距会增大；名义利率持有者支付的期权费将上涨。

鉴于此，当市场普遍对通货膨胀感到担忧时，对于那些与市场观点不同的人来说，购买名义利率计价债券将是有吸引力的选择。这可能表现为名义利率计价债券的票息率相对较高，或通货膨胀保值债券的收益率偏低。两者的差异源于通货膨胀溢价。那些有其他方式对冲通货膨胀风险，或愿意主动承担此风险的人可能更愿意购买未受保护的证券。相反，当没有人担心通货膨胀时，则是购买通货膨胀保值债券或其他通货膨胀保护证券的最佳时机。

股票和实物资产通常也被用于通货膨胀保护。需要注意的是，这两者都不能保证跟上通货膨胀的步伐。确实，从广义的角度分析，股票的平均收益能"跑赢"通货膨胀。然而，股票价格未对通货膨胀做对应调整。还应该记住，过去并不总是预示未来。没有一字一句的合同条款，就没有100%确定的事情。这可能是一个合理的长期博弈，但它仍然是一个博弈。

同样地，实物资产也不能保证跟上通货膨胀的步伐。实物资产还有其他两个因素需要考虑。首先，实物资产通常以除金币、稀有邮票、艺术品、商品等金融证券之外的形式进行交易。它们可能对位置（房地产）、实物的状态（硬币、邮票）或其他特征（艺术、石油、农产品）等高度敏感，并且具有低流动性和买卖价差大的特点。其次，更重要的是，许多实物资产不仅仅是投资性资产，它们还有消费价值。①

① 马科维茨模型和其他绝大多数模型，包括资本资产定价（CAPM）模型和大多数跨期资本资产定价（ICAPM）模型，都假设金融资产与消费品是完全分开的。这简化了模型的数学形式，但却无法解释一些现象，例如为什么在住房繁荣时期，新建住房的平均面积大幅增长——人们对房屋的实际购买情况超过了其合理的消费水平；人们不需要那么多房子，但渴望买更多的房子。

这蕴含了一个微妙而重要的观点：对于任何资产，总回报可以分解为消费回报和财务回报。纯粹的金融资产没有消费价值。一些资产如稀有邮票、硬币和艺术品，主要用于消费，其次才用于投资；除了一些值得特别注意的事例以外，住房通常属于这一类别。一些实物资产，如黄金和部分农产品，主要用于消费，但价格波动可能是由投资活动驱动的。在均衡状态下，消费回报越高，财务回报越低。另外，请记住，对于大多数实物资产而言，消费需求是顺周期的；随着投资者偏好的改变，其对特定实物资产的需求可能会上涨或下降。总之，像股票一样，实物资产可能有助于对冲通货膨胀风险，但它们自身也有风险。

保底投资组合的类型

现在我们已经了解了客户退休后的保底投资组合，接下来，我们判断保底投资组合的类型。这不是关于保底投资组合构建的最后步骤。就像我们必须重新检查并审视保底投资组合的金额一样，我们也要检查保底投资组合的类型。在这里，我们可以通过比较不同消费领域的最佳消费类型来进行思考。我们的做法是将客户的消费需求与财富进行比较。客户的消费需求越多，需要的可用资产和潜在资产就越多，保证保底消费需求就越重要。

第一步是提出这个问题："你的退休生活需要花费多少?"笔者很喜欢这个问题，因为这是提供答案的一个方法。如果客户明确知道自己的保底消费需求，那么答案就是锁定保底消费的金额。因此，如果我们计算保底消费金额的现值①，我们可以说"如果你想

---

① 或者等价地，找到合适的本息分离国债用于构建保底资产组合。

要一个由政府担保的保底投资组合，它将花费你 x 美元"。这是一个强大而有用的信息。

重新审视资产负债表

将客户的保底投资组合与他们当前的金融资产相比较，可以让我们了解客户在实现养老目标方面的处境。暂时忽略保险，我们的目标是将客户的目标与他们的资金进行匹配。在图 3.4 中，我们使用"舒适"这个词来描述那些需求相对于财富来说较低的人，与之相对，那些需求相对于财富来说较高的人会觉得压力很大。在这里，财富的绝对水平并不是生活方式的唯一决定因素。同样，生活方式是否可持续取决于需求占财富的比例。

如果不打算构建完整的资产负债表，一种替代方式是用传统的金融产品衡量金融资产。将客户的投资组合汇总，用上述方式计算的金融资产如图 3.5 所示，其中第一步是加上未来收入的现值。[①] 这部分可称为客户的"资本市场财富"。请注意，如果构建完整的资产负债表，未来收入的现值将计为人力资本和消费现值之间的差额，而非客户剩余的工作年限。使用资本市场财富的衡量标准，找到财富可以提供的保底消费的最大百分比。现在要问的一个显而易见的问题是，投资组合是否能保障保底支出，而无须货币化死亡风险或承担市场风险。作为一种非常粗糙的货币化死亡风险的措施，你可以将所有资本市场财富用于购买一个固定期限的年金，这个返还日

---

① 金融资产与财富之间的区别体现在，人力资本是财富的一部分，但人力资本不是金融资产（除非人们真的开始工作并将人力资本货币化）。人力资本货币化不会改变财富金额的多少，它只是将其中的一部分人力资本转化为金融资产。从某种意义上说，在学习停止的那一天，人们的财富就已经非常稳定了。

期和资本市场计算的相同。[1][2][3] 这可以称作客户货币化死亡风险的消费金额。

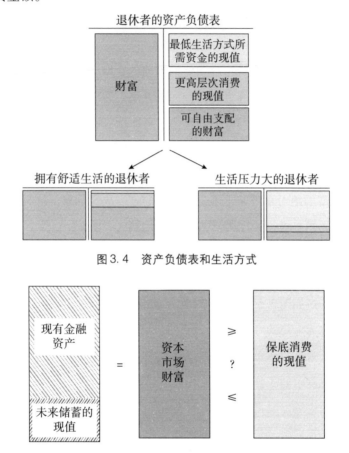

图 3.4　资产负债表和生活方式

图 3.5　金融资产的衡量

---

[1]　保险公司可以提供平均水平的寿命范围。

[2]　正如其他章节所提到的，保险产品并不是无风险的，所以采用经信用风险调整的折现率是较为合适的。

[3]　固定期限保险产品的一个优势是，它消除了保险公司在极端尾部定价方面面临的困难。如果保险公司在估算概率时遇到困难，他们会调整价格以反映其误用概率的风险。

在考虑市场风险之前，先在客户计划的成本上设置界限。对于下限，可以查找用国债收益率曲线构建的保底投资组合的百分比。对于上限，假设将客户所有的金融资产用于购买年金，计算这部分金额占保底消费的比例，剩余的保底消费部分要用死亡风险货币化来满足。如果客户的预期寿命很短以至于死亡风险货币化的价值低于①客户的资本市场保底消费水平，那么客户无须购买年金产品。

选择保底消费的类型

在本节中，我们将讨论保底消费的类型和个人对保底消费类型的"适配性"。如图3.6所示，对于特定客户应该做什么，没有强制性的要求——这是客户自己的选择。但是，有一些要素可以帮助客户做出决定。

对于那些退休生活消费占其总财富比例较高的人来说，货币化死亡风险可能是维持生活方式的唯一选择。随着生活消费占财富比例的降低，建立包含资本市场产品的保底投资组合变得可行，而用于货币化死亡风险的花费可以降低（在第七章中，我们将讨论方法的可行性和根据年龄划分的具体分配方案）。这表明，对于那些财富低于消费需求现值的人来说，选择余地是很有限的。越简单的生活方式越容易拥有更多投资组合的选择。再次重申，这里的关键因素是保底支出占财富的比例，而不是财富本身的多少。

---

① 一般来说，应该将客户视为"平均"水平，并比较市场结果。但是，如果客户有强烈意愿使用自己认为的概率（而不是死亡率表给出的概率）时，你可能需要调整预期寿命。例如，我的一个好朋友患淋巴瘤，近期有所缓解。他表示完全没有兴趣将他的死亡风险货币化，并将退休后领取年金的现值评估为零；他认为自己能够活到65岁已是非常幸运了。在这种情况下，你可能想问他："如果你还活着，该怎么办？"

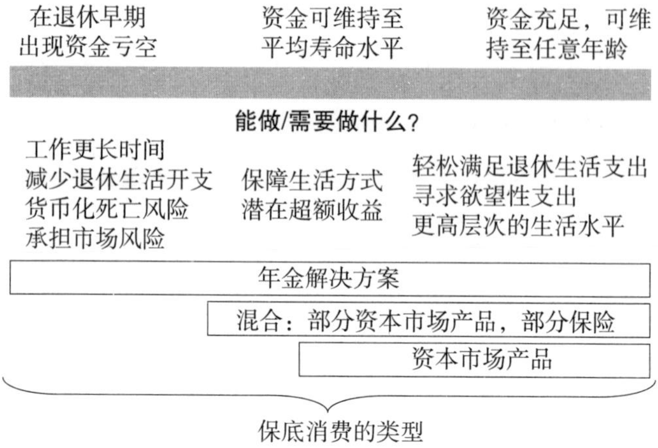

在退休早期 出现资金亏空	资金可维持至 平均寿命水平	资金充足，可维 持至任意年龄
能做/需要做什么?		
工作更长时间 减少退休生活开支 货币化死亡风险 承担市场风险	保障生活方式 潜在超额收益	轻松满足退休生活支出 寻求欲望性支出 更高层次的生活水平

年金解决方案

混合：部分资本市场产品，部分保险

资本市场产品

保底消费的类型

图3.6 保底消费的类型

当然，理财顾问倾向于推销特定类型的产品，但上述观点可能有助于满足不同类型客户定制化产品的需求。很明显，生活方式越简单，可以满足客户需求的选择就越多；而随着生活方式相对于财富变得奢侈，选择就会受到限制。

对于那些对保底消费没有明确规划，只想看看依靠现有的储蓄，在退休后能过上怎样生活的客户来说，保底消费水平的选择是直截了当的。最合理的方案是使用资本市场产品，特别是本息分离债券。如果计划过几年再考虑保底消费水平，那么这样的保底投资组合有较好的流动性并且容易改变（第十章讨论了从传统的理财规划到养老金投资组合的转换）。

开始计划保底消费时要问的第一个问题是，客户对计划生活方式的向往和认可程度。对生活方式的向往和认可程度越高，愿意"锁定"的理由就越多。第二个问题是如何找到最好的前进方向，这个问题是客观的、完全基于个人资产负债表的纯粹理财分析。图3.7展示了资产负债表和保底投资组合的类型。它能提供指导，帮助客户理解其生活方式可能面临的风险，并帮助其做出正确的决定。第三个问题是，是否有遗漏信息使得资产配置的效率较低。如果预期寿命极长，比如说105岁，而资本市场的财富配置不可能超过90岁，那么纯粹的年金或包括长寿保险在内的混合组合将更具吸引力。第四个问题是，是否有子女抚养或其他理由反对货币化死亡风险，从而把资产遗赠给受益人。第五个问题是，诚实地对待冲动的情感。图3.7有助于说明客户生活方式的分类。它提供了另一种纯粹基于可行性来进行客户定位的方法。在图的顶部，所有的保底消费类型都是可行的，因为财富似乎不会限制生活方式。在中间部分，生活方式可以维持一段时间，而不必货币化死亡风险；长期资本市场的长寿保险的效果可能最好。在图的底部，纯粹的资本市场投资组合不足以维持生活方式——个人面临维持生活方式的资金不足的问题。在最后一种情况下，死亡风险货币化才能满足生活方式的需求。对于那些不期望生活方式大起大落的人来说，简单的年

图3.7 资产负债表和保底投资组合的类型

金可能是最好的选择。另外，对于那些倾向于随心所欲的人①来说，资本市场产品比典型年金的转换成本更低。

对于那些退休生活舒适宽裕的人来说，他们的消费需求占财富的比例低，无须担心保底消费。按百分比计算，如果年度消费占总财富的比例低于 3.5%，那么投资组合可以较轻松地满足生活需求。除非有偏好，否则在这种情况下，客户没必要货币化死亡风险。

另一种极端情况是，对于退休生活可能面临资金不足的窘境的人而言，货币化死亡风险可能是保持适当生活方式的唯一选择。按百分比计算，如果年消费需求超过总财富的 7%，那么一项适当的保底支出不可能持续 15 年②以上；客户需要积极承担市场风险或货币化死亡风险③。根据客户入不敷出的程度，在维持生活方式的同时，也许仍留有组合增值的空间，例如可以选择年金/共同基金组合的保险或年金加资本市场产品。

即使在吃紧的生活方式类别中，仍有多种方式使保底消费有足够的资金支持。例如，从完全配置年金转变为配置部分年金、部分长寿保险，并对资本市场产品设置固定期限的混合投资组合。在图 3.8 所示的混合型保底投资组合中，考虑资本市场产品，特别是政府债券，将保底消费维持到某一特定日期，后续消费由长寿保险支持。混合型保底投资组合的本质是将资本市场产品与长寿保险相

---

① 这部分人做出的决策容易改变。——译者注

② 折现率为 4%，通货膨胀率为 3%。

③ 这个群体通常是理财顾问最难"伺候"的群体。举个典型的例子，一位有 3 000 000 美元的客户，希望每年的生活费用为 300 000 美元，并希望理财顾问能够在任何市场中实现。这些客户自然会愿意买伯纳德·麦道夫（Bernard Madoffs）提供的产品（伯纳德·麦道夫是世界上最臭名昭著的金融骗子之一。——译者注）。

结合。资本市场产品为退休后的大部分时间提供了最低保障，如果持有者比预期寿命长寿，长寿保险（死亡风险货币化）就启动了。

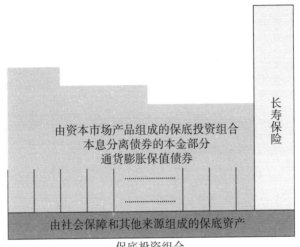

由资本市场产品组成的保底投资组合
本息分离债券的本金部分
通货膨胀保值债券

由社会保障和其他来源组成的保底资产

长寿保险

保底投资组合

图3.8 混合型保底投资组合

总结

本章展示了一种利用资产负债表和损益表等工具来评估客户在退休阶段为消费提供资金支持的方法。该方法介绍了为满足生活方式的需求，如何在消费方面设置保底支出，并将分析框架从单一的期望转变为期望和结果两者的结合。结果是保底支出的一个重要方面，而期望则是超额收益的一个重要方面。估计保底支出的有效方法，从特定的到简单的，如"是/否"计划、自上向下和自下向上的方法，在本章中均有涉及。最后，这一章又回到资产负债表，讨论客户的消费水平与可自由支配财富的关系，有助于理财顾问为特定客户保底消费水平的正确选择提供信息。

第四章

货币化死亡风险

年金和长寿保险

目标

理解风险分摊。

- 生活方式和财产之间的权衡。

退休保障分类：

- 长寿保险。

- 年金。

- 年金与资本市场产品相结合。

信用风险和年金。

正如本书前面提到的，风险分摊是一种使有限的生命货币化①的方法。人们把资产和其他人的放在一起。每个时期收到的

---

① 死亡问题是笔者所关心的，其具有不可避免性，笔者仍然对自己的研究不满意或者说有些不确定，但不要让笔者自我否定的状态影响你为客户制订计划。

回报的多少取决于你是活着还是死亡。在以养老保障为导向的保险中，如果客户死了，他们得到的回报会较少，如果他们活着，得到的回报会较多。

在本章中，我们有几个凭直觉（而不去深究细节）确定的目标。首先，我们介绍风险分摊的基础知识。然后，我们将介绍长寿保险。纯粹的长寿保险是与养老有关的少数保险领域之一，它很直观，可以轻松量化。介绍了长寿保险后，我们继续介绍传统的年金保险。我们介绍了一般形式的年金和复杂的年金，包括带有死亡抚恤金的年金和可变年金。考虑到次贷危机以及美国国际集团的紧急救助，我们应花点时间了解一下保险合同的信用风险。

风险分摊

我们先来举一个简单的例子。假设客户 A 和其邻居 B 明年都需要 100 美元来满足温饱需求。在未来一年里，他们每个人的存活概率是 50%，且这个概率是互相独立的。然而，两个人各仅有 50 美元，因此他们各自将自己的资金投入 XYZ 保险公司管理的资金池中。

从表 4.1 和表 4.2 可以看出，若没有风险分摊，不管结果如何，未来看起来都不能令人满意。而有了风险分摊，结果将变得清晰且不那么令人担忧了。如果 A 和 B 都没存活，那么 XYZ 保险公司就可获得双方的资金。① 如果两个人中只有一个存活，那么 XYZ 保险公司需要确保有 100 美元可以支付给存活的一方。唯一的问题是，如果两人都幸存下来，XYZ 保险公司是否有能力对 A 和 B 各

---

① 在这个例子中，没有死亡抚恤金收益。年金加死亡抚恤金的产品可视为一种安慰性的奖励，但它没有改变死亡风险货币化的本质。

支付 100 美元。我们会在后续讨论保险和信用风险时参考这个例子。这里稍微展开一下，XYZ 保险公司在每一种需要支付的情景中均有信用风险，但显然在两人都存活的情景中，XYZ 保险公司面临的信用风险更大。

表 4.1　没有风险分摊的情景

结果	概率	生活开销（美元）	资产（美元）	结果
生存	0.5	100	50	挨饿
死亡	0.5	0	50	不用担心

表 4.2　通过购买 XYZ 保险公司的产品，实现风险分摊

结果	概率	生活开销（美元）	资产（美元）	结果
A 和 B 同时死亡	0.25	0	100	不必担心
A 存活，B 死亡	0.25	100	100	不必担心
A 死亡，B 存活	0.25	100	100	不必担心
A 和 B 同时存活	0.25	200	100	由 XYZ 保险公司处理

长寿保险

假设你有一些 65 岁的客户，对你为他们的养老金制订的计划相当满意，这个养老金将维持他们的生活方式直到 90 岁，即未来的 25 年。你和客户都会注意到，如果客户的寿命超过 90 岁，则他们的钱有可能已经花光了。一种替代方案是购买 25 年后到期的子弹式债券①。如果

---

① 子弹式债券是零息债券的另一种表述。顾名思义，零息债券不会支付票息；它只是在到期时支付其名义金额。一些债券在发行时是不付息的（如原始发行折价债券），而其他零息债券是在发行后从付息债券剥离出来的（如本息分离债券）。通常情况下，付息债券剥离后会产生两个部分：仅含票息的部分和仅含本金的部分。

政府担保债券的当前利率是 5% , 那么零息债券的成本可以粗略计算如下：

$$零息债券的成本 = 1/(1.05)^{25} = 0.295\ 3^{①}$$

最容易找到的零息债券是本息分离政府证券。它们由经纪人/经销商定期出售，价格是可以看到的，这意味着你不需要自行计算成本；你可以看到它在市场的走势[②]。你需要做的是利用经纪人/经销商提供的"债券查找"工具来查找合适的债券。现在，假设我们找到了上述合意的债券。

在这种情况下，如果他们想在 90 岁时把自己的投资组合提高到 1 000 000 美元，那么他们今天就可以花 300 000 美元买一个零息债券，25 年后他们将获得 1 000 000 美元的名义金额。但是，占用 300 000 美元的资金 25 年，配置效率显然不高。

假设再活 25 年到 90 岁的概率是 20%。[③④] 如果有一家保险公司（没有额外收费、无营销支出、精算公平、没有其他风险）愿意提供价值 1 000 000 美元的长寿保险，其价格为 0.20 × 300 000 美元 = 60 000 美元。换句话说，在刚才的例子中，他们仅需为每 1 美元的保障额支付 6 美分就能获得长寿保护。

进行长寿保护的时间越晚，其价格越便宜。若两个长寿保险均在 25 年后提取，50 岁时购买比 65 岁时购买更贵，因为 50 岁的人

---

① 这相当于票面金额为 1 美元的零息债券的当期价格为 30 美分。

② 事实上，公开交易的债券通常会告诉你价格中隐含的利率。

③ 这被称为条件概率。对于已经活到 65 岁的人来说，再活到 90 岁的概率要高一些，这是一种直觉。

④ 死亡率经过不断调整，和历史数据有较大差别。美国的预期寿命在过去的 100 年里一直在延长。但这可能会改变。

25 年后存活的概率更高。类似地，对于一个到 90 岁时才提取的长寿保险，50 岁的人支付的金额比 65 岁的人更便宜，因为对于已经活到 65 岁的人来说，存活到 90 岁的概率更高。当其他条件相同时，到 95 岁时提取的长寿保险比到 90 岁时提取的更便宜，因为一个人生存到 95 岁的概率更低。

保险公司的运作机制与上文风险分摊的简单例子基本相似。保险公司把从保单持有人那里得到的资金汇集起来购买债券等投资产品，这些债券反过来向幸存者提供长寿保护。如果保险公司计算的概率是正确的，那么其对幸存的保单持有人赔付完后，仍能给股东分配利润。

年金

前文我们讨论了长寿保险，相比之下，基本年金很难定价，但其概念很容易理解。在特定情况下，可以将年金理解为一系列现金流，这个现金流的持续时间取决于寿命的长短。对于购买 10 000 美元年金的人来说，其成本大约是每年支付 10 000 美元的概率加权现值的总和；年金定价的概率加权部分比较复杂。年金中支付的每一笔现金流的现值需要依据生存的概率来调整。在某种程度上，每一笔支付的现金流，都可看作年金现值与持续生存概率的乘积。

例如，假设死亡率为每年 40% 且不变，市场价格每期都遵照 5% 的利率。也就是说，在这个例子中，我们假设每年有 40%[①]的

---

① 即使以黑死病的标准来衡量，这可能也是不切实际的高死亡率，但与汤姆·克兰西（Tom Clancy）后期的小说相比，这里假设的死亡率也不算高。

人死亡，且前一年是否存活不影响下一年的死亡率①。那么，存活率将是表4.3中B列的数据。

在表4.3中，一笔10 000美元的单笔付款的成本如E列所示，这个数值是B、C、D三列数据相乘得到的。你可能注意到，在死亡率为40%的假设条件下，每年保险费用的下降幅度很大：到90岁时它几乎是免费的。累加E列中的值可作为年金的成本，为13 333.32美元。案例中需要主动输入的参数是存活概率和购买债券的成本。如果利率发生变化或存活概率改变，则年金成本也会改变。

表4.3 不同年龄条件下的长寿保险成本

A 年龄	B 存活概率	C 支付金额 （美元）	D 每1美元对应 金额的现值（美元）	E 长寿保护 的成本
66	0.600 0	10 000	0.95	5 714.29
67	0.360 0	10 000	0.91	3 265.31
68	0.216 0	10 000	0.86	1 865.89
69	0.129 6	10 000	0.82	1 066.22
70	0.077 8	10 000	0.78	609.27
71	0.046 7	10 000	0.75	348.15
72	0.028 0	10 000	0.71	198.95
73	0.016 8	10 000	0.68	113.68
74	0.010 1	10 000	0.64	64.96
75	0.006 0	10 000	0.61	37.12
76	0.003 6	10 000	0.58	21.21

① 我们假设其特征符合指数概率分布。显然，根据指数概率分布的影响，生存概率独立的生物只有某些贝类。

续表

A 年龄	B 存活概率	C 支付金额 （美元）	D 每 1 美元对应 金额的现值（美元）	E 长寿保护 的成本
77	0.002 2	10 000	0.56	12.12
78	0.001 3	10 000	0.53	6.93
79	0.000 8	10 000	0.51	3.96
80	0.000 5	10 000	0.48	2.26
81	0.000 3	10 000	0.46	1.29
82	0.000 2	10 000	0.44	0.74
83	0.000 1	10 000	0.42	0.42
84	0.000 1	10 000	0.40	0.24
85	0.000 0	10 000	0.38	0.14
86	0.000 0	10 000	0.36	0.08
87	0.000 0	10 000	0.34	0.04
88	0.000 0	10 000	0.33	0.03
89	0.000 0	10 000	0.31	0.01
90	0.000 0	10 000	0.30	0.01

对于那些购买年金的人来说，最大的赢家将是拥有长寿基因的人，他们的寿命足够长，足以战胜保险公司的试算表。年金"游戏"中的失败者将是那些早逝的人。如果政府允许保险公司在年金销售中区别定价，那么酗酒、吸烟或肥胖的人的年金价格会更便宜。大部分反对购买年金的人认为，购买年金后，领取到的金额不足以覆盖购买年金的成本，他们不想用自己的钱补贴那些更长寿的人。

现在买还是晚点儿买呢？对于一般人而言，从 45 岁开始购买年金与从 55 岁开始购买（均从 65 岁开始收到年金支付）的主要差异源自支付期限不同和年龄增长带来的存活概率的变化。如果一个人在 45 岁时购买年金，其存活到 65 岁的概率比在 55 岁时购买年金的人低，在 45 岁时购买年金可以让其付款期从 10 年延长到 20 年。很多人在中年后开始货币化死亡风险，这时候存活的概率开始迅速下降。对于精算公平的保险，单就现值而言（不考虑实质性的死亡率差异），购买年金早晚的区别并不大。预期寿命是以年龄为前提条件的，对于那些认为自己比较长寿的人来说，较早购买年金比较划算。客户有时候不太愿意过早地购买年金产品，担心退保费用高、非交易型保单难以撤销或者自己的寿命不长。

复杂的年金

保险产品的设计十分灵活，同一类产品可以有多种形式。保险是一种基于个人合同的产品，与交易所市场中标准化的产品不同，因此保险公司实现产品的差异化，并在竞争激烈的市场中获利要容易得多。

死亡抚恤金

我们举一个复杂年金的例子，如死亡抚恤金，就是对普通年金的一种简单改造。保险精算师深谙死亡风险，这种改造对他们来说是小菜一碟。死亡抚恤金很容易理解并很受欢迎，但它们不是免费的。

让我们回顾一下前文长寿保险的例子。25 年期的现值系数表明，1 美元的零息债券的成本为 30 美分。记住，对于 65 岁的人来说，到 90 岁仍存活的概率只有 20%。这意味着他们能够以 6 美分（$0.3 \times 0.2 = 0.06$ 美元）的价格购买长寿保险。现在，假设他们想增加死亡抚恤金条款。显然，客户在 90 岁的前一天死亡，对于保险公司来说是最有利的。但是，客户在 90 岁之前去世的概率是 80%。因此，如果客户在 90 岁之前去世，即使条款约定他们的继承人只能在到期时收到死亡抚恤金，这笔死亡抚恤金的发放标准也将保持不变，是长寿保险的四倍（$0.3 \times 0.8 = 0.24$ 美元）。死亡抚恤金通常在持有人去世后很快支付，持有人越早死亡，他们的继承人获得的死亡抚恤金就越高。因为问题不在于他们是否死亡而在于何时死亡，这是一个越早死亡越受益的政策。

可变年金

在过去的几年里，保险公司一直致力于设计将死亡风险和市场风险结合起来的产品。这种想法的动机是，虽然固定年金对某些人来说是可取的，但提供潜在超额收益的年金可获得一定的市场认可。

从概念上讲，简单年金的概念是直观且易于理解的，例如在前面讨论的产品类型的基础上，收取一定的额外费用，并附加任意一个共同基金，就可以包装成可变年金。这类产品相对于单纯投资共同基金的好处之一是，含共同基金的保险产品的现金收入是税收递延的。此类产品的税收规则较复杂，你需要注意两个方面。首先，在 401（k）或个人养老账户购买保险产品对于退休账户来说已经浪费了部分税收优惠功能。从税收优惠的角度来看，在退休账户以外购买保险产品更为明智。其次，如果保险产品产生的收入属于普通收入，纳税金额取决于持有期和持有期内的现金流入，客户综合缴纳的税金可能比直接购买共同基金缴纳的资本利得税还要高。

最低收益保证型产品是可变年金的另一种类型，它不仅仅是将共同基金嵌入年金产品中。在年金支付方面，它们为嵌入式共同基金的业绩提供担保。从本质上讲，此类产品兼具保险产品与资本市场产品的特点。①② 在大多数情况下，这些产品可以被认为是年金、共同基金和一个看跌期权的结合③。对于这些产品，重要的是要了解看跌期权的风险是如何对冲的。保险公司可以通过两种方式对冲嵌入的看跌期权的风险，包括直接套期保值以及与金融中介进行交易，金融中介自己对冲手中的空头头寸。保险公司还可以放弃套期保值，经过精算后主动承担风险，相信基金的长期表现将提供足够的收益来覆盖保单持有人的最低赔付金额。

信用风险与保险产品

如果你想出售保险产品，客户会意识到保险费用中包含营业成本、管理费用和合理的利润。然而，客户也会意识到，没有政府担保的私人保险产品包含信用风险；次贷危机期间，政府对美国国际集团的救助增加了人们对保险公司有可能倒闭的恐惧。当客户购买保险产品时，他们与一家私人公司签订合同，这家私人公司在客户需要赔付的时候，可能没办法全额支付。如果客户购买政府债券，那么就不会有信用风险：美国财政部手里有"印钞机"。

保险产品的购买者需要关注一下保险公司的资产和负债，看看

---

① 资本市场是公司从投资界获取资金的市场。资本市场产品包括大众熟悉的股票、债券、期权和货币基金。

② 当前与权益挂钩的资本市场产品的久期通常比许多可变年金短。精算市场的价格远低于资本市场，因此具有下行保护的可变年金的定价往往要低得多。定价差异是风险管理人员非常关心的问题。

③ 买入看跌期权，是指当标的证券的价格低于特定水平时，看跌期权的多头头寸会得到相应回报。标的证券的价格越低，看空期权的多头头寸获得的回报越高。买入看跌期权是构建保底投资组合的方法之一。

其有没有严重的信用风险。在资产方面，许多保险公司持有政府债券和AAA级债券。通常，保险公司的资产负债表中资产的质量越高，保险公司越可靠。然而，债券评级不是衡量资产质量的唯一标准。请记住，保险公司往往是AAA级债权抵押证券的购买者，因为它们的收益率比普通AAA级债券更高。

对于那些只专注于某一类险种的保险公司，如只提供财产险、意外险或寿险的公司，大家往往忽略了其负债端的风险。1992年袭击佛罗里达州的世纪飓风"安德鲁"使许多财险公司损失惨重。这说明自然灾害会对当地财险公司的负债管理带来灾难。[①] 保险公司对于极端长尾事件如大型灾难的定价极为困难。未对冲的市场风险也有可能给保险公司带来问题。一个发行最低收益保证型产品和其他各类相关产品的保险公司，如果没有一个活跃的内部交易平台来对冲市场风险，或与一个实体企业通过标准合同进行对冲，那么这个保险公司将面临较高的信用风险。

对于退休者来说，所有这一切意味着保险产品可能只是具有风险分摊功能的公司债券。保险金的实际折现率与保险公司发行债券时的发行利率相等，因为保险产品的购买者实质上购买的是保险公司"打包发行的债券"。这并不是说，一个拥有坚实信用评级（AAA级）的保险公司不会倒闭，或者说，应该避免AA级、A级或评级更低的公司。然而，这确实意味着分散化原则适用于信用风险领域。幸运的是，信用风险的分散化比市场风险的分散化更直接和透明。

原则上，购买年金的信用风险是可以大幅降低的。随着产品的

---

① 负债管理问题假设财产损失索赔多少是相互独立的。与家庭火灾不同，飓风会扫荡整个国家。简而言之，保险公司缺乏适当的地理分散化。

标准化，年金会以和共同基金类似但不完全相同的方式打包出售。一些针对个人投资者的发行方可能会提供多样化的年金套餐，但在零售层面上，许多理财顾问接触的产品有限，可能无法从客户利益出发，将信用风险分散化，而这与理财顾问的工作职责是背道而驰的。

总结

本章介绍了风险分摊的运作机制及货币化死亡风险在市场中的应用，覆盖了与养老、长寿保险、年金和复杂年金有关的传统产品系列。是提供保底收益的产品还是同时提供保底收益和潜在超额收益的产品更好，取决于客户的处境、需求和偏好。不过，理财顾问很难从寿命这种私人信息中去揣摩客户的偏好。

本章还介绍了与保险相关的信用风险。我们要提醒客户注意投资资产的分散化，购买保险产品在某种程度上和购买公司债券类似，都面临信用风险。

第五章

利用资本市场产品构建保底投资组合

目标

了解如何利用债券构建保底投资组合。

- 本息分离债券、零息债券、原始发行折扣债券。
- 阶梯式债券投资组合。

政府债券、公司债券与市政债券。

- 避免用可赎回债券构建保底投资组合。

这一章笔者将从一个虚构的故事开始讲起，一对拥有普通投资组合的夫妇有个人养老账户和雇主资助的 401(k) 计划。他们的 401(k) 计划提供了共同基金的典型备选清单。他们觉得 401(k) 计划提供的备选共同基金并不十分适合他们且不够灵活，故这对"勇敢"的夫妇在他们的 401(k) 计划中投资了一系列国内和国外的权益型基金。在个人养老账户中，他们做了一些更有趣的事情，他们与理财顾问合作，计划利用自己的个人养老账户构建一个保底投资组合，在 40 岁之前利用个人养老账户购买高等级债券基金来平抑整体投资组合的波动性。当两人中年龄较大的人的年龄达到 40 岁时，他们让理财顾问将投资组合中 50% 的资金用于购买零息债券，这些债券将在 25 年后到期，彼时较年长的人已经 65 岁。在以后的 25 年里每年都购买零息债券，并在 65、66、67 岁时到期领取本金。虽然保底投资组合的成本会有波动，但平均成本约为名义金额的 30%，即现在支付 3 000 美元可构建 25 年后到期的 10 000 美元的保底投资组合。当较年轻的配偶 40 岁时，他们仍然把 50% 的资金投资于零息债券。现在两人都超过 40 岁了，他们将把个人养老账户中的所有资金用于购买 25 年后到期的零息债券。当他们完成购买计划，保底投资组合将持续到较年轻的配偶活到 90 岁。在某些时间点上，他们将对从 401（k）计划中获得的累计财产进行重新分配。① 现在令他们感到欣慰的是，他们所构建的保底投资组合保证了他们在退休期间每年有数千美元的资金用于开销，这一金额远远超过社会保障体系所提供的金额。

在本章中，我们关注使用政府债券来构建保底投资组合的方法。政府债券具有可取得性、熟悉性和标准化的特点。本息分离国债包含在我们所说的政府债券中，尽管它们在技术上不是由政府发行的零息债券——因为它们无处不在的性质，美国统一证券识别程序委员会（CUSIP）将其指定为个人债券，其很适合作为保底投资组合的构建品种。

用公司债券或市政债券构建保底投资组合没有任何问题，而且

---

① 这对夫妇已经发现，401（k）计划通常提供有限的基金选择，一种根据自己的需要定制投资组合的方法是，将他们 401（k）个人账户的一部分资金转入他们的个人养老账户中，然后他们可以请一位理财顾问来指导这些资产的投资以满足自己的基本需求。

有许多积极的方面，我们将讨论使用它们的方法。在任何可接受的信用风险水平下，配置公司债券或市政债券是可行的。有人会说，如果有适当的选择和/或分散化，配置公司债券和市政债券比配置政府债券获得的收益高。

许多理财顾问可能更愿意使用政府债券和公司债券来为大众富裕客户①构建保底投资组合②。事实上，作为企业的一种负债，年金保险属于包含信用风险的债务范畴。美国国债交易量大，且容易找到本息分离国债，因此可取得性较高，这是我们关注美国国债的原因。许多债券基金和个人债券可以瞄准零售养老金市场，但在很大程度上，这取决于未来经济的发展趋势。

政府发行债券

美国政府和其官方机构经常发行债券来为其日常经营融资。这些债券不同于公司债券，也不同于政府资助实体（GSEs）的债券，因为政府有能力印刷货币来偿还债务。一美元的债务在到期偿还时的购买力是不确定的，但政府还钱这件事是确定的：要么通过税收或滚动债务，从一个新贷款人处借钱，要么印纸币用于债务偿还。从理论上讲，主权政府有可能否认其债务，特别是外国人持有的债务。但除非是在极端动荡的社会中，否则这种情况是很罕见的。无论是公司还是政府资助实体，都不能从纳税人和印钞机上拿钱，它

---

① 通常，大众富裕客户的资产为 250 000～2 000 000 美元。高净值客户的资产为 2 000 000～10 000 000 美元。再上一级客户是超高净值客户。超高净值客户通常对退休计划的兴趣不大。然而，超高净值客户很关心遗产继承问题。

② 一个完整的讨论会使本书篇幅过长并使读者忽略本书的主要目标，即专注于管理养老金投资组合的风险。

们都包含信用风险。信用风险是指借款人无法支付其承诺的部分或全部款项的风险。

政府债券的交易特点是流动性好、透明度高。在大多数情况下，政府债券具有标准化的特征（它们的条款是众所周知的）。如前文所述，政府债券不存在信用风险。在流动性好的市场中，更多特殊化的产品可在二级市场中创建。本息分离债券是最常见的二级市场产品。

政府债券的另一个好处是，这些债券通常是不可赎回的。这意味着，即使利率下降，发行人也不能赎回债券，并以较低的利率重新发行。许多公司债券和市政债券都是可赎回的，将这些债券用于构建保底投资组合时，你需要非常谨慎。可赎回债券及其剥离的本息分离债券不是构建保底投资组合的最好选择。当构建保底投资组合时，投资者需要知道投资的债券不会被提前赎回。[①]

用本息分离债券构建保底投资组合

本息分离债券的本金和息票部分都非常适合构建保底投资组合。然而，对此类债券征税削弱了其吸引力：可在客户的个人养老账户或其他税收递延账户中购买本息分离债券。除了零息免税证券，折价出售的债券会产生应税的幻影收入：因为折价减少，债券的价值在到期日上升至票面价值。如果折扣是由于利率波动，那么即使是免税证券也会产生幻影收入。在一个纳税可递延到资金被取出的账户，幻影收入是免税的。

---

① 这样一来，投资组合未来的现金流是可预测的，从而保证了客户退休后的生活水平。——译者注

本息分离债券的本金部分不提供票息支付，只支付到期债券的面值。因此，此类债券是在特定日期提供明确金额现金流的理想选择。通过构建一个本息分离债券的阶梯式组合，可以为退休生活构建保底投资组合，每年都可以获得确定金额的付款。表 5.1 显示了使用期末整付方式构建一个每年提供 10 000 美元的保底投资组合的成本。前提条件是收益率一直为 5%。

表 5.1 中的数值计算方法为：N 期的现值为 $1/(1.05)^N$。第三列中的值是第二列中的值乘以 10 000 得到的。

表 5.1　使用期末整付方式构建一个每年提供 10 000 美元的保底投资组合的成本

未来的期数	现值@5%	10 000 美元保底投资组合的成本（美元）
1	0.952 4	9 523.81
2	0.907 0	9 070.29
3	0.863 8	8 638.38
4	0.822 7	8 227.02
5	0.783 5	7 835.26
6	0.746 2	7 462.15
7	0.710 7	7 106.81
8	0.676 8	6 768.39
9	0.644 6	6 446.09
10	0.613 9	6 139.13
11	0.584 7	5 846.79
12	0.556 8	5 568.37
13	0.530 3	5 303.21
14	0.505 1	5 050.68
15	0.481 0	4 810.17
16	0.458 1	4 581.12
17	0.436 3	4 362.97

未来的期数	现值@5%	10 000 美元保底投资组合的成本（美元）
18	0.415 5	4 155.21
19	0.395 7	3 957.34
20	0.376 9	3 768.89
21	0.358 9	3 589.42
22	0.341 8	3 418.50
23	0.325 6	3 255.71
24	0.310 1	3 100.68
25	0.295 3	2 953.03

由表 5.1 可以看出，规划的期限越长，构建保底投资组合所需的成本越低。在这里，有足够资金的人，在 40 岁时开始往他们的个人养老账户内投入资金，每年投入 3 000 美元，在 65 岁以后其每年可获得超过 10 000 美元的保底收入。在这个例子中，一次性购买整个保底投资组合要花费 141 000 美元左右。在实际中，我们可通过购买 25 年后到期的本息分离债券来构建保底投资组合。①

当然，在现实世界中，本息分离债券的价格每天都会变化。对其中一些人来说，这将是一件恼人的事，对其他人来说，这反而提供了一些操作空间：当利率异常低时，比如，在经济衰退期，一些人可能会选择推迟购买债券。他们认为利率可能会上升，推迟购买会使保底投资组合的价值下降。相反，在商业繁荣的尾声中，一些人可能会建议加速购买债券，他们认为利率会下降，保底投资组合的价值会上升。使用成本平均法，可以利用价格波动更好地进行操

---

① 即使在这个人为设定的例子中，由于利息每半年支付一次，成本会有一点儿差异。

作，在利率高的时候多购买一些，在利率低的时候少购买一些。表5.2 显示了部分不同到期期限的本息分离债券。2008 年 10 月的第二周，政府债券价格隐含的到期收益率极低——那个阶段的市场处于极度恐慌的状态。

表5.2 中的价格近似于 2008 年 10 月 9 日的本息分离债券价格。第一列表示到期日；第二列显示了本息分离债券的统一证券识别程序委员会编号（CUSIP）；第三列显示了名义上每 100 美元的估计价格。债券收益率与价格挂钩。

表5.2 部分不同到期期限的本息分离债券

到期日	CUSIP	价格（美元）	收益率（%）
2009 年 2 月 15 日	912820JW8	99.80	0.35
2010 年 2 月 15 日	912820EM5	98.38	1.10
2011 年 2 月 15 日	912020GC5	96.56	1.41
2012 年 2 月 15 日	912820GV3	92.91	2.11
2013 年 2 月 15 日	912820HR1	89.51	2.47
2014 年 2 月 15 日	912820JX6	86.67	2.60
2015 年 2 月 15 日	912803AA1	80.49	3.36
2016 年 2 月 15 日	912803AF0	76.66	3.57
2017 年 2 月 15 日	912820PE1	73.54	3.64
2018 年 2 月 15 日	912820QN0	69.53	3.96
2019 年 2 月 15 日	912803AQ6	64.09	4.28
2020 年 2 月 15 日	912803AS2	60.76	4.38
2021 年 2 月 15 日	912803AV5	57.72	4.44
2022 年 2 月 15 日	912833LG3	54.88	4.50
2023 年 2 月 15 日	912803BB8	52.59	4.49
2024 年 2 月 15 日	912833LQ1	50.53	4.46

续表

到期日	CUSIP	价格（美元）	收益率（%）
2025 年 2 月 15 日	912803BE2	49.03	4.38
2026 年 2 月 15 日	912803BG7	46.25	4.47
2027 年 2 月 15 日	912803BK8	44.73	4.41
2028 年 2 月 15 日	912833RY8	43.17	4.37
2029 年 2 月 15 日	912803BW2	41.86	4.31
2030 年 2 月 15 日	912833XX3	40.12	4.31
2031 年 2 月 15 日	912803CK7	39.12	4.18
2032 年 2 月 15 日	9128334T4	37.96	4.18
2033 年 2 月 15 日	9128334V9	36.65	4.15
2034 年 2 月 15 日	9128334X5	35.35	4.13
2035 年 2 月 15 日	9128334Z0	34.12	4.11
2036 年 2 月 15 日	912803CX9	33.74	4.00
2037 年 2 月 15 日	912803CZ4	33.05	3.93
2038 年 2 月 15 日	912803DC4	32.40	3.87

注：由 CUSIP 标记的 9 位数债券中，第 9 位数字是由前八位数字根据算法自动生成的。

图 5.1 显示了 2008 年 10 月 9 日保底投资组合的构建成本。下图实线代表计算成本假定为 5% 的收益率。假设折现率为 5%，金额是在到期年份的 2 月 15 日支付。总的来说，特定到期日的折现率越高，构建保底投资组合的成本就越低。

当短期内有现金需求时，本息分离债券的票息部分是在一段时间内建立一定水平的保底投资组合的很好选择。另外，本息分离债券的本金部分非常适用于构建固定时间的保底投资组合。本息分离债券的本金和利息部分是养老金投资组合中保底投资组合构建的有价值的工具。

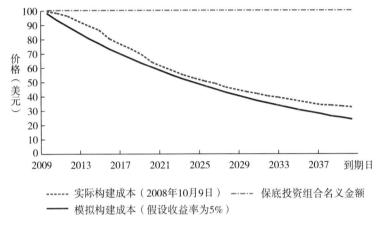

图 5.1　保底投资组合的构建成本（2008 年 10 月 9 日）

通货膨胀保值债券

通货膨胀保值债券是构建按实际金额计价、政府担保的保底投资组合的好办法。通货膨胀保值债券在刚发行时提供固定的票息率，但计算票息的本金会发生变化。通货膨胀保值债券根据每月的消费物价指数（城市，非季节性因素调整，三个月滞后期）进行调整。当消费物价指数为正时，本金金额将向上调整。当本金超过1 000 美元时，会根据负的消费物价指数向下调整。例如，票息率为 6% 的通货膨胀保值债券将根据 5% 的通货膨胀率进行调整，名义本金变为 1 050 美元，同时基于 $6\% \times 1050 \div 2 = 31.50$ 美元的半年期票息支付。即使是普通的通货膨胀保值债券，也会成为应纳税账户的问题，因为名义本金的变动被视为幻影收入。使用通货膨胀保值债券中的本金部分（本息分离债券的本金部分）构建通货膨胀保护的保底投资组合时，税收递延账户是最有利的，因为该账户只有在支取资金时才需要缴税。

　　与名义债券一样，通货膨胀保值债券的本金和利息可以分开交易。使用通货膨胀保值债券可以构建一个通货膨胀保护的保底投资组合。一些作者，包括威廉·夏普，认为通货膨胀保值债券是养老金投资组合构建的理想品种。[①] 笔者之前已说过，这可能不是所有人的最佳选择。然而，这是一个非常明智的方法，可以或多或少地实施"制订后就忘记它"的程序。通货膨胀保值债券也可以在保险产品组合中使用，将通货膨胀保值债券作为真正的长寿保险的支柱，也可以通过购买纯粹的长寿保险或年金来满足养老需求。

市政债券

　　市政债券可以满足免税的需求。这些债券在联邦一级是免税的，通常在州一级也是免税的，它们可以提供类似养老账户的税收优惠，且不收取提早退出的罚金。市政当局确实有信用风险，但在大多数情况下，它是一个假设的风险，因为市政债务违约是极为罕见的。[②] 鉴于市政债券有限的信用风险和免税的特征，市政债券对于现在的退休计划是有益的。通过一些调整，市政债券可以为保底投资组合做出巨大的贡献。这是一个高净值客户获取应税等值收益率和构建保底投资组合的好方法。[③]
　　遗憾的是，由于大多数市政债券是可赎回的，在用市政债券构

---

① 威廉·夏普、约翰·林特纳（John Lintner）和简·莫辛（Jan Mossin）是我们通常所说的资本资产定价模型的共同提出者。1990 年，威廉·夏普、马科维茨和默顿·米勒一起荣获诺贝尔经济学奖。

② 有一种边缘观点——自 2008 年信贷危机以来越来越普遍——市政机构有动机违约并寻求破产保护，以在不征税的情况下减轻其养老金负担。这是一个值得怀疑但并非不可能的看法。

③ 为了计算市政债券的应税等值收益率，将收益率除以（1－τ），其中τ是边际税率。例如，如果市政债券的收益率为 3%，边际税率为 40%×（联邦税率＋州税率－联邦税率×州税率），那么应税等值收益率为 3%÷（1－0.4）＝5%。

建保底投资组合时需要重点关注这一点。此外，尽管市政债券有时可被剥离，但它们大多以完整的债券形式交易。当然，仍然可以找到不可赎回的长期免税债券。[①]

公司债券及其他金融产品

一般来说，保底投资组合可以由任意期限、有固定支付金额、不可赎回的投资品种构建。许多公司债券可以"阶梯"形式或原始发行折扣债券的形式发行，或者可以剥离，以符合保底投资组合的配置需求。然而，公司债券发行扩张，市政债券发行减少，信贷风险需要进一步分散。在养老金投资组合的构建和管理过程中，有许多更好的方法来提高收益率以满足养老需求，而绝不仅仅是将信用风险集中。

原则上，公司债券可以包括某些类型的结构化产品，这些产品通常是由其发起人创建的。对于通过交易抽成获利的理财顾问来说，很容易推荐那些对养老金投资组合有吸引力的产品。当然，这对受托人在信托账户中的设置有一定的限制。此外，有整类结构化产品，不适用于构建保底投资组合，但可以作为组合中增强收益的产品，但客户必须承担更多风险。然而，公司通常会发行本金保护的票据，对于一些投资者来说，这可能是一种优化保底投资组合的有效方法。

利用资本市场产品构建保底投资组合的另一种方法是，使用期

---

① 如果任何高税率州的政府公务员正在阅读这本书，请考虑直接向零售渠道的客户发行长期零息债券，作为资助政府预算的资金。这样，这些零售渠道的客户将有强烈的动机来维持你所在州的居民身份，并持有到期。对于零售渠道的客户来说，这将是不会产生税负的零息债券。

权和其他衍生品来创造一个有担保的现金流。原则上，可以锁定投资组合中的最小值或其中的个别元素。在公司中拥有大量股权的股东可能想要持有股份，同时希望规避股价的波动风险。在这种情况下，可构建包括看跌期权或类似衍生品的投资组合。从实务角度来说，这类产品通常不上市交易，需要通过场外交易市场（OTC）交易。使用这种产品的另一个障碍是，对风险的对冲通常被视为卖出行为，因此构成应税事件。在可预见的将来，缩短持有期和税收的问题尚无法解决，因此这种方法的实用性仍然有限。

总结

　　资本市场提供了一系列可用于构建保底投资组合的产品。投资组合的基础配置包括政府债券和公司债券。这其中最适合构建保底投资组合的产品是本息分离国债和通货膨胀保值债券。两者都具有流动性高、无信贷风险的优点。包括公司债券和市政债券在内的付息债券与结构性产品和衍生品一样，可用于构建保底投资组合。理财顾问为客户创建养老金投资组合时，需要谨慎使用可赎回债券。

第二部分

构建养老金投资组合

第六章

构建养老金投资组合

目标

随着时间的推移， 创建保底和超额收益的投资组合。

毫无疑问，人们都不习惯变化，养老金投资计划的制订通常是在客户的退休之日或客户加入401（k）个人账户时才真正开始。一般而言，提出大的变动总比提出小的变动面临的阻力大。养老金投资计划本质上是对养老金投资组合进行的战略调整，属于一项重大变革。在养老生活中，投资组合的建立也与个人养老意识的逐步改变有关，这种现象有助于解释为什么有些人在过了一段退休生活之后才会进行养老金投资。当然，在此之前采取的任何步骤都是有用的，构建养老金投资组合与传统理财规划类似，可以让投资更有纪律性，同时将策略的灵活性最大化。

当面临改变时，投资者往往会出现认知错误，像"为什么是现在？"和"以前的投资方法是否有误？"等问题经常会在改变投资组合时被投资者问到，如果事先让客户了解从传统理财规划向养老金投资组合转变时可能发生的变化，将极大地消除他们心中的疑惑。

制订养老金投资计划的意义在于，能让客户和理财顾问做出无缝的改变。不需要很多复杂的理论知识，我们就可以较为轻松地提高传统理财规划和养老金投资组合构建的能力，并且这种提高能力的方法与传统组合理论是相互兼容的。

除了深入研究养老金投资组合外，我们还需要制订具体的计划来实现相关目标。为此，我们提供了三种通用模板，用于制订各种方案。三种用于创建养老金投资组合的通用模板分别为计划投资模式①（Brick Layer）、灵活投资模式②（Track Layer）和息票投资模式③（Surge Maker）。我们提供三种模板，一是为客户提供养老金投资计划，二是为销售人员提供营销方案。

在本章中，我们还将介绍从税收角度建立账户的一些有利方法以及与养老金投资组合有关的一些税收陷阱。我们的目标是高效地使用税盾来创建养老金投资组合。税收对于投资组合的作用就像机械中的摩擦力。税率是随时间变化的，所以我们关注的应该是税收的规则而不是具体的税率。

无论对客户还是理财顾问，通过对现有模型进行微调来打开组合收益的上升空间，要比大刀阔斧地改变投资策略（这样可能会带来额外的风险）更容易接受。在本章中，我们主要通过对组合模型的细微修改来实现对养老金投资组合收益的提升。在市场上

---

① 计划投资模式：通过投资与未来退休支出相匹配的零息债券来完成收入、负债的匹配工作。——译者注

② 灵活投资模式：通过每年灵活投资的形式来获取养老金的保值与增值。——译者注

③ 息票投资模式：在保护本金的前提下，通过息票投资风险资产获取更高的长期收益。——译者注

出现更多养老金投资组合产品之前，养老金投资组合往往是定制化的，但对于专业人员来说，有没有新的产品对制订客户养老金投资组合的影响不大。对于管理多个客户投资组合的理财顾问而言，为史密斯（Smith）从 2018 年开始进行养老金投资组合管理和为琼斯一家（the Joneses）从 2021 年开始进行养老金投资组合管理的方法是类似的。

　　关于风险与收益权衡的传统理论在这个框架中依然十分适用。为了更直观地展现投资组合的风险收益特征，我们可以看图 6.1 所示的资本市场线（CML）。通过将无风险资产与有效边界上的投资组合结合的最佳方式，资本市场线将无风险资产与风险资产的有效边界①（efficient frontier）连接起来。如果我们考虑所有风险资产并考虑这些资产所有可能的组合，有效边界代表在预期收益一定时风险最低的投资组合（或者在给定风险水平的情况下，预期回报最高的投资组合）。

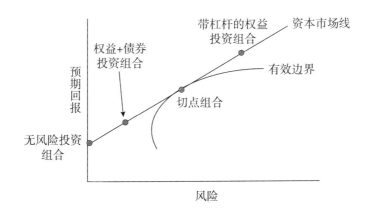

图 6.1　沿着资本市场线进行资产配置

---

① 有效边界可以用以下两种相似的方式解释：在给定风险水平的情况下，提供最高预期回报的风险资产组合；或在给定预期收益的情况下，风险最低的投资组合。

养老金投资组合

在第二章，通过对养老问题自上而下的观察，我们制订了以下消费解决方案：

$$最优消费 = 保底消费 + x\% \times （现有财富 - 未来保底消费的现值）$$
$$= 生活方式对应的保底消费 + x\% \times 可自由支配的财富$$

这个框架为我们提供了一种将最优组合从理论推广到实践的方法。推荐配套产品是构建投资组合的一种常见方法，它允许理财顾问在符合规定的前提下，依据投资框架为客户提供一个定制的投资组合。[①] 对于理财顾问而言，无论是固定佣金还是依比例抽取佣金，本文提出的构建投资组合的方式，都有助于创建一个从传统理财规划到养老金投资组合转换的天然桥梁。养老金投资组合的基本结构如图6.2所示，其包含两个部分——一部分用于创造保底收益，另一部分用于创造超额收益。该结构展现了养老金投资组合的一个主要特点：一方面用于提供未来养老时的保底生活保障，另一方面基于当前可自由支配的财富用于获取更高收益。虽然投资组合在这其中扮演的角色会有一些改变，但从本质来看，这与基于固定收益和股票构建的投资组合没有差别。乍看起来，创造超额收益的投资组合没有什么特别。这里的关键区别在于，创造超

---

① 举个例子，假设一家公司研究建议持有美国大盘股的权重为30%的一个投资组合；理财顾问可以在大盘股中进行选择，从而建立一系列合适的投资组合，包括交易所交易基金、指数基金、管理型对冲基金等。公司也可以做出限制，配置一系列特定的股票（如要求每个理财顾问推荐的组合在总的组合市值中占10%～60%）。收费服务的经纪人受到的限制与理财顾问不尽相同。根据美国金融业监督管理局63、65、66号的规定，理财顾问受雇管理投资组合，至少需保持理性谨慎这一标准。

额收益的投资组合只是养老金投资组合的一部分，所以从更广泛的视角分析，收益超额投资组合可以被理解为整体投资组合的一个子组合。

现分两步介绍养老金投资组合是如何有效运作的：首先，我们聚焦保底投资组合，稍后我们会对保底投资组合做进一步细分，现在我们只需要理解保底投资组合能提供长寿保护。其次是对可自由支配财富的管理，如图 6.3 所示。稍后，我们将进一步从流动性风险的角度对投资组合进行分析。图 6.3 中右下角展示的资本市场产品，往往是有可自由支配资金的人才会选择投资。不过实际上，如果一类投资组合中包含风险资产，那么该投资组合也可能是保底投资组合，但这并不是保底投资组合默认的配置选项。并非每个有足够资金来构建保底投资组合的人会选择包含风险资产的投资组合，我们可以先将其作为潜在客户。[①] 我们将在第三部分详细介绍这个细分市场，并讨论在保底投资组合风险存在的情况下管理投资组合的技巧。

我们首先来看第一部分，即保底投资组合，如图 6.3 所示，该部分有三类细分产品：年金型、混合型和资本市场型。在美国银行（Bank of America）或美林证券（Merrill Lynch）工作的约 20 000 名理财顾问中，绝大多数人有销售资本市场产品或者保险产品的资格。推销养老金投资组合产品的理财顾问最好同时拥有两种产品的销售资格。注意，保底投资组合的方案因客户的财富水平（财富、财富现值或生活方式需求）不同而有所差异。

---

① 举个例子，若某人现在将资产的30%作为保底资产，当面临资产大幅下降时，他可能将所有的风险资产都锁定为保底资产。

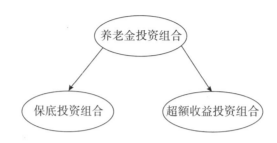

图 6.2　养老金投资组合的基本结构

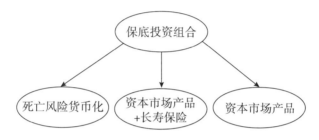

图 6.3　保底投资组合产品

　　年金（包含可变年金①）位于图 6.3 的第一个分组中，用于货币化死亡风险。顾名思义，该细分类别包含的大部分产品是与死亡风险货币化相关的：固定年金和可变年金。通过死亡风险货币化来构建保底投资组合的人主要出于以下两个原因中的某一个：将其作为在养老账户之外提供税收优惠的方式；认为货币化死亡风险是维持生活水平的最佳途径。这是两个截然不同的原因。

　　并非所有保险产品都能构建保底投资组合。尽管产品的保险属性基本上是次要的，但许多金融产品依然被打包成保险产品的形式，以达到延期交税的目的；这类产品可以被描述为可自由支配的理财产品。并非所有的保险产品都能将死亡风险货币化，同时，并非所有保险产品都能构建保底投资组合。

---

① 无论什么时候，这些可变年金都无法享受税收优惠。

如图 6.3 所示，资本市场产品应包含所有适于构建保底投资组合的固定收益类工具。这里重申一下第二章中的一个重要观点，"保底投资组合的定义是有保证的最低付款额度（按名义金额或实际金额计价）"。没有最低收益率要求的产品不能成为保底投资组合的一部分。我们排除收益率固定或有下限，但名义金额会变化的投资品种，如某些股票型基金。配套推荐的产品组合往往包含政府债券、公司债券和投资政府债券的基金。① 与死亡风险货币化模式相比，那些渴望资本市场繁荣的人不愿意将其死亡风险货币化，认为这样做没必要。对于那些有足够财富来满足其生活所需的人来说，死亡风险货币化是一种选择，但并不是必需的，这意味着将有更多高端和低端的保底投资组合产品通过该模式被创建出来。举个例子，一个简单而实用的保底投资组合可以是，配置不同到期日的本息分离债券产品的组合。

如图 6.3 所示的中间模式，即资本市场产品外加长寿保险，但是保险产品并不会简单地嵌入到资本市场产品中。典型的混合保底投资组合购买者的动机是希望在面对长寿风险时保持原有的生活方式。如果没有长寿保险，他们仅拥有有限的金钱去维持固定期限的生活方式。该模式之外的保底投资组合选择应该是更基本和更安全的类型，要简单、安全和实惠。对于这一类人来说，分离保底资产和可自由支配的财富，确保保底资产的安全，并集中精力打理可自由支配的财富，为其以后提高生活质量提供了最佳机会。

无论是针对可自由支配财富的投资还是传统理财规划，其投资组合中包含的产品是类似的。它们的区别不在于投资组合中的产品，而在于构建的结构。如果我们谨慎地为客户构建保底投资组

---

① 无论什么时候，这些地方债券都无法享受税收优惠。

合，那么他们就有更多的自由来承担可自由支配的财富组合中的风险，从而将投资组合作为一个整体转移到理想的风险－回报结构中。当然，笔者不是主张使用可自由支配的财富进行博弈，而是指出保底投资组合有降低波动性的特征，这类似于传统理财规划中固定收益部分的特征。简单来说，可自由支配的财富子组合中权益类资产的占比会比传统理财规划的投资组合高。

直观意义上的投资组合

我们重新回到资本市场线的概念上。图 6.4 向我们展示了养老金投资组合与传统理财规划的相似性。我们用资本市场线的概念来说明养老金投资组合是由生活保障资产（保底投资组合）和风险资产（可自由支配的财富组合）构成的。我们希望可自由支配的财富组合成为一个高效的投资组合，因而不会故意构建无效率的投资组合。专业人员在投资组合的构建方式上可能有所不同，但他们都是为了获取单位风险的最大回报。

图 6.4 显示的一个主要区别是，我们现在已经有了生活方式风险的概念，它可以替代传统理财规划中收入波动风险的概念。这里的无风险收益是指将资产 100% 投资于收益率固定的保底投资组合。在这种情况下，客户完全不投资可自由支配的财富组合（不管是可变年金，还是资本市场的打包产品组合）。出于实际目的，我们考虑的另一个极端情况是，没有配置用于保障生活方式的保底资产而完全为风险资产的投资组合。对于大部分人来说，我们不建议这样做，除非是非常年轻或有能力主动进行风险管理的投资者。在这两种极端之间，我们将根据年龄和风险偏差的情况，进行均衡配置。

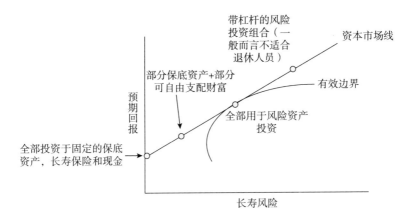

图6.4 养老金收入中的资本市场线

投资组合的主要构成

从纯粹的积累到提前投资的过渡时期，有很多构建投资组合的方式，用以覆盖退休前25年的投资计划，但其中没有一个简单的最优解。这其中有一个问题往往难以避免，即货币化死亡风险。但是，如果这对客户来说是正确的选择，那么他们越早考虑越好。如果客户知道自己适合投资年金，那么越早以年金的形式为他们构建保底投资组合，其死亡风险货币化的价值就越高。如果在退休前才将死亡风险货币化，那么他们在领取年金前去世的概率相对较大；也就是说，一份从65岁开始支付的普通年金的投资组合，对于在45岁就起投的人要比在65岁起投的人便宜。与寿险（死亡补偿）不同，客户预期寿命越短，年金越便宜[1]；而死亡风险货币化在客户存活概率越低时，收益越高。客户60岁以后的死亡率会提升，

---

[1] 某个傻瓜可能想要杀死他的配偶，以获得保险金，但却错误地为受害者购买了年金。

这对选择适合的年金产品造成影响，我们可以通过估算未来能收到的现金现值来简单确定年金的价值。

从长期来看，在准备退休的过程中，大多数人不知道或不愿意选定某种特定产品类型作为他们最终的投资组合。这并不意味着保底投资组合被忽略了，相反，这会使保底投资组合的构建过程更容易。根据当时的环境和自身情况灵活改变保底投资组合的能力将具有价值，这可能使资本市场型保底投资组合在储蓄阶段更受欢迎。

读者可能会问，为什么本章没有强调目标日期基金或定期支付基金在养老金投资组合中的作用。原因是这些基金可能对投资者很有吸引力，但它们并不确保保底收益。因此，它们更适用于构建可自由支配的财富投资组合。特别是定期支付基金，由于它没有收益担保，最好被看作面向可自由支配资金的分配计划。随着时间的推移，目标日期基金会降低投资组合的整体波动性。例如，目标日期基金期初配置90%的股票和10%的债券（比例为90∶10）。随着目标日期的临近，目标日期基金将减少股票的投资比例，例如减到60%（比例从90∶10降到60∶40）。但是，目前的目标日期基金并不能确保保底投资组合的安全。通过降低投资组合的波动性，减少上涨空间和下跌空间，但没有确保保底投资组合的资金安全，如果客户的风险偏好较低，可能仍然无法承受该风险。

我们继续介绍在传统理财规划中，可用于创建养老金投资组合的三个简单方案。这三个方案被设计用来构建最初的养老金投资组合，且方案之间可以相互切换。这些都是为了与当前投资组合的管理流程相兼容。这些计划还有助于在投资组合出现重大调整时提前做好准备而不会让投资者认为突兀而不能接受。这里所有的基本投资组合结构都表明，我们调整投资组合的结构并不是为了简单地改变投资组合的收益风险特征，而是着重于退休后生活方式的维持和保底投资组合收益的提高。

计划投资模式

计划投资模式遵循这样一个规则，即一些客户希望其构建的保底投资组合能覆盖一个固定的时间窗口（年龄段）。在传统理财规划中，评判是否为固定时间窗口的标准有：保持独立；增加长寿保护；最终被卖掉或被年金所替代，这三者都不是必要的。一个完全符合当前储蓄计划的投资组合，可以简单地将传统储蓄计划的固定收益部分替换为有到期期限的固定收益部分。在这种情况下，购买贴现债券是构建保底投资组合最简单的方式。

现举一个例子，假设一位 50 岁的客户希望你为他设计一个计划投资模式，再假设他对投资组合权重的要求为：股票占 70%，固定收益类产品占 30%。现在客户决定投资这个保底投资组合以保障其60 岁（设定退休年龄）到 75 岁的生活。保持投资组合风格的同时开始构建保底投资组合的最简单的方法是，购买到期日期为 25 年后的不可赎回的贴现债券。同样，明年这位客户可以购买 24 年后到期付息的不可赎回贴现债券。实际上，这位客户将把货币成本平均分到一个固定的时间窗口，你和客户将会知道他的保底资产的价值。如果客户购买的是政府债券，那么就不用担心信用风险；但是如果购买的是有信用风险的债券，那么推荐其用来自不同公司和不同行业的债券来分散风险。

这个理财规划非常灵活。投资组合中"旧的"固定收益部分可以保持现有形式，通常为债券型基金，也可以将其转换为额外的保底组合。它允许计划投资模式的规模在将来扩大。当需要更多保底资产的时候，可以通过购买相应到期日的零息债券来扩张规模。最后，如果这种方法可取，它可以轻易被转化为死亡风险货币化计划。

灵活投资模式

灵活投资模式是我们构建投资组合的第二方案。从某种意义上讲，灵活投资模式比计划投资模式更容易使客户凭直觉去理解和把握。这可以从中年的任何时候开始，我们的例子假设某客户从40岁开始构建投资组合。灵活投资模式和计划投资模式之间的主要区别在于，计划投资模式要求有固定长周期的投资，并且要求产品周期与投资周期尽可能匹配，而灵活投资模式主要投资短期限的零息票据，因而每年都能创造一点收益。

我们在这里用的一个例子和第五章介绍的一个例子非常相似。假设客户过几年才能退休，但每过一年就想投资一份保底投资组合。这需要通过每年购买整存整取的产品来实现。与计划投资模式不同，灵活投资模式每年都要进行分散化投资以避免信用风险。从实践角度来看，考虑到信用风险的可能性以及目前缺乏基金选择的现实，政府担保的零息债券非常适合灵活投资模式。

与计划投资模式一样，灵活投资模式也可以保持传统理财规划中的权重不变。然而，通过每年对养老金的管理发现，这种方法难以将当期的储蓄跟未来的养老消费联系起来，从而使得客户更重视保底投资组合的管理。

息票投资模式

息票投资模式最适合那些不清楚自己是否需要将死亡风险货币化或是否有足够资源用于构建混合型保底投资组合的人。在这个投资结构中，息票投资模式在进行下一期投资之前使用一个相对较小的投资窗口以达到保底资产的目标水平。那些在退休前十多年开始投资计划，或者说投资期限超过了 10 年的人，也可以投资债券。但是，最好有一个票息支付的规划，使得当投资期限临近时，在时间窗口边缘投资债券或息票债券也同样有效。

例如，帕特（Pat）在 50 岁时开启息票投资模式。他过去一直没想过退休的问题，但是因为对退休后维持生活方式的恐慌而想要进行投资，所以帕特将 60% 的资产投入保底投资组合，并将剩余 40% 的资产投资于有风险的投资组合。这时可以用不同种类的（不可赎回的）公司债券来构建投资组合，其中收到的票息将被视为可自由支配的财富，根据帕特的选择将票息投向小盘股和中盘股。帕特为保底投资组合设定的目标是 30 000 美元，这其中并不包括社会保障收入。当帕特 80 岁时，如果保底投资组合升值到 30 000 美元，那么帕特将把一些超额收益投资组合重新分配给长寿保险，其余的大部分股权都用作对子孙的遗赠；如果没到 30 000 美元，帕特会将当前所有的保底资产和超额部分转换为年金，因此预留给子孙的馈赠额也将降低。

传统理财规划理念在养老金投资组合中的适用性

不管选用何种投资组合，首要问题都是确定当前资产的锁定比例，然后将其用于养老金投资组合中的保底部分。我们严格遵守的原则是，一旦为客户构建了保底投资组合，就坚持执行，只有达到预定条件时才能改变。① 很多（但不是所有）理性的人会在用来构建保底投资组合的资金到位时立即将其锁定在保底投资组合上。然

---

① 用债券或者年金锁定的保底投资组合也是有可能发生改变的。举个例子，如果客户的预期寿命突然减少，那么他就没有必要为遥远的未来做打算。

而，只要风险资金总额超过锁定保底投资组合所需的成本，一些同样理性但风险承受能力较高的客户会将保底投资组合资金投入风险资产当中。本书第三部分的大部分内容都将讨论主动管理的养老金投资组合的分配，在确保安全的同时也允许投资组合承担适当的市场风险。

对于那些风险承受能力较低的人来说，没有必要讨论何时构建保底投资组合。对于他们而言，第一要务是锁定保底投资组合直至其符合既定要求，之后再将那些超额资金投资于风险资产。

那些风险承受能力较高的人，可能需要被动或主动型策略。有些人可能希望在组合构建初期达到各投资部分的平衡，以确保最终能够满足其所必需的保底投资组合。其他人可能会对最初的最小比例的保底投资组合感兴趣，并保留在未来几年里提高对保底投资组合需求的可能。对于其他一些人来说，在退休前安全地安置所有保底投资组合的理财规划将是最具吸引力的。

对于风险承受能力很高的投资者来说，影响投资基金选择的最重要的因素是财富与保底需求现值的比率。虽然特定年份的保底投资组合有经验法则，但主要是关于创建保底投资组合所需的资金成本与可用资金之间的关系。风险在于可用资金的价值可能贬值至低于锁定保底投资组合成本的现值。一旦不往投资组合里增加资金，考虑到投资者面临的市场风险、死亡风险等情况，个人投资组合将面临价值缺口。第三部分将介绍对这种风险的积极管理。

税收和养老金投资组合

不同的税收方式会对养老金投资组合的表现产生巨大影响。有两类账户需要了解：

1. 完全纳税账户。资产增值阶段的进项缴税，投资收益再缴税。

2. 单项纳税账户。

- 递延税。进项不缴税，支出时补缴税（整个积累阶段的税前收入应作为分配期间的普通收入纳税）。
- 已缴税。进项已缴税，支出分配时不再缴税（罗斯个人退休账户）。

了解这两类账户的通用规则和特殊情况将有助于我们为不同产品选择最佳账户。为此，我们回到前面，从罗斯个人退休账户的种类开始谈起。

- 罗斯个人退休账户。罗斯个人退休账户考虑税后资金，但账户的所有收益和收入在分配时免税，这使得罗斯个人退休账户是理想的养老金特别是产生幻影收入的资产的投资账户。以普通税率征收的幻影收入或许是养老金投资组合中最麻烦的问题，但是这些问题在罗斯个人退休账户中会得到部分解决。

在年度投资没有受到限制的情况下，将所有退休资产纳入税收优惠账户是最佳选择。但是，若有了限制，将影响所有税收优惠的退休账户，所以如何在退休储蓄总额超过优惠账户的容量时合理地使用账户成了一个值得考虑的问题。当退休金超过罗斯个人退休账户的容量限制时，它将不再是资产获得有利股息或资本收益的最佳途径。同样，罗斯个人退休账户也不适合可能导致本金损失的资产。

罗斯个人退休账户是存放产生普通收入、幻影收入或其他收益的资产的好地方。关于罗斯个人退休账户的第二个问题是，将资产从401(k)个人账户或普通个人养老账户转入罗斯个人退休账户是否值得，这类调整在转换时会产生纳税费用。如果未来税率将显著提高，则转换是明智的，罗斯个人退休账户适用于我们之前讨论过的高税率资产。例如，一位客户现在有35%的边际税率，该客户预计税率在不久的将来会翻倍，如果客户希望在退休之后仍然处于高收入阶层，并且将罗斯个人退休账户用于普通收入，那么转换就有意义。罗斯转换也是一个利用临时性失业或收入减少的好方法，特别是当转换可以以低税率进行时。请记住，如果预计税率下降或客户预期在分散期间处于较低的边际水平，则转换将毫无意义。

可递延纳税账户包含了为退休而持有的大部分资产，这其中最流行的就是传统个人退休账户的401(k)计划和403(b)计划。在限制范围内，该账户起到税收递延的作用：税前收入全额计入账户，直至账户中的金额被提取，该账户才按普通收入纳税。税收递延本质上是一种为递延的税收负债加杠杆的方式。实质上，账户持有人计提了一项纳税义务，他们可以在提取收益年度之前对其进行再投资，在这段时间内，原税收递延存款加上收益可作为普通收入缴纳税款。

和罗斯个人退休账户的情况一样，当退休储蓄超过税收优惠账户的限制范围时，事情将变得微妙。税收递延在所有情况下都是有价值的，但对于本身能够获得税收优惠待遇的资产如资本利得和股息收入等来说，推迟纳税就不那么有价值了。这是因为所有从账户中提取的款项都被看作普通收入，不适用于优惠税率。

完全应纳税账户中资产的选择是最重要的。有一些免税的资产可以放在完全应纳税账户中，其中有一些是有税收优惠的，另一些是延迟纳税的。其中，市政债券在联邦政府层面上是免税的。[1]

除了免税证券，还有诸如保险产品等可以放在完全应纳税账户中，从而产生税费递延的效果。简单和复杂的年金[2]都有一个通常被忽视的重要特点——延期缴税。年金在完全应纳税账户中运作良好，因为它们可以释放对存取款有限制的账户的容量。在递延纳税账户中购买年金是对税盾作用的一种浪费，所以只有当其他选择无法进行时才这么做。

税收优惠账户是放置产生普通收入的金融工具的最佳账户。由于税收优惠账户的容量有限，能够获得资本利得或股息的产品是完全应纳税账户的首选工具。

遗憾的是，大多数人并没有充分利用税盾来保护自己的收入。没有充分利用税盾保护的原因是纳税人缺乏意识或不愿意填写表格。无论是什么原因，最重要的问题是正在使用的税盾是否被正确使用，所以笔者提出几个简单的规则。

一些税务的注意事项

- 不要浪费税盾。最好不要在客户的账户里持有市政债券和保险。

- 贴现债券的税收处理创造了幻影收入，可以在债券到期之

---

[1] 不同的州有关于免税条款的法律，其中可能包括了与其他州的互惠协议等。本书不对这个话题做展开介绍，但是笔者正在筹备一本关于退休计划税务问题的书，重点就在这里提及的投资组合的构建上。

[2] 复杂的年金包括可变年金和所有通用类型的分支——结合了固定年金以及潜在或确定的投资组合。

前创造当期负债。如果贴现债券放在退休账户里，那么幻影收入的税额是可以避免的。客户在获得收益后取款时仍然需要缴纳税款，但在获得收益之前不会。

- 对于预期收益率相同的资产，退休金中递延税的价值对每年产生的资产而言是很大的，因为它会被视为普通收入而不是资本收益或股息收入。

- 对于有不同预期收益的资产，预期收益越高，递延产生的税盾在到期时产生的收益越大。

- 如果客户的401（k）个人账户没有多样的产品来构建保底投资组合，那么可以将其转换为罗斯个人退休账户，从而将401（k）个人账户全部或部分转移到可自我设定的计划，进而提高了保底投资组合的灵活性。从401（k）个人账户切换到罗斯个人退休账户不会产生税，这个账户不应该过多用于风险资产的投资，而应主要用于保底投资组合的构建。

- 对于个人退休账户中的税前资金，资产产生的收益越多，税盾产生的长期价值越高。

- 将税后资金放在罗斯个人退休账户优于将其放在传统个人退休账户。

- 对于传统个人退休账户里的税后资金，税务递延对持续产生日常收入的资产的价值最高。不要无目的地浪费可以通过其特征（如权益的资本利得）产生税务递延的资产的税盾。

- 不要浪费传统个人退休账户里的税后资金，可以将资本收益递延到可递延的普通账户中。当使用税后收益时，任何未分配资本利得的资产在传统个人退休账户之外可以得到较低税率的税务处理。产生日常收入，尤其是产生幻影收入的资产，放在传统个人退休账户里更合适。

- 罗斯个人退休账户（税后加入、免税提出）对于所有资产都是适宜的，尤其对那些可以产生日常收益的资产而言，其相对优势更大。

- 尽管退休账户确实消除了短期交易的税收劣势，但一旦客户退休，一次失败的投资将会对客户的资金造成永久的损失，所以不建议用退休保障资金来博弈。

总结

本章作为基础章节，将第一部分的概念转化为可用、可识别和可扩展的投资组合。当我们掌握了构建保底投资组合的基础知识时，我们就熟悉了组合构建的相关内容。通过配置一些常见的配套产品，我们仅对客户的投资组合做一些细微的修改，就能带来更好的效果。为了更好地说明这一点，我们使用基础投资组合结构，即计划投资模式、灵活投资模式和息票投资模式，来简要说明理财顾问帮助客户构建养老金投资组合的标准流程。在本章的结尾，我们提供了一些在不同税收规则下在不同账户中放置退休资产的技巧。

如果你当前给客户设定的投资方案面临重大危机，我们认为最重要的事情是向客户解释并提供一个更有力的投资方案，而不是对既成的事实表示遗憾。将养老金投资组合无缝地添加到你的方案中同样重要，因为它可以帮客户实现从传统理财规划到养老金投资组合的无缝过渡。

第七章

根据年龄和生活方式构建实用的资产配置组合

目标

提供可用的资产配置方法和模型来创建实用的投资组合。

根据生活方式、年龄、预期通货膨胀率和预期寿命来调整投资组合。

说到构建投资组合，工程师通常会查看一下工具箱，然后说："这些是我能为你做的。"经济学家会研究一下模型，然后说："根据假设，你是这种类型的人，这些行为是你应该做的。"市场营销经理会查看周围的人，然后说："这些是其他人都在做的，我们称它为改良过的新方案。"本章关注的是资产配置的实际操作，并非单纯的理论分析。

在传统的理财规划中，常见的配置是60%的股票、30%的债券和10%的现金。对于养老金投资组合来说，现有的经济模型太粗糙，并且这个产业太新，以至于现在没有一个行业标准来提供默认的资产配置方案。因此，我们使用的是工程方法，强调构建投资组合的可能性。我们把工程学思想——我们能为客户的投资组合做些什么，来达到某些特定的目标作为基准；在此基础上，我们研究出保底投资组合、长寿保护、预防性余额和风险资产来实现这些直观目标。

首先，我们研究年龄、通货膨胀率和预计投资期限是怎样影响一个静态、安全的保底投资组合的。也就是说，我们寻找并构建用于满足保底投资组合需求的资产配置组合，一旦构建完成，我们就不需要任何别的行动了。笔者在这里强调这一点，是因为到了第九章，当我们讨论积极的风险管理时，我们讨论的方法中风险资产的分配比例是变化的。在积极的风险管理中，随着投资组合价值的变化，合适保底投资组合的价值相对于目标保底价值也在变化；所以目标保底价值和我们实际可以保障的保底支出水平是有差异的。现在，我们关注保底投资组合占当前财富额比例固定的资产分配，但当整体财富水平上升时，我们会让保底投资组合所需资金同步增加。

其次，我们关注长寿风险的问题。尽管保底投资组合可以持续到客户年纪特别大的时候，但到那个时候客户可能依然身体硬朗，精神矍铄。但特别长寿意味着其不得不面临年龄较高时行动不便的情况，因此对有些人来说，在去世之前耗尽养老金的可能性增大了。① 害怕生活质量降低是本章讨论的一个风险。② 养老服务是整个社会的一个深远问题，但害怕身体变弱、老年痴呆和贫困是个人面临的普遍问题。

再次，我们简短地看一下预防性资产配置。在传统理财规划中，预防性资产不仅是投资组合的稳定剂，也是在出现失业或其他

---

① 就像"若我们对某些事情一无所知，我们就不会在意它们"。

② 在小说《无名的裘德》（*Jude the Obscure*）中，托马斯·哈代（Thomas Hardy）为描述主角的感受创造了一句话：无意识的失败。

不时之需时提供现有资金的一个来源。退休时，人们也会因预防性动机存放一些现金。个人情况和可能发生的意外情况可能不同，但个人对资金的需求仍然是真实存在的。

最后，我们研究风险资产的投资分配，在事先确定了保底投资组合后，我们更有动机将剩余的可支配财富投入风险较大的资产中。研究发现，如果投资组合中有最低收益保障，那么在任何时期投资组合的收益都相当于一个看涨期权的收益。由于下行风险可控，人们对于剩余可支配财富的风险容忍度较高。这里得出的最优组合和没有保底投资组合计算得出的最优组合大相径庭。

如果你想提前了解可以现学现用的资产配置方法，可以直接查看表7.5。然后，你可以回到这里阅读本章的内容来制订自己的资产分配计划。

保底投资组合的构建

首先，我们来看一个简化的案例：我们需要为某位客户找到满足保底投资组合的资产分配方式，该客户从65岁开始从保底资产中收取回报，直到85岁，总共20年。如果该客户在退休前开始规划，那么我们每年将其总资产的5%投资保底投资组合。换句话说，在退休前一个价值1 000 000美元的投资组合在退休后的20年内每年可以至少提供50 000美元。如果在退休前将投资组合锁定，那么退休后每年可用于消费的金额是50 000美元加上可自由支配财富中客户选择变现的部分。[①] 如果一位客户在退休之后来找我们，

---

① 请记住，在任何时期，最佳消费的可自由支配财富的比例都具有高度的个人特质性，并且该比例取决于个人的偏好和风险承受能力。

我们会为他/她设计投资组合使其在 85 岁之前每年都能保障一定的保底消费水平。表 7.1 显示了客户希望退休后每年支取 5% 的资产，保证支取时间是 65 岁到 85 岁的资产分配，表 7.2 显示了客户希望退休后每年支取 4% 的资产，保证支取时间是 65 岁到 90 岁的资产分配。因为表中的结果和占比会按比例发生变化，所以不要太过于担心表格中所使用的保底资产占比。

我们展示了两张表（表 7.1 和表 7.2）来说明希望保底资产分别覆盖到 85 岁和 90 岁的个人资产配置。当你阅读这些内容的时候，请记住资产配置的差异大部分是因为两位客户不同的生活需求造成的。对于退休储蓄来说，"在不影响消费的前提下，应尽早开始储蓄并且保持该习惯"是老生常谈。我们这里想说明的一点是，对于养老金投资组合来说，如果这个投资组合开始得较早、储蓄率较高、保底投资组合水平较低、生活需求较简单的话，这样的投资组合的调整空间将会大很多。

在表 7.1 和表 7.2 中，不同行展示了人们在不同年龄开始构建保底投资组合所需要分配给保底资产的比例。不同列展示了从购买那天开始，不同预期通货膨胀率（分别为 0%、2%、3%）下分配给保底资产的比例。预期通货膨胀率为 0% 的那一列也可以看作以纯名义金额计价的投资组合的价值。这虽然是纯粹的巧合，但我们发现，在这个例子中，名义金额计价的保底资产的分配比例和传统理财规划的标准分配方式并非完全不同。

这里给理财顾问的一个启发是，客户现有的传统理财规划方式下的资产分配，可以自然地转换成适用于养老金的投资组合。方法是，把传统理财规划下固定收益的部分转换成养老金投资组合中保底投资组合的证券。保底投资组合的投资方式和传统理财规划中固定收益产品的投资依然存在明显的差异，保底投资组合可以控制组

表7.1　65岁到85岁每年支取5%的资产的资产分配

年龄	预期通货膨胀率（%）		
	0	2	3
30	12	28	43
35	15	32	47
40	19	37	52
45	25	43	57
50	31	50	63
55	40	58	69
60	51	67	76
65	65	77	84
70[a]	73	82	88
75[b]	81	88	92

a. 在这种情况下，70岁的人希望能收取回报到85岁，所以每年的保底资产占比是6.7%。

b. 在这种情况下，75岁的人希望能收取回报到85岁，所以每年的保底资产占比是10%。

表7.2　65岁到90岁每年支取4%的资产的资产分配

年龄	预期通货膨胀率（%）		
	0	2	3
30	11	26	41
35	14	30	45
40	17	35	50
45	22	40	55
50	28	47	60
55	36	54	66
60	46	62	73
65	59	72	80
70[a]	65	77	84
75[b]	73	82	88

a. 在这种情况下，70岁的人希望能收取回报到90岁，所以每年的保底资产占比是5.0%。

b. 在这种情况下，75岁的人希望能收取回报到90岁，所以每年的保底资产占比是6.7%。

合的回撤，而传统理财规划只能在理论上实现对回撤的控制。[①]

表 7.1 中每一行代表了一定年龄下客户预期分配给保底资产的比例，同时预期通货膨胀率以每列给定的数值增长。表 7.1 假设客户从 65 岁开始退休。保底投资组合会支付到 85 岁，85 岁以后，客户需要长寿保护。（长寿风险管理会在后续进行讨论）。

表 7.1 提供的资产分配是针对每年支取比例为 5% 的客户。有趣的是，我们发现这里根据年龄得到的名义上的资产分配和理财规划投资组合根据经验得出的资产分配非常类似。在纯名义投资组合下，一位 50 岁的客户在上述基本案例中会给保底资产 30% 的配比。类似地，一位 40 岁的客户会给保底资产 20% 的资产配比。还有一点值得注意的是，对于较年轻的客户来说，扣除通货膨胀因素后的保底资产的配比按比例增长得更多。仔细思考一下，这是符合常理的。在 3% 的通货膨胀率下，30 岁的客户所需要的保底资产是名义金额的 2.8 倍——例如，假设通货膨胀率是 3%，某客户在 30 岁那年的物价水平下需要 10 000 美元的保底资产，这相当于他/她在 65 岁那年需要 28 138 美元的保底资产。

对于使用通货膨胀保值债券或实际年金来构建保底投资组合的人来说，他们不需要因通货膨胀率来调整名义金额。然而，表 7.1 还提供了资产配置方面的提示性信息。例如，通货膨胀保值债券比名义证券更贵，和预期通货膨胀率为 0% 的那列数据比起来，其需要花费更多资金。在最近的市场情况下，通货膨胀率介于 2% 和 3% 之间，买通货膨胀保值债券或者名义债券的效果也许是差不多的。

[①] 第一章讨论的破产概率是指，在传统理财规划下应用固定提款金额规则导致其过早用完组合资金的概率。

113

对于对维持生活方式所需支出占初始财富的比例有较高要求的客户来说，保底资产配比会按比例提高；对于对维持生活方式所需支出占初始财富的比例有较低要求的客户来说，该配比会按比例降低。例如，假设一位客户需要投资组合提供 10%而不是 5%的保底资产，那表 7.1 中展示的配置比例都需要翻倍。对于任何对生活方式的需求超过 100% 保底资产配比的人来说，他们只能通过货币化死亡风险、工作更长时间、减少生活需求或者承担很大的市场风险四种方式来实现；只有前三种方式是合理的建议；第四种方式中的风险会让客户的资金缺口越来越大。

对于第二个案例来说，在表 7.2 中，我们假设客户需要为从 65 岁开始的养老收入储备保底资产。像之前一样，我们根据退休期限分配资金配比。假如客户的养老期限延长五年，并且在退休前或退休那年购买了投资组合，我们把保底投资组合基准线降低至每年 4%。和之前的案例类似，假设投资组合为 1 000 000 美元，在退休后的 25 年中，每年需要提供至少 40 000 美元的保底投资组合。假设客户在退休前储备资金，那么其退休后每年的总收入是 40 000 美元加上可自由支配财富中客户选择变现的那部分。如前所述，表 7.2 中的每一行代表了在一定年龄应该分配给保底投资组合的配比；每一列代表了每个预期通货膨胀率下应该分配给保底投资组合的配比。

表 7.2 中的结果和表 7.1 中展示的基准保底投资组合的配比类似。考虑到较长期限的养老保障需求和保底投资组合较低的替代率要求，调整后的资产配置又一次和传统理财规划中根据经验得出的资产配置类似。

表 7.2 中每一个数字代表了一个保底投资组合的配比，该配比

是根据客户的年龄和预期通货膨胀率得出的。为了简化，该表格假设退休从 65 岁开始。保底投资组合会支付给客户直到其 90 岁，在这之后，客户需要购买长寿保险。（长寿风险管理会在后续进行讨论）。

实际上，我们可以直接观察到对保底投资组合有用的金融产品的价格。从现在开始，为了更好地达到我们的目标，我们应该关注相对长期的资产配置组合，而不是关注根据今天的价格计算出的精确配置。

根据年龄、时间窗口和预期通货膨胀率得出保底投资组合的常用方法是，评估一个年金的价值，该年金在 M 年开始产生现金流，在产生现金流后持续 N 年。假设金额付出率（L/W）% 是定值，利率 r 恒定，预期通货膨胀率 i^e 是定值，通过以下公式我们可以得到保底资产配比：

$$A\% = \left(\frac{L}{W}\right)\left(\frac{1+r}{r-i^e}\right)\left[1 - \left(\frac{1+i^e}{1+r}\right)^N\right]\left(\frac{1+i^e}{1+r}\right)^{-M}$$

在这个公式中，$A\%$ 代表保底资产配比，L 代表生活花费，W 代表资产价值，r 代表利率，i^e 代表预期通货膨胀率，M 代表开始产生现金流的时间，N 代表产生现金流的时间长度。

上述公式的一个附带价值是，可以用来进行生活方式可行性的测试。如果我们简短地写下上述公式：

$$A\% = (L/W)K$$

其中 L/W 代表客户的相对生活方式，K 代表客户基本生活方式的当前折现因子。K 包含上面完整公式中 L/W 右边的所有内容，它的值可以通过计算直接得到，也可以通过观察市场价值得到。当资产总额不足以进行保底资产配比（即 $W < KL/A$）时，说明现在的生活方式不可行。如果整个投资组合都配置在保底资产中，那么最大的保底限制是 $W = KL$。当我们用这个公式做生活方式可行性测试时，我们不能忘了 K 是 $\{M, N, r, i^e\}$ 的函数。

长寿风险管理

讨论了保底投资组合后，我们现在要讨论长寿风险管理。就算你计划客户的养老金收入提供到 90 或 95 岁，你也许会可喜地发现客户到了那个年龄还很健康。这是一件好事，但是也需要你的投资组合能继续产生收入。为了应对这种特别长寿的情况，你有三种选择。这些选择按花费金额从多到少依次为：锁定一类保底资产用于覆盖足够长的寿命，为延长的寿命做对冲以及购买长寿保险。首先，我们可以建立一个固定的资本市场保底投资组合，使它的期限超过合理的最长寿命。其次，我们可以通过稍微降低未来的生活质量或稍微减少未来的消费意愿，对冲长寿风险，从而起到保护作用。再次，我们可以购买长寿保险，这可以使客户利用自己的长寿获取收益。生存时间越长，收益越大。

用一小部分资产购买长寿保险构成了一个或有求偿权，因为人们能够活到能从或有求偿权中得到收益的概率很低，所以该成本很低。纯长寿保险和递延年金（不利用退休账户）都可作为对冲风险的资产。在传统理财规划中，我们会将一部分的预防性资金用来预防短期内可能出现的收入变化；在养老金投资组合的长寿问题中，风险指的是长期收入的减少。在养老金投资组合中存放现金的预防性动机与传统理财规划的预防性储备的唯一不同之处在于，一旦退休，失业将不再是暂时的现象，因此我们更需要保底投资组合。

在我们出生的那个年代，一般女性的预期寿命低于 80 岁。然而，随着时代的发展，人的预期寿命延长。当前 65 岁的人，其预期寿命中值是 85 岁左右。这意味着 65 岁的人中有一半的人可以活到 85 岁。除非客户有家族遗传病或者长期慢性病，否则长寿风险是一个不能忽略的问题。

客户所面临的一个关键问题是，保底投资组合的金额确定后就不愿意更改了。如果保底投资组合的合理金额发生改变，他们会愿意调整自己的生活方式吗？换句话说，如果客户身体变得虚弱，他/她是否还想过更高端的被人服侍的生活，或者如果客户身体健康，他/她是否想维持一个正常的生活需求？

在讨论长寿保险之前，我们想提几个应该被人们知道的和健康有关的支出项目。本书不讨论关于老人所需要的长期医疗保险的合理性问题。然而，对于那些拥有更多财富，对生活要求更高的人来说，护理保险是很有必要的。并且，对于那些临近退休还很健康的人来说，因为这些人会有更长的预期寿命，同时独立生活能力会在长时间内缓慢地降低，所以这份保险的好处更大。

对于一个要持续到退休的投资组合来说，长寿保险是一个有价值的预防性组成部分。在第四章中，我们讨论了长寿保险的概念。这里我们主要讨论怎样根据客户的相对生活需求和年龄来估计其所需要的基本保障。

一个人的死亡率在少年时期或驾龄较早的时期有一个很大的上升，除此之外，死亡率在中年之前不会大幅提高。这意味着，就算一个人直到 65 岁才开始领取自己投资的年金产品，在未到中年之前，他将死亡风险货币化的意义不大。一个人挣钱养活自己的时间越长，他/她需要花在购买长寿保险上的金额越低。对于超过 65 岁的人来说，估计剩余寿命的常用方法①是（100 − 现在年龄）/2。例如，假如你到 90 岁还活着，那么可以大致估计你还可以再活 5 年。这为我们提供了一个评估递延年金和纯长寿保险中哪个方案更适合客户的方法。递延年金更适合一个只持续到客户 85 岁的投资组合，一次性支付的长寿保险更适合一个持续到客户 90 岁以上的投资组合。

表 7.3 中的数值代表了客户需要分配给长寿保险的比例，每一行代表了客户的不同年龄，每一列代表了客户不同的生活需求，它是按通货膨胀率增长的。为了方便，表 7.3 假设人们从 65 岁开始退休。长寿保险从 85 岁开始，在人们剩余的寿命中，每年会收到一笔年金。

表7.3　85 岁之后每年收到 5% 年金的长寿保险的资产分配

年龄	预期通货膨胀率（%）		
	0	2	3
30	1	3	6
35	1	4	7
40	2	4	7
45	2	5	8
50	3	6	9
55	3	7	10
60	4	8	11
65	5	9	12
70[a]	7	11	13
75[a]	9	12	14

a. 在 3% 的通货膨胀率下，保底投资组合（至 85 岁）加上长寿保险的资产配比超过100%，故在物价上涨的环境下，直到 65 岁才开始构建保底投资组合和购买长寿保险是不可行的。完全年金化投资组合也许是必需的，而不再是一个可选项。

---

① 当我问外科医生他为什么如此愿意更换老年患者的关节时，我第一次听说这个经验法则。他的答案是有一个经验法则，即个人剩余的预期寿命应该为（100 岁 − 当前年龄）/2，并且他认为值得对剩余预期寿命高于五年以上的人进行操作。

在表 7.3 中，我们估计了保证生活需求的长寿保险的花费，其中每列既代表了名义花费也代表了扣除通货膨胀以后的花费。表中的数据相当于一个人从 85 岁开始获得长寿保险的收入来维持生活需求，直到 101 岁。像之前一样，假设收益率是 5%。无须惊讶的是，因为人们在 30 岁时还剩 55 年才能收取长寿保险的收入，而且能存活到那时的概率很低，所以人们不会给长寿保险过多的配比。对于一个 60 岁的人来说，假设长期通货膨胀率是 2%，长寿保险也只需要占整个投资组合 8% 的配比。

对于保底投资组合和长寿保险的投资配比接近或超过 100% 的人来说，年金可能是更加合适的选择。从上面的例子中我们可以看到（表 7.1 和表 7.3），在假定的生活需求下，建立一个覆盖生活支出到 85 岁的保底投资组合会花费太多资金，以至于整个投资组合只剩下很少的钱用来购买长寿保险，而且几乎没有可自由支配的财富。在这种情况下，将死亡风险完全货币化比降低生活需求更明智。如果有能力建立一个覆盖到 90 岁的保底投资组合，那么我们的选择将更多。

表 7.4 展示了一个覆盖到 90 岁的保底投资组合的长寿保险的配比。对于退休前的资产配比来说，利用长寿保险建立一个年金收入为每年 4%，直到 90 岁的保底投资组合要比之前的案例实惠很多。显然，更简单的生活方式可以在不对投资组合造成压力的同时维持更长的时间。如果能让保底投资组合覆盖更长的时间，那么长寿保险自然就变得不那么重要，从而减少了对资金的消耗。

表 7.4 中的数字代表了长寿保险的配比，每行代表不同年龄，每列代表不同的通货膨胀率。为了便于理解，表 7.4 假设人们从 65 岁开始退休。长寿保险从 90 岁开始，在人们剩余的寿命中，每年会收到一笔年金。

表7.4　90岁之后每年收到4%年金的长寿保险的资产分配

年龄	预期通货膨胀率（%）		
	0	2	3
30	0	1	3
35	0	2	3
40	1	2	3
45	1	2	3
50	1	2	4
55	1	3	4
60	2	3	4
65	2	4	5
70	3	4	5
75	3	5	6

预防性配置

在退休期间，意外花费和退休前的花费有着本质区别，但是仍然可能发生。退休前的备用现金经常作为失业或其他意外花费的自我保险。退休后，失业将不再是个问题，而是我们构建保底投资组合的理由。冲动消费多多少少与个人有关。然而，对于退休以后的人来说，自掏腰包和事后报销的意外医疗费用都是一个更大的风险。

如果保底投资组合和长寿保险已经被锁定，那么人们很少有动力存放一大笔现金，除非人们想更好地对投资组合中的风险资产进行择时或者进行相关税收管理。资本市场产品的优势之一是，它们有流动性。假如客户的配偶去世了或者生活需求发生了不好的变化，那么资本市场产品（包括保底投资组合），可以根据新情况进行整体或部分的重新配置。

然而，假如保底投资组合是由年金构成的，那么实际与合同中年金支付率的偏差会造成不利的后果。[①] 是否放弃或重组一个年金是要视具体合同而定的。通常，放弃年金需要支付一笔昂贵的费用。[②] 就算年金有灵活的现金支取方式，合同中也会有一些保护年金的措施。引发年金合同变更的因素通常是，某一年希望提取的现金超过年金合同规定的最高支取率。这不代表我们反对购买年金产品。我们只是想说明，如果保底投资组合是基于保险性质的，那么预防性配置的需求会更高。

虽然我们很难推算出退休期间需要的预防性配置的具体比例，但之前的讨论已经说明，投资组合在解决意外费用方面越不灵活，我们就越需要预防性配置。保留部分能灵活支取的现金对于那些依赖年金收入的人来说更重要。就算是那些没有完整的健康或护理保险的人，拥有一个由资本市场产品组成的投资组合将会为大部分意外花费提供足够的保障。在退休前，预防性配置仍起到其传统意义上的作用。最后，对我们的配置策略做个总结，对于未退休的客户，建议保留10%的现金。而退休后，对于依赖年金收入的客户，建议仍保留10%的现金；对于有可替代资产的客户，建议保留5%的现金。

可自由支配的权益配置： 风险资产

进行风险资产配置不是目的，而是实现养老目标的方式，配置

---

① 后果是指年金合同需要变更。——译者注
② 许多保险公司已经采用根据预计的失效率来对合同进行定价的方式，失效率为停止支付或未能及时支付的客户的占比，过高估计失效率往往是许多保险公司的一个潜在隐患。

风险资产有两个主要的目标。

1. 作为一个投资子组合，它是追求更丰富生活方式的一条途径。

2. 作为资金的一个来源，它是满足更高消费需求的一条途径。

在这里，我们将可自由支配财富的子组合作为提高生活水平的一条途径。这样的话，我们强调组合中拥有权益资产的最终目标仍然是退休消费。

正如我们在第二章中看到的那样，只有当客户的风险厌恶系数是常数时，计划的消费路径才是线性的。对于那些风险厌恶系数递减的人来说，消费水平一开始缓慢增长，然后在临近生命终点时快速增长。大部分人都属于风险厌恶系数递减的类型。我们在做投资组合规划的时候要基于每个人的风险厌恶类型，考虑他们将来可能的花费需求，而不仅仅是他们当期的花费。

通常，在传统的理财规划中，由于有更高的预期收益，风险资产成了投资组合中最主要的部分。而对于养老金投资组合，我们强调建立一个非对称收益，在生活需求得到保障的同时，也保留了收益增强的空间。在话题没跑偏太远之前，需要强调的一点是，这里的风险投资组合不仅仅是指传统理财规划中投资组合的权益配置。在这里，风险资产可以包括任何资产，甚至是没有到期日的国债；由于还存在市场波动的可能性，所有的债券基金都是有风险的。通过分离保底投资组合，我们给可自由支配的财富投资组合设置的亏损限制是100%，这样损失才不会影响客户的保底生活需求。

粗看一下，一个投资组合中分配给风险资产的比例和投资组合中除去保底资产后剩余的部分有关。然而，实际情况更复杂一些。我们可以把这个影响分成两部分。第一部分是将保底投资组合中固定收益类资产的收益取出。第二部分是保底投资组合有看涨期权的收益特征，这会影响客户对风险的行为和态度。

　　一方面，我们把养老金投资组合与传统理财规划进行类比是合理的。如果是这样的，那么保底投资组合就相当于传统理财规划中的固定收益部分；虽然债券的选择有可能不一样，但核心的组合构建理念是一致的。正如我们已经看到的那样，对于股票经纪人、理财顾问和投资规划者来说，首要任务是把客户的状态从传统理财规划转变成构建个性化可实施的、保障保底投资组合的投资组合。在保底投资组合的构建阶段，并不要求对具体客户的风险容忍度及其变化有很好的把握，但是构建保底投资组合并不是我们的终极目标。

　　另一方面，我们要考虑投资组合中看涨期权的构建对客户风险容忍度的影响。大家都知道，当下跌风险消失后，波动性不再是风险，而是会对投资组合产生正面影响。很多人也知道，很多拥有雇主保证的看涨期权的交易员偶尔会利用向上空间巨大、下跌风险有限这个特点来主动承担过高的风险，从而对客户[1]的资产造成损害。

　　建立一个像看涨期权一样的投资组合的好处也许不会马上显现出来，但是它的影响是显而易见的。整个投资组合的影响和个人喜好也有关系。相对来说，那些风险厌恶程度最高的人受到的心理影响最大，但实际影响最小。但是，即使是受托人，我们也有动力将投资组合中部分政府债券转变成企业债券，把大盘股转变成中盘股或把中盘股转变成小盘股。[2] 在第三部分中，我们将继续阐述当资

---

[1]　更不用说同事和他们的家人了。

[2]　为了清楚起见，我们当前正在讨论扩大投资的舒适区以便替代仅存在保底资产的方案。

产价格出现波动时如何动态地管理投资组合。

资产配置总结

在我们讨论风险管理之前，我们停下来总结一下养老金投资组合资产配置背后的思路。我们希望可以清楚地展示出生活需求、年龄、预期通货膨胀率和保底消费水平给投资组合带来的影响。我们结合前几章提到的资产配置的案例，并把这些案例作为建立完整投资组合的流程展示出来，以达到我们的目标。我们的资产配置只是一个例子。本章不仅说明了上述几个因素，也解释了维持生活方式占初始财富的比例怎样影响死亡风险货币化的决定，这个保底投资组合（或部分）可能由年金产品构成，也可能不由年金产品构成。

在图7.1中，我们用资本市场线来对不同年龄段中保底投资组合和可自由支配财富投资组合的配比做一个说明。请记住，资产配置的不同显示了距离退休的时间缩短的影响，在一个确定的生活方式占初始财富的比例下，保底投资组合的成本会上升。在图7.1中，我们看到了随着客户年龄的增长，投资组合的资产配比的变化

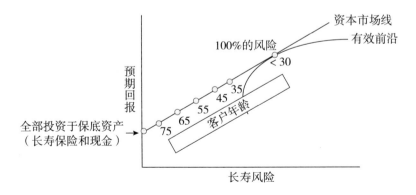

图7.1 按年龄配置的资本市场线

124

趋势。对于小于 30 岁的人来说，其没有足够的生活阅历来确定退休后保底投资组合的金额。然而，当一个人到了中年以后，生活需求基本固定了，保底投资组合就可以建立了。一个特定的生活需求，甚至只是一个简单的生活需求的现值，都会从那时候起逐渐上升，随着年龄的增长，保底投资组合的资产配比会越来越高。

表 7.5 显示了上文论述的结论。字体是斜体的部分代表如果不完全货币化死亡风险，财富将不足以维持生活需求的投资组合；也就是说，生活需求占整个投资组合最大的一部分，整个投资组合只有不到 10% 的部分为可自由支配财富。有些人选择为投资组合购买保险，事实上有些人确实需要购买保险，上述情况就是后者。我们把风险资产（可自主支配的权益资产）的配比是否超过 10% 作为测量财富是否充足的方法。如果整个投资组合只有不足 10% 的

表 7.5　不同生活需求、年龄和预期通货膨胀率（百分比）的资产配置

到 85 岁的保底资产配置名义值，0% 的预期通货膨胀率					到 90 岁的保底资产配置名义值，0% 的预期通货膨胀率				
年龄	保底投资组合（%）	长寿保险（%）	现金（%）	风险资产（%）	年龄	保底投资组合（%）	长寿保险（%）	现金（%）	风险资产（%）
30	12	1	10	77	30	11	0	10	79
35	15	1	10	74	35	14	0	10	76
40	19	2	10	69	40	17	1	10	72
45	25	2	10	63	45	22	1	10	67
50	31	3	10	56	50	28	1	10	61
55	40	3	10	47	55	36	1	10	53
60	51	4	10	35	60	46	2	10	42
65	65	5	5	25	65	59	2	5	34
70	73	7	5	15	70	65	3	5	27
75	*81*	*9*	*10*	*0*	75	73	3	5	19

	2%的预期通货膨胀率					2%的预期通货膨胀率			
年龄	保底投资组合（%）	长寿保险（%）	现金（%）	风险资产（%）	年龄	保底投资组合（%）	长寿保险（%）	现金（%）	风险资产（%）
30	28	3	10	59	30	26	1	10	63
35	32	4	10	54	35	30	2	10	58
40	37	4	10	49	40	35	2	10	53
45	43	5	10	42	45	40	2	10	48
50	50	6	10	34	50	47	2	10	41
55	58	7	10	25	55	54	3	10	33
60	67	8	10	15	60	62	3	10	25
65	77	9	10	4	65	72	4	5	19
70	82	11	10	− 3	70	77	4	5	14
75	88	12	10	− 10	75	82	5	10	3

	3%的预期通货膨胀率					3%的预期通货膨胀率			
年龄	保底投资组合（%）	长寿保险（%）	现金（%）	风险资产（%）	年龄	保底投资组合（%）	长寿保险（%）	现金（%）	风险资产（%）
30	43	6	10	41	30	41	3	10	46
35	47	7	10	36	35	45	3	10	42
40	52	7	10	31	40	50	3	10	37
45	57	8	10	25	45	55	3	10	32
50	63	9	10	18	50	60	4	10	26
55	69	10	10	11	55	66	4	10	20
60	76	11	10	3	60	73	4	10	13
65	84	12	10	− 6	65	80	5	10	5
70	88	13	10	− 11	70	84	5	10	1
75	92	14	10	− 16	75	88	6	10	− 4

财富可以承担风险，那么除非承担的风险过高，否则我们不能期望太高的收益。对于那些风险资产配比是负数的投资组合来说，如果不将死亡风险货币化，个人将没有足够的资金来维持养老生活需求。

在这里，我们可以回顾下第一章的内容，并把这里的投资组合与第一章中用传统理财规划构建的投资组合进行对比，重点比较两种投资组合中资金支取方式的不同。我们讨论的大部分养老金投资组合与传统的理财规划看上去类似。两者的区别是，在资金累积和花费的过程中，养老金投资组合的消费计划更加平滑并且可持续。无论风险厌恶程度如何，在一样花费的情况下，风险厌恶程度高的客户会更偏好稳定、安全的消费方式。

在表 7.5 中有六个小表格。每个小表格的每一行加起来是 100%。每一列代表了分配给四个部分的配比：保底投资组合、长寿保险、现金和风险资产。任何生活需求导致风险资产小于 10% 的一行都应该在保底投资组合中考虑配置年金。当分配给风险资产的比例是负数时，建立一个仅由资本市场产品构成的养老金投资组合是不可行的。为了便于理解，该表格假设退休者从 65 岁开始获得保底投资组合收益。

在表 7.5 中，资产分配的重要性远远超过了数字本身，并且有可能涉及资产配置业务模式的核心。假设现在有一位 45 岁的客户，其有 1 000 000 美元的资产交给你分配。在现在的理财规划资产配置框架下，你可能会倾向于按照 60∶30∶10（股票∶债券∶现金）的比例构建一个"标准"的投资组合。在这样的投资组合中，客户在 65 岁的时候预期可以有 4 000 000 美元的财富。但是这个投资组合的最终价值是不确定的，而且在任何时间点，客户都可能受到双重打击。另外，通过构建保底投资组合，客户同样可以在 65 岁那年拥有4 000 000美元的财富，但是你可以说："我为你的投资组合的资产设定了一个下限值，同时这个组合留有获取超额收益的可能，在最差的情况下，你仍然可以每年依靠40 000美元的收入来生活。"

表7.5指导我们销售什么产品，销售对象是谁，以及什么时候推销。整体来看，你会注意到在每个小表格中，我们对不同人在不同年龄段有不同的资产配置建议。客户的年龄告诉我们"什么时候"这个信息。对于不同期限的保底投资组合，我们也有不同的表格，例如在表格中有期限分别是20年和25年的保底投资组合。更广泛地说，这些不同期限的保底投资组合可以看作是给不同的生活需求提供了不同的时间安排。同等条件下不同的资产配置让我们看到，不同预期通货膨胀率下资产配置的区别。不同生活需求下不同的保底投资组合和不同的预期通货膨胀率说明了我们这个问题中"销售对象是谁"的部分。

"销售什么产品"这个问题也因此变得简单了——表7.5中的信息告诉我们一个客户在生命中的不同年龄段，构建期限不同的保底投资组合所需要的花费。对于一位45岁的客户，与其向他/她推荐一个长期债券基金，不如让他/她直接购买一个20年到期的债券来构建保底组合。根据你的营销模式和客户的生活需求，你提供的产品可以是个人保险产品或个人资本市场产品或两者结合。风险资产部分可以是单一指数的交易型开放式指数基金，也可以是平衡的投资组合，还可以是成熟的统一管理的子账户。

我们不能忽视保底投资组合的诱惑，它能让客户直接看到其资产的名义金额。客户可以看到保底投资组合，知道现在的保底投资策略执行得如何，也知道怎样有效地通过更高的储蓄率来构建更高水平的保底投资组合。人们倾向于任务导向，并且喜欢能立刻看到正面反馈的任务。每一分添加到养老金投资组合的资金都用于构建更高消费水平的保底投资组合。在传统的理财规划投资组合中，更多的基金储蓄同时带来更多的希望和恐惧。通过稍稍的调整，把一个投资组合变成养老金投资组合，则更多的储蓄同样有更多的希望，但是更多的恐惧被更高水平、高确定性的保底投资组合抵消了。这听上去可能像参加竞选活动的政治家的说辞，但是曾经的"机会＋恐惧"确实变成了"机会＋进步"。

总结

　　本章是本书中关键的一章。首先，我们把一个投资组合分成四个部分：保底投资组合、长寿保险、现金和风险资产。通过估计和计算未来现金流的现值，我们可以为养老金投资组合构建可行的资产分配，该投资组合中有保底资产（金额固定）和长寿保险，并为不可投保的意外花费提供了预防性资金，也提供了获得更高收益的机会。进行资产配比的两个关键参数是距离退休的年份和期望的生活需求。其他有影响的参数是预期通货膨胀率、长寿的可能性及是否愿意将资金的一部分作为预防性资金。

第三部分

管理养老金投资组合

第八章

养老金投资组合的再平衡

目标

再平衡的重要性与养老金投资组合的特殊性。

调整保底投资组合及习惯养成。

在传统的理财规划中，再平衡是以目标投资组合为核心的双向调整过程。这意味着，当股票价值相对于债券上升时，投资组合会配置更多债券；当债券价值相对于股票上升时，投资组合会配置更多股票。从根本上说，之所以在投资组合中增加表现较弱资产的配置，是因为相信过去表现不好的资产在未来能够获得更高的收益。在传统的理财规划中，这种再平衡假设的前提是，资产价格分化是周期性而非结构性的现象。若投资期限是无穷的，则反转的时点并不重要，反转总会到来的。

而在养老金投资组合中，投资期限并不是无限的，这意味着即使对未来的预期乐观并且认为反转一定会发生，也不能保证反转发生得足够快从而给投资组合带来正向收益。风险管理行业的一句老话——甚至可追溯到凯恩斯（Keynes）时代——市场维持非理性状态的时间可能很长，甚至直到你破产可能都等不到市场回归理性。1981 年，当最新的牛市开始时，标准普尔 500 指数与 1964 年的值相当。对于 1981 年退休的人来说，在投资组合中增加权益配置可能会起到很好的作用，但对于 1973 年退休的人来说，这将是一场灾难。不管是否退休，从 1989 年开始以退休为目标进行资产配置的日本投资者仍在等待股市上涨。①

在养老金投资组合中，资产分配有特定的目的，不是各类资产的简单加和。投资组合的风险管理具有保障退休后保底投资组合的功能。如果目标是保障退休后的保底投资组合，而不是简单固定组合中各类资产的配置比例，则需要重新调整再平衡的规则。幸运的是，对静态投资组合的调整很简单。对于静态投资组合，基于保障保底投资组合的调整规则只允许单向再平衡：在可行的情况下，向增加保底投资组合金额的方向再平衡，但绝不能降低保底投资组合的金额。在下一章，介绍如何对投资组合进行主动管理时，我们将会给出一些关于这些规则的细微差别。但现在应该了解的是，主动风险管理需要主动防范风险并培养规范行为。

假设我们已经保证了退休后的保底投资组合、弱化了寿命风险并拥有了一笔现成的现金类资产。现在，可以考虑的投资组合平衡方法有两种。一种是传统理财规划中的再平衡方法；对于养老金投资组合而言，这一概念仍然适用于可自由支配的财富子组合。这没有什么新的内容，但这种再平衡只适用于投资组合的一部分，而不

---

① 在 2008 年 10 月以及 2009 年 3 月，日本日经指数与其在 1982 年的值接近，1982 年是长期困扰日本的经济泡沫开始的年份。

是整个投资组合。第二种再平衡是一种实用性更强的再平衡，将资金从可自由支配的财富子组合转向保底投资组合、长寿保险和/或现金。这种实用性更强的再平衡对于构建一个水平逐渐上升的保底投资组合至关重要。

在本章中，我们首先概述养老金投资组合的再平衡策略，然后转向更为熟悉的可自由支配财富子组合的再平衡策略，最后我们研究再平衡的功能以及再平衡是怎样提升保底投资组合水平的。

可自由支配财富子组合的再平衡策略

在可自由支配的财富子组合中，将目标资产配置比例看作不变量，放宽资产变动的阈值并设置调仓范围，可降低交易成本。阈值最好预先给定，而不是匆忙地进行临时调整。未指定阈值会带来的问题有：投资组合在再平衡触发之前持续偏离目标比例或收益，直到发生灾难性事件。

对于一个预先设定的阈值，价格波动一旦越过阈值就会触发再平衡。下一个问题是，将投资组合重新精确地调整为既定资产配置，还是简单地将其调回目标范围内，答案是"看情况"。然而，在没有税收影响和交易成本的情况下，答案却是明确的。

在有交易成本的情况下，再平衡的方式取决于交易成本随着交易金额的多少而变动的情况。如果交易费率随着再平衡金额的增加而降低，那么调回精准的目标比例是最佳选择。例如，如果交易费用与交易规模无关，那么费用率就会伴随交易金额的上升而下降，在这种情况下，就要再平衡到目标配置比例，通过完全调整到既定目标，可以降低再平衡的频率和长期成本。另一方面，如果交易成本与交易金额成正比，那么再平衡的成本将更高，也就是说，我们需要在较低的再平衡频率和更高的再平衡成本之间进行权衡。对于由已上市并且具备流动性的证券组成的传统投资组合，其交易成本通常与交易量成反比；在不考虑税收的情况下，朝向目标比例的再平衡是可取的。对于由对冲基金、私募股权或实物资产等另类资产①组成的投资组合，再平衡会变得更加困难且成本会更高。在这种情况下，最好的做法通常是将投资组合重新调入目标范围内。

税收是另一个增加再平衡过程复杂度的因素。一般的建议是限定损失或在最差的情形下抵消损失。虽然这听起来很简单，但通常情况下，再平衡关注的是亏损部分而非收益。这不仅仅是一个与虚假销售规则②有关的问题，资金从表现好的领域流向表现差的领域，意味着你很有可能在赚钱的部分套现，并将资金投入有损失的部分。通常你有一些回旋余地，不必将投资组合完全朝损失的一边进行再平衡，这就意味着需要在再平衡过程中确定一个优先顺序。如果你根据目标收益进行再平衡，那么在考虑税收的情况下，所需金额需要在对比再平衡后的税后预期收益和不进行再平衡的预期收益后再确定。如果你根据目标风险进行再平衡，并且使用均值方差模型，那么需要对比再平衡前后的波动率③。

---

① 很多人发现，单独来看，另类资产非常有吸引力；但很少有人在构建投资组合时考虑另类资产。在实践中，很难严格证明另类资产可以移动有效边界或者降低某类风险。所谓的"禀赋模型"通常使用一小部分资产创建有效边界，从而保证每个资产能发挥作用。同时，这种模型还容易将低流动性和不相关的概念混为一谈。

② 虚假销售规则适用于出售亏损资产的情况，出于计税的目的需要确认损失。在30天内回购该资产，或者购买基本相同的资产。在虚假销售中，美国国税局不允许承认损失。

③ 美元波动性用 σA 来表示，其中 σ 是波动率百分比，A 代表投资组合中资产的美元价值。再平衡时，σ 会发生变化；在存在税收（或交易成本）的条件下，A 也会发生变化。σA 与平衡后 σA 的对比提供了非常有用的信息。在存在税收的情况下，向波动率低的一侧进行再平衡会更加容易。

再平衡的有效组成成分

在稳健的市场环境里，什么时候把筹码从赌桌上取下来，放在哪里，是一个很好的问题。大多数养老金投资组合是建立在静态结构上的，对于领取年金的人来说尤其如此。我们的目标是在预期的现金流日期到来之前确保能满足保底投资组合并且不透支。对于不能主动管理风险或不愿意承担主动管理交易成本的人来说，唯一的安全做法是单边再平衡。

加入保底消费限制的目的是保证生活水平。在单边再平衡中，如果可自由支配的财富子组合价值降低：你可能考虑将资金从保底投资组合部分再平衡到可自由支配的财富子组合——不要这样做；你也可能考虑将资金从长寿保险再平衡到可自由支配的财富子组合——不要这样做；你还可能考虑将现金再平衡到可支配的财富子组合——这取决于你和客户持有现金的动机和需求随着时间的推移而改变，因此在现金和包含风险资产的可自由支配财富子组合之间进行再平衡是可行的。然而，保障保底投资组合的目的是让客户规避资产价格下跌的情况。

在功能性资产中，一些策略可能有某些合理的理由要求将一种保底投资组合转换为另一种类型，例如降低信用风险。当然，可自由支配的财富子组合更可能根据业绩预期进行主动管理。第九章介绍了主动管理的战略性资产配置，但战略性资产配置通常是传统投资分析的范畴，超出了本书的范围。

在静态组合结构中，除非面临特殊情况，否则不能向减少保底投资组合或长寿保险的方向再平衡。客户仅依靠一个投资组合，你只有一次机会使投资组合持续下去。如果没有主动的风险管理，人们可以让可自由支配的财富子组合承担更多风险，而不是提高保底投资组合的风险水平，来提高投资组合的预期收益。

我们应该对可自由支配财富部分的消耗有一个预期。满足保底投资组合和长寿保险是首要前提，可自由支配的财富子组合同时考虑了择时和预防性因素。人们总是期望将可自由支配的财富子组合当作旅行或酌情支出的"储蓄罐"。在稳健的市场中，即使有一些回撤，风险资产也可能超出原有的配置阈值。因为持有保底投资组合，所以似乎没有必要进行再平衡。但是，对可自由支配财富的子组合进行再平衡实际上是有必要的。在本章"提高保底投资组合"的部分，我们将讨论为可自由支配的财富子组合设定配置阈值的必要性。现在，我们将以名义金额为基础，考虑从可自由支配的财富子组合到保底投资组合的再平衡。

如果考虑税收因素，那么首先出售有损失的资产是再平衡的首选。然而，这种策略并不总是可行的。在有些情况下，如果在投资组合构建之初就预见到从可自由支配的财富子组合向保底投资组合的再平衡，那么可以使用一些可用的金融产品进行缓冲过渡。这些具有税收优惠的资本增值型金融产品可以很好地契合再平衡可自由支配的财富子组合的目的。[1] 在结构化票据中，套现也可以很容易地实现。金融服务的产品部门还没有意识到，能够满足大众富裕阶层退休需求的金融产品可以带来的收益潜力。[2]

---

[1] 在更复杂的设计方法中，资产将被抵押，而追索数额将是贷款额或抵押资产价值中的较小值。为避免触发税收，该结构不能超过美国国税局的设定值，"不再有风险"实际上是一种虚假销售。金融中介将在贷款期间做空资产。是否延长贷款可以由投资者自己选择。当投资者死亡时，贷款终止：通过交付原始资产空头平仓。任何超出部分都会被转为不动产。

[2] 大多标榜"增强收益率"的金融产品实际上只是为防止市场下跌提供了保护。提高收益率意味着套利或增大风险。机构可用的套利机会并不常见；在零售层面，真正的套利机会也极其罕见。

提高保底投资组合水平

总的来说，从可自由支配的财富子组合向保底投资组合的再平衡会提高整体的保底投资组合水平。很多人想随着时间的推移构建保底投资组合。还有一些人，对当前的生活状态感到满意，只有当财富有了实质性的增长，他们才会想要改善他们的生活方式。在第一种情况下，保底投资组合水平缓慢上升，在第二种情况下，保底投资组合水平会经历周期性的跳跃。动机不同，财富积累的方式也不同。图8.1说明了在资本市场线下保底投资组合水平提升的方法。如单边再平衡，我们允许自己的可自由支配财富子组合在有利的市场环境中向上漂移，直到资产分配超出预先设定的再平衡范围的限制，并触发再平衡。在这个例子中，我们不会向降低保底投资组合水平的方向进行再平衡。

在第七章中，我们看到了为投资者按年龄预先进行资产分配的方法。在相同的表中，我们可以看到资产配置比例是如何随时间变化的。大部分资产分配比例的变化不是由于提高了保底投资组合的名义价值，而是由于用来构建保底投资组合的零息债券的折价摊销。

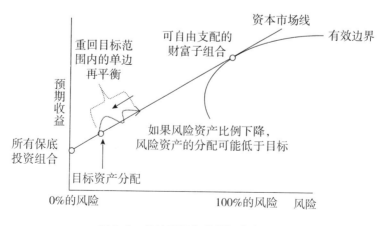

图8.1　单边再平衡的期间资产配置

这里并不是说构建保底投资组合对年轻人没有吸引力，或者退休对他们来说只是遥远的概念。对于离退休还早的人来说，构建保底投资组合的成本是低廉的。它只占投资组合分配的一小部分。对于年轻人来说，储蓄可能是个问题，但对保底投资组合的资产分配不足不是问题。处于创业初期的人，完全可以使用投资组合自身的收益增值部分来构建保底投资组合。随着个人年龄的增长，提高向保底投资组合的投入比率对投资者来说并不困难。然而，将收益从风险资产转向保底投资组合，特别是在退休前，能够持续提高保底投资组合水平，从而形成一个自然的再平衡机制。当然，我们可以在到期收益率和名义金额层面对保底投资组合水平进行讨论。非专业人员倾向于以名义金额而非到期收益率进行思考，对养老金投资组合使用保底投资组合金额这种思考方式仍然是有效的。

了解客户对于再平衡范围的选取是至关重要的。几乎每个人都有自己习惯的操作方式。随着我们财富的增加，我们的生活水平也相应提升。对于一些人来说，这是一个平稳的过渡过程，对另一些人来说，这是一个跳跃性的平衡。对于那些养成良好习惯的人来说，再平衡的范围会变得更小，而把筹码从赌桌上取下来的愿望会更加坚定。

与这里所描述的不断演进的保底投资组合不同，许多人都不想通过细微调整保底投资组合来捕捉财富的微小变化。在大多数情况下，这些人的习惯养成都有一定的黏性：他们习惯了一种生活方式，除非发生跳跃性变化，否则他们不会改变生活方式。对于这些人来说，可自由支配财富子组合的再平衡范围将是相当大的。对他们来说，小的再平衡变化将毫无价值。[1] 他们不一定有更高风险的

---

[1] 直到我能在大溪地买得起房再叫醒我。（作者的比喻，指除非生活有大的变化，否则这些人不会改变自己的投资行为。——译者注）

资产，但他们并不会介意拥有风险资产，而其他人则想从赌桌上拿走一些筹码。

总结

养老金投资组合再平衡的必要特征是首先保证保底投资组合。我们可以向增加保底投资组合的方向再平衡，但养老金投资组合的主要原则之一是不让保底投资组合处于风险之中。保底投资组合的重要性意味着再平衡是单边的。单边再平衡规则与传统理财规划的双边再平衡规则形成鲜明对比。双边再平衡会将资金倾斜到投资组合中表现不佳的部分，可能会导致一连串的持续下跌，从而造成回撤，这种影响将会是灾难性的。

第九章

养老金投资组合的主动风险管理

目标
主动管理养老金投资组合的风险。
如何平衡组合的安全和收益目标。

主动管理让我们联想到很多画面，有时会被用来描述战术调整型投资组合。本章关注的是主动管理投资组合的双重目标：最大限度地提高投资组合上行的机会，同时确保退休生活水平得以维持。

主动承担风险是一回事，忽视风险而承担它是另一回事。风险管理不是回避所有的风险，而是选择愿意主动承担的风险，并有一个备用计划。我们要想的问题是："如果我是对的，要怎样做？""如果我错了，又要怎样做？"许多投资组合看起来很不错，但只有在"崩盘"等风险事件之后才能看到其本质。这是一场博弈，如果几乎没有预想过在情况变好时退出，那么当市场转向时，可能也没有预先准备好退出的策略。将托马斯·爱迪生（Thomas Edison）

142

的话用到风险控制领域，即良好的风险管理是 1% 的量化分析加上 99% 的自我批评。①

　　风险管理这一名词使人浮想联翩，人们常常把风险管理与风险度量混淆。风险度量对于衡量过去或未来处境的相似性是很重要的；而许多风险管理需处理未来可能发生、无法被精确计量的事件。体系总是在进化，资产价格的概率分布也是如此。风险管理是主动管理的必要手段，但也适用于被动管理。结合我们的目的，我们将主动管理定义为以优秀的选择能力构建可战胜基准的投资组合，将主动风险管理定义为：在往预先设定的目标调整之前，我们能够承受的组合波动，也可以将其定义为止损和保护收益的规则。

　　风险管理对于主动管理和被动管理都是非常有用的。在被动管理的投资组合中，不定期地再平衡到目标范围内，从而防止风格和配置偏移，是一种常见的风险管理技巧。由于收益和损失的不对称性会改变投资组合的风险特征，如果没有再平衡，投资组合的风险会偏移。

　　对于主动管理的投资组合，风险管理是对规范行为的一种强化，该行为规范主要围绕投资组合风险暴露的正确与否展开。没有风险管理的主动管理可能导致灾难——如雷曼兄弟、贝尔斯登，或其他在 2008 年之前没有强调独立风险管理的华尔街公司。② 风险

---

① 我之前的同事对这样的观点颇有微词，但在他们收到接连的投诉邮件后，也改变了自己的观点。

② 多数情况下，华尔街的风险控制经理的最重要的能力是找到降低监管资本的方法，也就是说，他们的工作是让监管机构相信他们的公司运营得很好并批准他们提高杠杆。愚蠢的是，风险控制通常是基于企业的营业收入而非资产负债表的杠杆或者控制风险所需的流动性。从这样的"自我毁灭"中提出异议的风险控制经理常常被批评为"不与企业合作"或"并不了解企业"。美国长期资本管理公司（LTCM）事件是一个分水岭，或许也是最后一次"我们只是不知道"可以作为正当借口。2007—2008 年的大溃败是由于管理层的任性行为，这并不是因为他们没有充分了解风险，而是他们完全忽视了这些风险。

143

管理的方法可以很简单也可以很复杂，幸运的是，简单方法的效果通常也很好。为保障保底投资组合，任何保底投资组合没有被完全锁定的养老金资产必须进行某种形式的风险管理。

虽然笔者与经纪人、理财顾问和投资规划师有相当频繁的接触，但笔者通常至少在资产类型和投资目标两个层面上管理自己的财务计划。然而，当涉及风险管理时，笔者希望理财顾问能根据我们预先讨论达成的结论，在相关条件触发时采取行动。风险管理最难的部分就是毫不犹豫地采取必要的行动。通常情况下，包括笔者在内的个人投资者容易受惯性的影响而不作为，导致投资组合的波动持续超出预先设定的范围。对于一个自己做财务决策的投资者来说，金融从业人员的真正价值可能不是股票选择或投资经理选择，甚至不是资产配置，而是在需要的时候做该做的事情。不同于医生或法律从业者，不要试图做风险管理，否则你会是个很"差劲"的客户。

当我们开始这一部分内容时，我们需要对几个术语进行阐述，便于后文使用。

- "被锁定"的保底投资组合：任何被购买的资产完全覆盖的保底投资组合称为"被锁定"的保底投资组合。如果遵循第七章的分配表，则保底投资组合将被锁定。
- 名义保底投资组合：维持保底支出或生活需求的目标水平所需要的资产。
- 最低保底投资组合：锁定名义保底投资组合所产生的当期成本。
- 在险保底投资组合：有能够锁定保底投资组合的资金但没有实际执行交易，这部分未锁定的保底投资组合被称为在险保底投资组合。

让我们暂时忽略长寿风险和现金需求。假设我们所有客户的资产分为保底投资组合和可自由支配的财富子组合。为了让这个例子具体化，我们假设金融资产是 100 美元，客户的保底投资组合的分配占比是 30%。在静态分配中，我们会将 70 美元投入风险资产中，30 美元投入保底投资组合中。假设客户希望比静态分配承担更多的风险。他们可能愿意将 100 美元全部投资于风险资产，从而获得更高的回报。但我们不会让他们这样做，我们的计划是密切监视投资组合，如果风险资产的价值下降，我们就在下跌至 30 美元之前锁定保底投资组合。在价值降低到保底投资组合的锁定额之前，我们希望尽可能多地持有风险资产。如果资产将跌破保底投资组合，我们就将它们从风险资产中取出。

以上是一个初级风险管理的例子。正如笔者所说，这并不是最简洁的计划，但它能让人明白：只要整个投资组合的价值大于保底投资组合的现值，我们就可以在客户的投资组合中分配更高比例的风险资产，从而寻求更高的回报。如果采用这种方法，我们需要警惕，并准备采取行动以防止投资组合中风险资产的价值下降。重要的一点是，确保在投资组合的价值降到低于保底投资组合现值之前采取行动。

在第八章中，我们讨论了保底投资组合和以下的这几行话：

"加入保底支出水平限制的目的是保证生活水平。在单边再平衡中，如果可自由支配的财富子组合的资产价值下降：你可能考虑将资金从保底投资组合部分再平衡到可自由支配的财富子组合——不要这样做；你也可能考虑从长寿保险再平衡到可自由支配的财富组合——不要这样做。"

我们在本章稍微对这个规则进行修正。如果你主动管理投资组合的风险并且投资组合的资产价值上升，那么可以从保底投资组合再平衡到风险资产以获得更高的预期收益。最显著的区别在于，在超出保底投资组合的数额上要放宽一些，如果事情不像你希望的那样，那么就必须准备好返回之前的状态从而保证保底投资组合。关键问题是设法创造缓冲垫并有效地利用缓冲垫，而不是在必要时挪用缓冲资金。

主动风险管理的一个特征是，该方法易被归纳为"追涨杀跌"。如果目标是保护保底投资组合，那么当投资组合临近保底投资组合的限额时，应当减少风险暴露。如前所述：客户只有一个投资组合，而你只有一次机会使投资组合持续下去。当投资组合的价值快速增长时，投资组合看起来很好，但更有效的方法是有一个合适的计划来保障持续收益。回顾美国的经验发现，买入持有策略可能是历史上最好的长期策略，事实上，它也很可能是未来最好的策略。但直到未来到来的那一刻，我们才会知道什么是最好的。如前所述，每一个投资组合都需要得到保护，因为每位客户只有一次机会。

在本章后面的部分，笔者将重点介绍我们将要做的事情。首先，我们使用一个非常简单的例子来探讨养老金投资组合风险管理的一些主要原则和方法。我们将风险管理的原则与资本市场线联系起来。我们还讨论了限制损失和风险管理可能会降低预期收益。然而，更仔细的组合监控让我们承担了更多的风险，故风险管理对收益的影响取决于组合监控的效果。

我们将分析基于准则的管理养老金投资组合风险的方法。有趣的是，在可行的情况下，创建规则可以增加保底投资组合水平。因此，我们的关注点不仅是减少消费以增加投资，还是增加保底投资组合的资产金额。然后，我们讨论了什么是可以做的，什么是不能做的。一个适用于机构的投资组合可能并不适用于个人。最后，我们介绍了一些需要规避或谨慎对待的细节性问题。

静态示例

作为一个基本的例子，我们首先关注一个静态资产组合中风险资产价值下降的情况。在我们的例子中，假定某位客户的保底投资组合期初占比为40%。同时，假定资产组合持有者是谨慎的，在一开始就想锁定保底投资组合的金额并且后续不再变动①。表9.1展示了在风险资产组合价值变动时，保底投资组合和剩余部分的配比如何变动。

表9.1展现了当风险资产指数上下浮动时静态资产组合中资产配置比例的变化。由假设可得，最初该资产组合中风险资产占60%，保底投资组合占40%。随着风险资产价值的减少，保底投资组合的配比增加，但我们并没有进行再平衡。随着风险资产价值的增加，风险资产的配比增加，此时投资组合可以考虑进行再平衡。

当价格指数不同时，由于我们预先对投资组合做了锁定操作，保底投资组合的绝对数值保持不变。当指数价格降低时，风险资产

---

① 对于接触不频繁且无利可图的客户，这种做法可能是最可取的，尤其是在他们也极其厌恶生活方式风险的情况下。同样地，对于很少订阅财经新闻、极少交易、担忧生活方式风险的投资者，可以采取静态的分配方式。

表 9.1　不同市场状况下静态资产组合的资产配置比例和数额

静态示例	美元数值		资产分配百分比	
	保底投资组合（美元）	风险资产（美元）	保底投资组合（%）	风险资产（%）
指数 = 140%	40.00	84.00	32	68
指数 = 130%	40.00	78.00	34	66
指数 = 120%	40.00	72.00	36	64
指数 = 110%	40.00	66.00	38	62
指数 = 100%	40.00	60.00	40	60
指数 = 90%	40.00	54.00	43	57
指数 = 80%	40.00	48.00	45	55
指数 = 70%	40.00	42.00	49	51
指数 = 60%	40.00	36.00	53	47
指数 = 50%	40.00	30.00	57	43
指数 = 40%	40.00	24.00	63	38
指数 = 30%	40.00	18.00	69	31
指数 = 20%	40.00	12.00	77	23
指数 = 10%	40.00	6.00	87	13
指数 = 0%	40.00	—	100	0

的市场价值相应减少。从表中可以得出的核心结论是，随着风险资产价格的下降，保底投资组合的配比增加。

　　有些人持有这样的观点：一个人所需要的就是一个静态资产组合 [x% × 保底投资组合 + (1 − x%) × 可自由支配财富]。其中，可自由支配财富子组合的风险将被调整到某一水平，在该风险水平下，整个资产组合的预期收益与整个资产组合都是风险资产时的预期收益相同。这一观点的逻辑在于，适当调整一个投资组合中风险资产的 β，可以获得当投资组合全部投资于风险资产时的预期收益，但这在实际操作中是较难实现的。

　　我们可以用资本资产定价模型来说明一个静态资产组合中可自

由支配的财富部分的风险可被调整的观点：$E[r_p] = r_f + \beta_p(r_f - E[r_m])$，公式可被理解为资产组合 β 的预期收益等于无风险收益率加上系数 p 和市场风险溢价的乘积。这一观点的核心在于，选择一个合适的静态资产组合系数 β_s，我们可以让

$$E[r_p] = r_f + \beta_p(r_f - E[r_m]) = xr_f + (1-x)[r_f + \beta_s(r_f - E[r_m])]$$
$$\rightarrow \beta_p(r_f - E[r_m]) = (1-x)[\beta_s(r_f - E[r_m])]$$
$$\rightarrow \beta_s = \beta_p/(1-x)$$

前文所提的方法，可能是构建代理下单模式的单期投资组合的最佳方法。由于与客户存在代理下单关系，个人投资者很难冷静地检视自己的行为并把控好风险。如果个人投资者想自己控制风险，我们建议个人投资者锁定保底投资组合，将风险隔离并控制在可自由支配的财富子组合中。

对于替客户管理资金的专业人员来说，方法有所不同。以上方法不一定适用于所有的服务模式，也不一定能够吸引所有的客户，原因如下。

- 最优的静态投资组合无法被扩展至不同个人投资者的不同生命周期阶段。哪怕是风险承受能力相近的群体，由于不同年龄的人偏好的保底投资组合的占比不同，投资组合中可自由支配财富部分的 β 系数也不同。
- 许多满足于当前投资组合的人更愿意在市场不景气时退出，而非在其他不必要的时候退出。
- 当个人将基本生活保障资金的配比加大时，最优静态投资组合的 β 系数不会静止不变，β 系数仍需调整。
- 于静态的 β 系数始终超过最佳风险控制下的 β 系数，多头的

限制使一些静态构建方法在实际环境下不再可行，因此我们不一定能轻易找到切合实际的投资组合。

- 含有不同 β 系数的投资组合可能有完全不同的风险特征，并不像某一过于简单的概念所说的那样，风险较低的投资组合意味着仅配置低风险的单个资产。

- 根据市场情况和从业人员与客户的关系准备合适的说辞，"我们将这样保护你的投资组合" 的吸引力比 "我们将这样调整你的投资组合" 更强。

基于资本市场线的观点

接下来，我们将使用大家很熟悉的资本市场线来展示如何在养老金投资组合中应用风险管理准则。图 9.1 中资本市场线上不同的点表示风险偏好不同的投资组合。风险承受力较低的投资组合所受的限制较大，更倾向于锁定保底投资组合。这些限制并不一定意味着需要更多的风险管理操作，而是意味着对损失的容忍度更低。风险承受力较高的投资组合的选择范围更广，在市场衰退时也需要更频繁的风险管理操作。另外，图 9.1 还展示了主动型风险管理如何

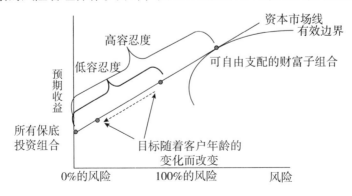

图 9.1　主动风险管理

拓宽资产配置的选择范围。在这种情况下，我们的目标是保持锁定保底投资组合的能力和所需资金，除非市场快速转向不利，否则不需要实际买入保底投资组合。这一选择范围是由投资组合激进与否和客户对风险的承受能力决定的。

风险管理和预期收益

风险管理的目标并不是每次都要获得更高的收益。买彩票并幸运地连续中奖十次的策略也许是获利最多的—至少，从事后来看是这样的。风险管理的核心在于，在事前做出高质量的决定，从而保护收益。对于大多数人来说，这意味着他们会排除将彩票奖金用来买更多彩票的想法。即使没有风险管理，我们也知道，提高一个投资组合的风险水平可以带来更高的平均收益，但是风险管理缺失带来的高波动具有两面性：你可能赢，也可能输。我们的目标确实是承担更多的风险从而得到更高的收益，但也要放弃少量潜在收益来确保我们不会因风险太高而遭受损失。虽然最终的结果只有在事后才会显现，但可以预期当市场表现好时，风险管理会拖累投资组合的表现，当市场环境恶化时，风险管理的积极价值是最高的。风险管理的净效果大体上是指，承担更多风险所得的更高预期收益，减去风险管理活动的增量成本后的剩余部分。①

---

① 有大量的学术文献研究风险管理技术的有效性。有些文献如切萨里（Cesari）和克雷莫尼尼（Cremonini）（2003）表明特定的计划可能会运作得很好，并且这些特定计划对预期回报只产生很小的拖累。许多文献展示了哪种市场条件对哪种特定技术有利——这种分析从某种程度上来说失去了重点，因为人们事先并不知道未来市场会是什么样的。

简单的准则： 关于被动和主动风险管理

风险管理常常被神秘光环围绕着。这正是风险管理者所希望的，因为这将使他们获得更高的薪酬。在实际环境中，风险管理通常是直截了当的，所用到的也仅是一些常识和常用的工具。大多数情况下，它意味着事先考虑和计划好当某些特定情形发生时我们需要采取的行动，有时也包含了其他情形发生时的修订计划。它们可能并不优美也并非最佳，但通常是简单且效果很好的。

在有经验的风险管理者面前提起风险价值模型（VaR）往往会令他们嗤之以鼻。风险价值模型主要关注投资组合在一段时间内的预期损失金额。在它的最简形式中，我们假设收益率服从正态分布。虽然正态分布比较容易处理，但在实际市场中，事件规模往往比预期的要大，且发生频率也比正态分布的尾部频率要高。[①] 这些灾难通常被称为"尾部"或"肥尾"风险。在这种情况下，给这些事件加上概率并没有什么意义。问题不在于预期会发生什么，而在于什么样的坏事可能会发生，以及我们应如何应对它们。

被动型风险管理投资组合

当市场利好时，风险管理要遵循稳定在目标配置范围内的原则。采取被动型风险管理的投资组合始终需要锁定保底投资组合额，但允许调高保底投资组合水平。当可自由支配财富的子组合价值超过范围上限时，需要对投资进行再平衡。再平衡是为了让资产

---

① 风险经理一般不会使用正态分布——大于两个单位标准差事件发生的概率为5%左右，而使用切比雪夫不等式（Chebychev's inequality）——表明两个单位标准差事件发生的概率最大为25%。总的来说，切比雪夫不等式表明 n 个单位标准差事件发生的概率为 $1/n^2$。

组合始终稳定在目标配置范围内，而范围的宽窄则是由个人偏好决定的。正如我们在第八章中讨论过的，有人偏好少量但频繁地提高保底投资组合水平，也有人倾向于只在发生巨大改变时才提高保底投资组合水平。在主动型交易中，止盈操作通常是投资者为防止情绪化交易而制定的投资纪律，从而把收益"从赌桌上拿下来"。

主动型风险管理投资组合

当市场下行时，投资组合通常会有固定的操作原则来保障保底投资组合。当市场上行时，如何行动是根据投资组合的保底部分是否被锁定以及投资组合是否完全处于风险之中来决定的。对于完全处于风险中的投资组合，资产价格的上涨仅会改变止盈点和支出金额，投资组合整体仍处于风险之中。对于保底投资组合被部分锁定的投资组合，若投资组合价格上涨，则会将保底投资组合调高的部分或组合的收益部分全部投入风险资产中。在第一种情况下，我们按比例提高止盈点和保底投资组合的金额。在第二种情况下，我们会以更大的比例提高止盈点和保底投资组合的金额。本章后面的内容将会把这里提到的内容互相联系起来。

主动管理的主动型风险管理投资组合

针对个人投资者的主动管理，通常会有关于集中度、上行空间、下行空间和投资时机的处理规则。例如，如果我们预期 ABC 的股价在接下来的两个月里将会翻倍，那么我们可以同时在 95% 和 220% 设定限价；无论哪个结果出现，我们都会卖出。我们也可以给头寸设定一个时间限制，在这一时间之后我们将平仓或重新开始评估。如果出现相关信息，我们可以在中间任意时刻平仓。此外，集中度限制防止在单一资产上投资过多。根据市场预期做交易是可行的，但要根据市场中可能发生的情形来进行风险管理。[①]

被动还是主动

管理保底投资组合风险的最简单的规则是设置一系列的止损点。在主动管理的投资组合中，一般在上行和下行两个方向都设定止损点。当市场下行时，止损也许意味着在下跌的市场抛售，但如果目标是保障保底投资组合水平，也就只能这样做了。设定一条止损线后，即使出现紧急事件，也不会损失过多；如果投资期限是永久的，熬过这些事件或许也是一个可行的策略。在传统理财规划中，波动性让我们能在低位加仓，从而追求长期业绩的战略目标。然而，在养老金投资组合中，组合策略是要保障基本生活需求，这意味着合适的决策只有一种。不要将择时和风险管理相混淆。对于规则简单的养老金投资组合来说，一旦出局就只能出局了，除非剩余的风险头寸还能重新回到原点。

一个不巧妙但简单的计划

假设我们想要一个风险资产占比比静态模型更高的资产组合。我们的目的是在可行的情况下保护一部分收益，避免因损失造成生活水平的下降。如果风险资产的价值趋于下降，我们会决定设置一些简单的止损点，以便在市场下行时逐步降低风险来保障基本生活所需。在我们的示例中，可以根据投资组合初始值的 10% 来设置

---

① 在国防界，有一种说法叫"绝不要根据对敌人将如何做的猜测来建立防御，而应该根据敌人能够做什么来建立防御"。马其诺防线（Maginot Line）是在假设第一次世界大战将重演的基础上建造的，是该理论被忽视从而导致失败的一个典型例子。

临时止损点。如前文所述，示例中实际购买的保底投资组合的初始分配比例为40%。

表9.2展示了在下行市场中设定临时止损点的效果。这些止损点设置的目的是要在市场反弹的过程中，维持一定的风险资产比例，同时也保证基本生活需求。

在这个例子中我们设定了下行的止损点，以充分保证保底投资组合不受影响。更具体地说，我们设定的止损点为初始投资组合的10%。现在是时候介绍一个叫作投资组合缓冲垫的概念了。缓冲垫衡量的是投资组合的市场价值和保底投资组合价值的差额；它告诉我们现在持有的资产与需要的保底资产金额相差多少。在开始的时候，我们全部投资风险资产，但当每次达到4个止损点之一时，就购买价值10美元的保底投资组合。在达到止损点后，风险资产的价值将减少10美元。

表9.2　简单有效的风险管理

	缓冲 （美元）	保底投资组合 （美元）	风险资产 （美元）	下一次止损点 （美元）	如果触及止损点，风险资产的价值 （美元）	保底投资组合的资产分配比例（％）
指数 = 100%	60.00	0.00	100.00	90.00	90.00	0
指数 = 90%	50.00	10.00	80.00	80.00	71.11	13
指数 = 80%	41.11	20.00	61.11	70.00	53.47	28
指数 = 70%	33.47	30.00	43.47	60.00	37.26	47
指数 = 60%	27.26	40.00	27.26			70
指数 = 50%	22.72	40.00	22.72			64
指数 = 40%	18.17	40.00	18.17			69
指数 = 30%	13.63	40.00	13.63			75
指数 = 20%	9.09	40.00	9.09			81
指数 = 10%	4.54	40.00	4.54			90
指数 = 0%		40.00	0.00			100

保底投资组合的高水标

在市场上行过程中，我们没有立即将资金分配到保底投资组合中，但我们提高了保底投资组合的名义值。通过提高止盈点，我们提高了保底投资组合的理论值水平。简单来说，在止盈点被触发时，我们将保底投资组合调整为投资组合最大值的40%。从理论上说，高水标（HWM）可以是连续的或离散的。而在实际中，高水标应该只包含在保底投资组合增长的频率和间隔，以及当市场反转时，我们可以采取的相应措施里。也许你会想通过与客户沟通来最大限度地从增长的保底投资组合中获益。

表9.3说明了当投资组合价值上升时，止损点和保底投资组合将如何调整。从最初100美元的投资组合开始，我们设定了四个止损点。如果投资组合价值上升到110美元，我们就会按比例提高止损点和保底投资组合水平。如果投资组合上升到120美元，止损点和保底投资组合水平需要再次调整。

在上面这个例子中，我们的原则是每10个百分点设定一个止损点。这意味着当投资组合的价值下降时，止损点间的百分比间隔将越来越大①。如果把缓冲垫的大小考虑在内，我们还可以找到一种更好的方法来设定更合理的限制值并进行操作。我们希望这些限制和操作能像我们的模型所要求的那样，或精炼或粗略。对于一些人来说，这需要非常严格的限制和频繁的操作，而对其他人来说，为了使投资组合更加稳定，限制将较为宽松。

---

① 从100到90变动了10%，从90到80变动了11.1%，从80到70变动了12.5%，以此类推。

表9.3　将简单的止损拓展到保底投资组合水平的提高

投资组合价值为 100 美元		投资组合价值为 110 美元		投资组合价值为 120 美元	
保底投资组合（美元）	止损点（美元）	保底投资组合（美元）	止损点（美元）	保底投资组合（美元）	止损点（美元）
10	90	11	99	12	108
20	80	22	88	24	96
30	70	33	77	36	84
40	60	44	66	48	72

缓冲垫

如前文所述，缓冲垫测量的是投资组合的市场价值和保底投资组合的差额。保底投资组合和缓冲垫都没有固定的数值：无论是从理论还是实际出发，保底投资组合都可以被看作一系列的零息债券。一旦选定了保底投资组合，就意味着之后每过一天，保底投资组合的一部分就离到期日更近一步。这也表示随着时间的流逝，保底投资组合的现值将越来越接近票面价值。在某些日子，利率可能会上升，从而降低保底投资组合的现值，但保底投资组合的现值上升是必然的趋势。根据风险资产的不同表现，缓冲垫可能收缩、保持不变或上升。

对于部分享有年金或有长寿保险的客户来说，这个问题并不难。现在我们重新把缓冲垫简单地定义为投资组合和未到位的保底投资组合的差值。如果客户每年的生活成本为 180 000 美元，并且购买了一种每年可以提供 60 000 美元的年金，那么剩余的保底支出需求是120 000美元。类似地，如果客户购买了在 2050 年发放资金的长寿保险，那么固定期限的保底投资组合将持续到 2049 年。

从现在开始，假设本息分离债券在到期日前始终存在，并且期限是确定的。前文提到史密斯每年的保底投资组合为 120 000 美元，持续 40 年。他计划五年后退休。那么，选用合适的本息分离债券来匹配到期日，可帮助监控投资组合价值和保底投资组合成本的头寸。

一定要选择本息分离债券吗

答案是否定的。本息分离债券是政府发行的、没有信用利差的债券，这是衡量保底投资组合构建成本的好方法。在现实中，我们很难搭配有相同特征但期限不同的债券梯。本息分离债券易于观察、流动性强，在市场上几乎总是存在的。因此，即使不选择本息分离债券，它们也可以作为一个很好的基准。

不是所有本息分离债券都在进行交易，怎么办

可能存在两种问题，其对应的解决方法各不相同。一种可能是，中间期限的债券有缺失。假设我们的投资时间间隔是 6 个月，市场上可以找到 2019 年 8 月 15 日和 2020 年 8 月 15 日的本息分离债券，但在 2020 年 2 月 15 日没有对应的债券和价格。我们可以将 2020 年 2 月 15 日与 2019 年 8 月 15 日和 2020 年 8 月 15 日归为一类，利用债券凸性，使用 2019 年 8 月 15 日和 2020 年 8 月 15 日的债券构建出 2020 年 2 月 15 日的债券，并在 2020 年 2 月 15 日的债券出现时，使用两个 8 月份债券换取所需的 2 月份债券。第二种可能是，如果所需的到期时间超过了市场中债券的最长到期时间该怎么办？在这种情况下，典型的方法是"叠加和滚动"头寸。例如，目前能观察到的本息分离债券的到期日是 2038 年，但对于前文提到的史密斯来说，他需要持续到 2055 年的零息债券。最保守的做法是在 2038 年到期后叠加本息分离债券（$18 \times 120 \times 2038$ 年本息

分离债券的价格）来补齐从 2038 年到 2055 年间的空缺。一个很好的备选策略是，持有在 2038 年到期的债券头寸，且其面值约等于在当年再次买入本息分离债券所需的资金。如果选择了叠加的方法，这一堆债券将每年滚动，直到所有期限的本息分离债券都可获得和交易。从理论上来说，如果不选择在 N 年中滚动 N 次，则可以通过使用最长可观察到的利率对不可观察到的到期日进行折现来稍微优化这个方法，但这会包含一定的潜在定价风险。

根据能够获得的数据反馈，我们可以为史密斯的退休生活设置一个实时监控器，密切关注缓冲垫的变化情况。对于具有类似资产组合构成的客户，就能很自然地想到创建一张电子表单来监控投资组合缓冲垫的变化情况。通过使用本息分离债券作为保底投资组合的替代品，保底投资组合的构建成本随时间的增加能自然地被债券面值反映出来。在建立了监控投资组合缓冲垫的框架后，我们可以转而谈一谈风险规则。

风险规则——周期性的再平衡

假设在正常的市场条件下，我们的目标仅仅是在每季度再平衡保底投资组合和风险资产组合。① 如果采用低频交易，那么风险需要维持在足够低的水平，避免因大的波动导致缓冲垫消失或转为负值。除此之外，我们还要考虑到保底投资组合是否会上升而触发再平衡机制。

投资风险资产的数额部分取决于一个季度内风险投资组合的最大跌幅，部分取决于缓冲垫的大小，并且大小介于 0% 和 100% 之

---

① 在客户之间或者所有客户中滚动再平衡，可以简化工作的复杂度。

间。举个例子：假设最大跌幅为 50%，同时缓冲垫占投资组合总价值的 30%[1]，在此条件下，缓冲垫/最大跌幅 = 0.30/0.50 = 60%，即资产的 60% 投资于风险资产，另外 40% 投资于保底投资组合。以 100 美元为基数，其中 70 美元投资于保底投资组合，30 美元投资于风险资产，但若投资组合的目标风险更高，我们调整为 40 美元投资于保底投资组合，60 美元投资于风险资产。如果市场跌幅高达 50%，那么我们至少会有 0.50 × 60 美元 = 30 美元的价格来保障我们剩余的保底投资组合。另一方面，如果风险资产组合的价值上升速度比保底投资组合的自然上涨速度快，则当一个周期快结束时，缓冲垫的金额将会增长。在期末再平衡后，重新计算缓冲垫并开始新一轮的投资[2]。

风险在哪里

这种方法有两个风险。首先是崩盘风险。崩盘风险指的是投资组合在再平衡之前可能跌破保底投资组合。这意味着将两次再平衡之间的最大损失纳入考量非常重要。即使你愿意每天都进行再平衡，1987 年 10 月 22% 的单日跌幅都会时刻提醒你，当遇到不好的事情时，需要更加仔细地思考问题。另一个风险来自投资组合中风险资产的占比增加，如果市场暴跌，你的缓冲垫将会很快消失。这意味着如果你将风险设置得太高，比如说最大跌幅为 10%，那么即使是小幅度的调整也可能彻底摧毁缓冲垫，并且失去复苏的机会。笔者会建议设定 50% 的最大回撤（不要更严苛），因为在退休

---

[1] 换句话说，在静态分配中，我们将 70% 的资产投资于保底投资者组合，30% 的资产投资于可自由支配的财富子组合。

[2] 通常将（1/最大降幅）作为乘数。乘数 1 对应静态分配，对于任何乘数 >1 的情况，定期进行再平衡都是必要的。

储蓄的长期范围内，碰到熊市的概率很大。客户喜欢提高保底投资
组合的占比，但通常更热衷于参与市场。

表 9.4 提供了一个示例。在这个例子中，我们将最大降幅设置
得太高而使投资者失去了参与市场后续反弹的机会。我们将最大降
幅设定为 25%。计算得到的缓冲垫乘数是 1/0.25 ＝ 4，即对风险
组合的自然暴露。假设初始投资额为 100 美元，每期折现率
为 5%。

第一个周期期初

我们的初始金额为 100 美元，通过分配 78.35 美元的保底投资
组合和 21.65 美元的风险资产来构建初始投资组合，21.65 美元是
缓冲垫。我们利用我们的缓冲垫和乘数 m（$m=1/$最大下降幅度），
计算得到的初始权益资产暴露为 86.59 美元，保底投资组合为
13.41 美元（在我们的例子中 $m=4$）。

表 9.4　保持风险比例恒定

期末投资组合价值（P_t）（美元）	次数	期初保底投资组合的现值（F）（美元）	期初最大缓冲（$P_{t-1}-F$, 0）（美元）	期初最少风险资产价值（$4C$, P_{t-1}）（美元）	期初无风险资产价值（美元）	风险收益（%）	期末风险资产价值（美元）	期末无风险资产价值（美元）
1	78.35	21.65	86.59	13.41	11	96.11	14.08	110.20
2	82.27	27.93	110.20	0.00	-10	99.18	0.00	100.76
3	86.76	12.42	49.66	49.51	12	55.62	51.99	107.61
4	91.10	16.51	76.05	41.56	-20	52.84	43.64	96.48
5	95.65	0.83	3.30	95.65	0	3.30	100.44	103.74

第一个周期期末；　第二个周期期初

股票上涨了11%，第一个周期期末的资产组合是14.08美元的无风险资产和96.11美元的风险资产，风险资产的期末价格为110.20。在第二期期初，保底投资组合的金额已上升为82.27美元，重新计算的缓冲垫为110.20 − 82.27 = 27.93美元。这次我们的缓冲垫比原来的资产（4 × 27.93 = 111.72美元）更多，我们有110.20美元，不利用杠杆，我们将110.20美元全部投到风险资产中，但我们也注意到27.93美元和110.20/4 = 27.55美元之间有0.38美元的差异，在第三期，我们将保底投资组合的现值从86.38美元调整至86.76美元。表格的剩余部分留给读者自行研究。唯一需要注意的是，在第五期结束时，我们已经获得了100.44美元的无风险资产保底投资组合，因为我们在第一期的强劲表现之后提高了额度。

因此，我们建议采取四个步骤，以审慎地应对风险，并确保投资组合在市场大幅下跌之后仍能保持持续上行的能力。

1. 在设置最大的跌幅时，百分比越大，崩盘的风险越小，并且在市场恢复时空仓的可能性越低。市场从高峰跌到低谷可能会下跌50%。这只是一个长期经验值，并不是说市场下周就会下跌50%。在未来20年内很可能会有另一次低迷的熊市，或许在较短的时间内就会到来。还记得在2007年的秋天，标普500指数（SPX）达到新高，相关专家就表示信贷问题已经过去了；他们在2008年重复了上述观点：7月，9月，11月，等等。

2. 当缓冲垫/最大下跌幅度的值大于投资组合价值时，保底投资组合水平会自动上升，直到比值收缩到新缓冲垫/最大下跌幅度小于或等于投资组合价值的位置。

3. 预计保底投资组合水平上升。为下一次再平衡计算缓冲垫并采用适当的折现率折现。不需要特别精确，1/1.012 5 通常就可以。

4. 做好计划，有备无患。如果投资者仍能在组合中追加资金，那么这就不是问题，因为追加资金总是可以补偿风险投资组合的。但如果不再追加资金，一旦跌至保底投资组合水平以下，就只能从缓冲区域中减去 5% 作为最后的风险资产来源。

风险规则——更加主动的再平衡

弗舍尔·布莱克（Fisher Black）是金融行业内的传奇。在他的许多成就中，比较著名的有布莱克/斯科尔斯（Black/Scholes）期权定价公式，布莱克/德尔曼/托伊（Black/Derman/Toy）利率模型以及固定比例投资组合保险（CPPI）策略，同时他的很多学术文章具有重要的研究价值。

上文部分内容说明了固定比例投资组合保险策略的主要思想，就是在承担比静态配置更高风险的同时，保证保底投资组合的价值。我们的例子和固定比例投资组合保险策略的一个不同之处在于，固定比例投资组合保险策略的资产分配在保底投资组合和风险组合之间的转变更加平稳。实际上，固定比例投资组合保险每天都会进行再平衡。如果风险资产组合的波动性不变，那么跌破保底投资组合水平的概率是不变的。

固定比例投资组合保险策略是一个非常灵活的工具。我们已经展示了如何在获利的投资中提高我们的保底投资组合。我们还可以在不同时间承担不同级别的风险，如果想要的话，还可以回溯到静态资产配置。

许多金融公司使用固定比例投资组合保险策略发行短期和中期票据。除了提供固定比例投资组合保险策略外，发行的票据通常具有高风险和保护功能。这些票据通常以 20 左右的缓冲垫开始，并且为了在市场上保持吸引力，该票据提供 100% 的初始风险暴露，最大下降幅度为 20% （$m = 1/0.2 = 5$）。由于 m 的值很高，投资者失去了对它的兴趣①，它增加了上行的可能性，但未增加投资组合的风险。在这里所假设的风险水平下，组合保护的市场价值将是零。在低风险的操作方式下，我们可用常见的投资工具针对保底投资组合进行合适的风险管理，构建一个成规模的商业模式。整个商业模式可作为静态退休和传统理财账户的很好补充。

图 9.2 展示了使用历史回测结果进行风险调节的过程。投资组合的初始价值为 100 美元，期限为 20 年。当缓冲区超过风险资产所有的风险暴露时，保底资产的金额就会提升。风险投资组合是标普 500 （SPX 全收益），无风险资产是国债。每季度进行一次再平衡。随着投资组合风险的增加，图中的曲线对应处于或低于曲线的百分位路径。需注意的是，在 1 倍缓冲垫内，投资组合是一个静态结构，保底投资组合处于锁定状态，风险资产配置完全由可自由支配的财富组成。如果允许提升风险暴露，为了获得更高的回报，保底资产也处于风险之中。在这次模拟中，系数一旦超过 2，意味着即使风险组合下降了 50%，也不会减少风险资产的配置，那么承

---

① 公司如果想要优化固定比例投资组合保险票据以满足客户的预期用途，将会提供 m 与票据期限成反比的保护型票据。短期来看，当期限不大于 1 年以及 $m = 20$ 时，情况只有两种——增值或者失败。长期来看，真正的目标是保持参与度的同时提高保底投资组合水平，采用较低的 m 来配置可能更好地服务客户，理想的 m 处于 1.5 和 2 之间。遗憾的是，大部分固定比例投资组合保险票据都是边际导向型而非结果导向型：中期的时长太短，不适合退休人员，但是对于票据期限来说，乘数 m 又过高了。

担增量风险的收益就会降低。简而言之，高风险投资组合不能保证稳定的消费水平。承担一点儿风险可能会提高预期回报，但如果承担的风险太高，低迷的市场很可能促使激进的投资者转而完全持有保底投资组合组合。对于缓冲倍数大于2的激进投资者，最好的办法是锁定保底投资组合并增加风险投资组合的风险，但是不要将两者混淆。

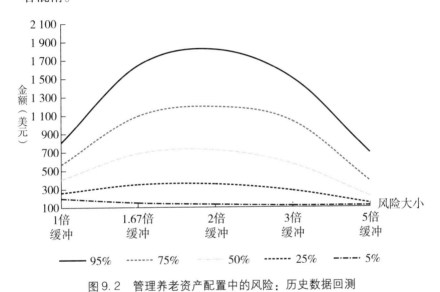

图9.2 管理养老资产配置中的风险：历史数据回测

固定比例投资组合保险与波动率

从选择上看，固定比例投资组合保险方法意味着客户偏好短期波动。波动率越大，投资组合跌破保底投资组合水平的概率越高，使投资者无法在市场上行时持有头寸。通常情况下，我们是通过考虑波动性衰减的风险资产来处理这个问题的。使用固定比例投资组合保险方法构建风险资产组合是均衡投资组合的一种构建方法。使用较低的波动率，通常需要在预期收益和更低的触底概率之间进行权衡。但是如果操作不当，触底保底投资组合的概率可能不会受波动率降低的影响。

备兑看涨期权组合[1]有时被视作固定比例投资组合保险中波动率较低的基础资产。但这样做存在一定的问题。备兑看涨期权组合的波动率确实比投资组合低，且没有做空看涨期权。然而，波动率降低是在市场上行的时候，实际下行的波动率不受影响。简而言之，备兑看涨期权组合有利于提高收益率，但这个期权对于一个只配置保底资产的投资组合来说，是没有影响的。

纳税与主动管理

通常，静态组合因其税收更少被认为比主动管理更具友好性。当然也并非总是如此。在税收递延或税收优惠账户中，这个问题的答案可能就不那么明确了。即便是在需要完全纳税的账户中，税收和管理之间的关系也并非我们想象得那么简单。

静态投资组合依赖于债券、票据和其他可确保（如高于70%的）本金返还的证券，一般需要缴纳普通所得税。[2] 对于包含大量权益的结构性票据，情况与上述相符。如果一个结构化票据（静态策略）保证本金的70%以上，那么即使票据包含大约30%的权益，整个票据也需缴纳普通所得税。换句话说，该票据最终将资本利得资产转换为普通收入型资产。同样，大多数担保票据也都需缴纳普通所得税。

---

[1] 这将在本章末尾进行定义。在此进行简短的介绍：备兑看涨期权是指股票的多头头寸加上虚值看涨期权的空头头寸。客户同意出售上行收益以换取看涨期权的期权费。

[2] 准确的规则有些错综复杂，但重要的一点是，绝大部分保障本金的票据均需缴纳普通所得税。

另一方面，在主动风险管理的投资组合中，资产将按照成分类型分类。许多主动配置策略格外看重本金的安全性。其中存在的一些可有效货币化或消除风险的条款，可产生收益，因而需谨慎对待。下面的例子更有助于说明其中的可能性。

前面说明了固定比例投资组合保险方法和固定比例投资组合保险票据。固定比例投资组合保险票据几乎总能保证本金的收益。尽管未来可能会有税制改革，但许多公司发行的固定比例投资组合保险都缴纳普通所得税。即使将票据可用的部分全部投资于整个公司的资本利得工具，情况也是如此。换句话说，如果客户购买固定比例投资组合保险票据，并且该票据在整个存续期限内保持全额投资于权益，那么票据依旧要缴纳普通所得税。这里的另一个缺陷是，缴纳普通所得税的资产在获得应计利息时仍然需要纳税，而不是到期纳税。

另外，固定比例投资组合保险作为一种方法而非一张票据，允许组合内的资产按照两分法纳税。如果投资组合仍然投资于资本利得类资产，那么这些资产仍然要缴纳资本利得税。普通收入型资产缴纳普通所得税，根据投资组合投资于资本增值型资产的比例，投资组合依旧缴纳资本增值税。如果风险资产组合下降到一定程度，使得投资组合全部转换为保底投资组合，那么保底投资组合资产将缴纳普通所得税。风险资产转变为保底投资组合要纳税，需要承担一定的收益或损失。

主动管理策略意味着能够比被动策略更好地管理风险和税务负担。注意，主动风险管理可能比基于票据的策略更加烦琐。对于高净值和超高净值类客户来说，税收和风险策略是更重要的。

锁定保底投资组合： 长线与短线

如果投资组合无法保障退休后的生活方式，即使运用上述方法之一，锁定部分保底投资组合仍然是必需的。例如，静态的资产分配策略可能要求将70%的资产分配给保底投资组合，但投资组合目前可能将50%的资产分配给保底投资组合，50%投入风险资产。抛开再平衡的问题，关于如何结构化所需的保底投资组合是一个悬而未决的问题。一种方法是首先保证前几年的保底投资组合，暂时不考虑后几年。另一种方法是平均保底投资组合，并随着缓冲区的变化增加或减少整个投资额。

这里我们并不主张下述观点：只需要保证前期的资金就够了，后期的保底投资组合可以后续获得（第十五章对此有更深入的阐述）。在本章前面部分描述的无风险管理的情况下，这是一个感性大过理性的观点。保证退休后前几年的保底投资组合并不是确保生活方式的策略。如果目标是在投资组合滚动的过程中构建保底投资组合，那么这么做的效果无异于资金提取法，且成功的概率不会更高。但是如果使用主动管理风险的策略，风险资产的分配意味着只能部分配置给保底投资组合，那么首先保证前期的保底投资组合是明智的。关键在于，适用于保底投资组合的缓冲区的概念尚未锁定。从金融角度来看，重要的是缓冲区的金额足够，而不是缓冲区是否在整个退休期间均匀分布。

根据上述方法，一个波动的市场意味着缓冲区也会变化。在某种程度上，每季度保底投资组合的分配比例可能会上升或下降。在这种情况下，保底投资组合的流动性变得很重要。接近保底投资组合的期限部分，流动性通常较高，交易成本通常较低。有些人也可能认为曲线的长端提供了更多研究的机会，但这个讨论的重点与预期无关。

关于可用性、 拓展性和不同于负债匹配的方法介绍

目前为止，我们讨论的所有方法都是围绕资产/负债匹配的范畴

展开的。同时，还有其他一些可能被我们忽视的成功概率很高的方法。我们没有讨论那些好方法的部分原因是其太复杂。笔者忽略了一些其他可靠的风险管理方法，以实现一个主要目标——提供一定程度上可拓展的解决方案。如果只是管理一个单一的投资组合，那么有很多好方法。但可扩展性要求我们必须采用能同时应用于大量投资组合的方法。

在行动不受感性影响的自律规则下，为了使方法更具拓展性，我们需要依靠常用的组件、工具和简单模板。无论厨师厨艺多么精湛，配方都必须简单、耐用且可靠。本章描述的方法对于某些业务模式来说很适用，但对于仅做交易代理的业务模式来说，可能并不适用。而且对于那些管理自己的投资组合的投资者来说，将情感与标准化行为在风险管理中分离开是很困难的，甚至是不可能的。如果有人想管理自己的投资组合，那就鼓励他们构建一个静态投资组合。如果有人想要有风险管理的投资组合，那么让一个中立的第三方（理财顾问）执行他们的计划。

在养老金投资组合中保持警惕

在 2008 年崩盘之前，结构化产品中收益增强类产品大受欢迎。除了注重提高税收效率的方法之外，收益增强的方法与增强风险管控的方法类似。零售市场没有免费的套利机会，收益增强的方法绝不是免费的。拍卖利率证券就是一个案例，客户可能无意间卖出了一种拍卖失败的看涨期权。收益增强类产品在纳入养老金投资组合之前需要仔细审查。不要对较高收益背后的风险源头掉以轻心。

许多增加收益率的方法都很受欢迎，但在养老金投资组合中使用时需要格外小心。许多提高收益率的策略使得客户做空市场、做空隐含波动率以及做空实际上行波动率。虽然一些波动率辅助策略可能将客户在资本市场和投资组合中的波动率敞口中性化，但使用它们仍然需要非常谨慎。

市场上的许多结构化产品提供增强的预期收益，例如自动赎回、收益加速等，甚至简单的买入股票、卖出期权等同于客户卖出实值看跌期权，也就是对冲掉市场风险，仅获得费用收益，但是客户却承担了下行风险。如果市场没有下跌，历史上通常没有发生过，那么客户将获得卖出看跌期权的收益。但是，客户为了增强收益所承担的下行风险可能会很高，因而本质上这是一种拍卖利率证券。通常，那些以"增强现金"名义销售的证券，仅能提供略高于传统货币市场的收益，但在拍卖价格下行时，这些债券就可能出现流动性不足或者转为长期债券。

为了说明许多高收益产品与高风险之间的等价关系，请考虑图9.3所示的最简单的收益增强方法，即备兑看涨期权。正如你所看到的那样，备兑看涨期权，即做多股票＋卖空看涨期权，就等同于让客户卖出一个实值的看跌期权。换句话说，你的客户可能更愿意直接卖出看跌期权。虽然通常情况下实值的看跌期权可以带来收益，但基于销售保护的投资组合是比较危险的。另一个问题是，随着备兑看涨期权，客户的隐含波动率降低。如果隐含波动率上升，那么要平仓的客户可能需要支付更多的费用买回这种期权。其他结构性产品，如加速收益票据是备兑看涨期权的另一种形式。几乎在所有情况下，它们都以收益增强的形式出售，但客户实际上在卖出看涨期权。天下没有免费的午餐。

通过备兑看涨期权，持有资产多头的客户开始出售短期虚值的看涨期权。为了换取看涨溢价，客户放弃了所有价格上行时的参与机会。就期末收益而言，通常这种策略看起来比较有吸引力。

最后分享一些关于一般投资组合和养老金投资组合的主动管理的思考，笔者扼要地提及在一些大型公司已经使用的三层流动性等级制度，这将有助于制定构建养老金投资组合的审慎标准。第一层流动性是交易所市场中的"有机流动性"。交易所市场主动寻求买家和卖家，流动性几乎总是有保证的。客户可能不满意他们支付或收到的价格，但在交易所市场上，他们总是可以进入或退出某个头寸。第二层流动性是多个做市商在功能良好的市场上的"混合流动性"。这将包括大多数柜台市场。通过让多个参与者交易商品化的产品来维持流动性。第三种比较危险的流动性通常被称为"无机流动性"。流动性是由一方或少数几方酌情提供的。第三层流动性包括拍卖利率证券，对冲基金，还有很多另类资产。

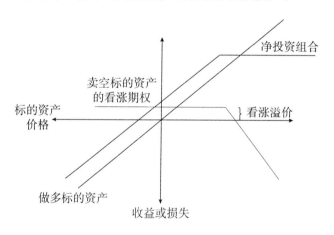

图9.3 备兑看涨期权

总结

主动风险管理能够充分借助市场上行增加收益，并且保障保底投资组合组合。一些理财顾问可能基于主动风险管理为客户构建模型，而不选用静态组合。即使是倾向于自己配置资产组合的投资者，也能从第三方获益。第三方参与者能够帮助投资者监控风险，并在必要的时刻采取行动。无论是代理下单还是主动管理的账户，都可以依赖金融专业人员在关键时刻采取行动。

本章讨论了几种投资组合的风险管理方法。风险管理的规则可以从简单设置止损点过渡为全面的风险管理技术。本章中需要记住的重要概念包括监控投资组合的缓冲垫以及在缓冲垫降到 0 之前采取行动。

第四部分

从理论到实践

第十章

转换阶段

目标

帮助客户从传统理财规划向养老金投资组合转换。

朝着目标前进。

平稳渡过转换阶段。

想象一下如下情景：一位与你合作 20 年的长期客户即将退休，并需要你提供养老解决方案。在 20 世纪 90 年代，你曾经帮助他抓住了市场波动的机会，但这个机会已经消逝了。市场波动过去是我们的朋友，而现在是我们的敌人。2008 年对于你和客户来说是一场灾难，此时仅建议客户从权益类资产向固定收益类资产转移是不够的，分散化配置仅改变了概率，而不能改善最终的结果。你们20 年的合作关系也因此变得紧张起来。没人料想到这样的局面吗？迅速而无法预料的暴跌在以前就发生过，这种可能性是一直存在的。预期收益对于不同投资组合的"平均结果"是有意义的，而养老金投资组合追求的目标是，无论在何种市场环境下，组合管理都是稳健有效的。

因此，向养老金投资组合的转换可以帮助类似的客户和理财顾问避免上述风险。通过转换，你和客户可以用最小的成本保障投资组合的结果，同时争取潜在的超额收益。换言之，做出一些小小的改变，将带来相当大的收获。

在本章，我们将阐述转换到底是什么。希望你读完后可以了解如何让转换阶段更平稳以及如何避免困难的转换。从传统理财规划向养老金投资组合的转换并没有乍看之下那么难——通过安排一个有序的过程，所有的改变都是很微妙的，客户的转换阶段有可能平稳渡过。

当然，你的客户不可能都是长期合作的，而且有时候客户的情况也许会有巨大变化，所以你需要准备随时迎接怀揣资金的新客户。争取到客户刚到手的资金是理财顾问的重要工作之一，只有向客户提供一个具体的目标并清晰地展示如何付诸实践，客户才有可能认可你的投资建议。总而言之，为了避免产生抵触心理和失去客户的信任，在本章我们会聚焦于投资组合的自然过渡，并避免过于突然的转换。

转换是什么

所谓转换，就是指从单一的理财规划变成兼顾理财和退休后生活需求的计划。如果处理得当，转换阶段其实是组合管理中一个平稳、自然且无缝衔接的过程，其核心是改变投资组合以保障退休后的生活方式，但同时组合看上去似乎和过去并无二致，因而不会影响客户体验。即使客户最终选择了所谓的"灵丹妙药"般的全覆盖捆绑型产品，转换仍可以为理财顾问和客户提供更多的选择。转换的目标是引导客户逐渐将关注重点转到保障生活需求上。实际上，转换其实是客户关系处理中一个很自然的组成部分，在不同业务模型中都可以良好运用。

客户资产的最终投向很有可能是某一产品类别，甚至某一个特定的产品。因此，转换的目的就是让客户知道，投资组合并不仅仅是一种金融结构，更是保障生活需求的资金源泉。如图 10.1 所示，通过转换，客户的投资组合将有机会获得终极解决方案，与此同时，也会保留以下关键特征。

- 与目前的投资组合接近——从小的改变开始。

- 构建以养老需求导向的投资组合——为实现最终目标做出有意义的改变。

- 理财顾问需展现转换后投资组合的有效性——在任何市场环境下都可以实施。

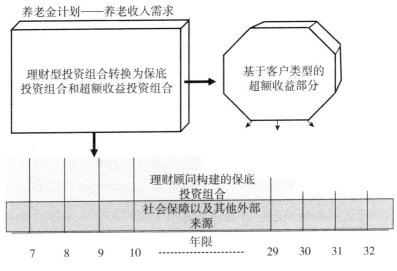

图 10.1 从理财规划向养老金投资组合的转换

- 可撤销性，尤其在面对客户突然且难以预料的需求时——中途的改变并没有很高的成本。
- 鼓励客户把资金从发起式养老计划转移到个人养老账户。如果资金转移可以使投资组合的焦点转移到客户的个性化需求上，那么这种转移就尤其有用。
- 对于理财顾问来说，要有可扩展性和简明性。

现在，我们在另一个框架下继续解释转换这一概念。传统理财规划的核心是为客户寻找预期收益和波动的最佳组合，这种做法对于理财顾问来说很容易，现有的投资组合可以被大量复制。基于此，我们认为转换有两个重要原则：首先，转换同样需要便于扩展和广泛运用，这意味着在转换过程中做出的改变必须力求精简。其次，我们要将客户关注的焦点从组合收益的波动性转向组合配置的目的，从而在风险不变的同时起到控制下行风险、改善结果的作用。在结构化交易领域有一句名言——"请在价格低的时候对冲，即使你认为永远也不需要"。举个例子：你的公司与某地区签署合约，将为对方生产和提供电力。为了满足该地区的要求，你需要做的就是保障生产力（生产的能力）和电力（产品）的来源。当交易刚达成时，生产力的获取可能是低成本甚至免费的，于是你做出了一个错误的决定——按需逐步购买，而不是尽早锁定生产成本。你可能觉得生产成本会一直如此便宜，此时花 100 000 美元做对冲简直是把钱扔进大海。然而没想到，经过了酷暑和寒冬后，大量设备出现故障亟待维修，生产成本随之大幅增加。由于你在该项交易中的收入是预先固定好的，生产成本的增加造成了至少 60 000 000 美元的损失。所以请记住，在价格低的时候不要犹豫，赶紧去对冲吧。

转换的顺序

转换过程的一大特点是帮助客户为退休做好准备，但并不会强迫客户过早地锁定任何资产，因此转换的顺序非常重要。这也是为什么转换过程聚焦于资本市场（在资本市场中，中途的改变几乎不会产生无谓损失）。结合上述考虑，转换的顺序如下：

- 固定收益类资产配置→保底资产配置。
- 现金类资产配置→预防性资产配置。
- 权益资产配置→保留大部分，以追求潜在超额收益（风险资产）。
- 权益资产配置→部分替换成保底投资组合。

第一步是从固定资产配置直接转换为保底投资组合，这是整个过程中最重要的一步。你将传统理财投资组合中的固定收益类部分由单一固定期限型转为多个到期区间。上述操作虽然无法降低投资组合的波动性，却可以提供定期收入的保障。

对于客户来说，这是一个很有吸引力的选择。相较于投资 1 000 000 美元并在 20 年后一次性得到 4 000 000 美元，客户可能更愿意保证退休收入每年都不低于 40 000 美元，直到 90 岁为止。[①]

第二个转换是从现金类资产配制到预防性资产配置。这个步骤乍看之下直截了当，但工作和退休阶段的不确定性是不同的。由于最终的养老金投资组合可能不够灵活，客户需要持有更多预防性资

---

① 在转换的第一步，需要完成保底资产配置。基本的保底资产配置通常基于资本市场，因而其期限是固定的。在转换的最后一步，我们需要采取长寿保护措施，例如增加递延年金，又或者把保底资产全部换成某种形式的即期年金。

产来弥补。有些养老产品是高度僵化的，即使客户在某一特殊时期仅需要多提取 1 美元，都会触发后续所有时期养老方案的重新规划。例如，假设最低退保利益保证（GMWB）产品原本的最大提取额为 50 000 美元，如果客户刚好在市场下行时要求提取略高于该额度的资金，则未来的最大提取额可能就会降到 40 000 美元。我举这个例子并不是想说该产品有什么缺陷，而是想借此指出，客户的预防性资金需求在一定程度上取决于其养老金投资组合的灵活度。根据经验，如果客户养老金投资组合的资产全部是可交易的，那么他可能只需要 5% 的额外现金；而手握定制型养老保险合同的客户，则可能要保留至少 10% 的预防性资产。

转换的第三步是在保障退休后保底支出的基础上，保留获取超额收益的空间。过去投资组合中的纯权益部分变成了一个微型的子组合，同时仍注重资产的积累效应。波动性可能带来超额收益，这正是可自由支配财富组合所需要的，因为每位客户都希望过上更美好的退休生活。一种较保守的方式是让该组合继续持有固定收益类资产，当然也会有人相对激进地配置更高预期收益和风险的资产。

转换的最后一步是购买保险产品。这一方式可尽可能保证生活方式，不受意外和风险的影响。在这一阶段，客户最终的养老金投资组合的风格会非常明确，因而能够选择最匹配的保护措施。例如，如果客户的保底资产最终会由年金替代资本市场产品，那么就无须再配置长寿保险产品来防范长寿风险了。

发生了哪些改变

在大多数情况下，投资组合的整体并不会发生变化。如果你主要在资本市场进行配置，那么仅需要做几笔交易即可，原有投资组合的大部分仍保持不变。请一定要记住，向客户提出太大且突然的改变会令其感到不安，因此在他们面前提出一个小的改变以迈出第一步是不错的选择。第一步看似微不足道，却是整个过程的核心部分。当你开始尝试转换客户资产中的固定收益部分时，其他所有部分都应保持不变。

在此之后，你可能会发现与客户的关系发生了很大的变化。一个很好的现象是，有些客户会对保底资产的金额感兴趣，你可以鼓励他们把这部分资产转移到享受税收优惠的养老账户。另一个变化是，客户可能会非常希望知道如何获取潜在的超额收益。

有 "意外之财" 的客户该如何处理

据传闻，美国人养老收入的主要来源之一就是父母的遗产，怀揣此类财产的客户非常适合向养老金投资组合转换。一方面，这笔钱本来就是用于未来而不是满足当前需求的；另一方面，这其实也是一个奇怪和令人不安的社会问题。即便如此，理财顾问的工作也只是合理地管理这部分资产。①

通常，这部分资金可以进行计税底数上调，但不能享受其他税收优惠，也无法归入任何税收优惠账户，所以你需要更谨慎地运用这些资金。再次强调，资本市场型保底投资组合大多数会产生幻影收入。一般来说，贴现债券最适合放在税收递延账户。无论你是直接还是间接地处理这部分资金，都需要全面地考虑税务因素。

---

① 有些客户常梦想收到遗产，但这个梦想可能永远无法实现。对于此类客户，我给理财顾问的建议是，告诉他们保底投资规划是基于已有的资产，只有真的收到了遗产，我们才会相应地增加保底配置。

如果选择直接处理，你需要找到一种税收优惠工具，将这部分资金转化为退休后的收入，购买保险产品是最有效的方法。这笔钱对于客户来说本身就是用于养老的，所以客户很有可能接受购买保险产品的方案。

间接处理方式是次优的解决方案。让客户将等量的资金从401（k）计划转入个人养老账户用于保底资产配置，那么相应地，遗产资金就能够放到对应的长期资本利得税的资产中。

困难的转换

在任何领域，无论饮食、政治还是商业，突然或彻底的改变都是难以接受的。在讨论无缝转换之前，我们先谈谈什么是困难的转换以及其中的原因。我们关注的是一个简单的例子，但或许可以适用于当今市场上许多第一代产品，这些产品旨在成为解决养老问题的"灵丹妙药"。然而，第一代产品往往也有相同的缺点，即试图解决养老收入的全部问题，提供一次性解决方案。

年金和更复杂的同类产品通常会在一开始就被客户抵制，即使是最有可能从中受益的客户（如单身或无子女的人）也不太愿意接受这类产品。为何客户的接受度如此低呢？部分原因就是购买年金对客户来说是一个"跳跃动作"，属于困难的转换，而不是轻松的"一小步"或细微的改变。同时，还有一些其他因素可能会影响资产组合转换。

首先是心理因素。投资年金容易让客户产生认知失调，即购后不适感。客户必须将组合的投资方向从权益和债券迁移至一份保险合同。客户会质疑为什么要这么做？为什么是现在做？那以前的做法是错的吗？还有客户可能会觉得年金是对其未来死亡的某种恶意暗示或提醒。此外，有些客户认为购买年金意味着放弃对投资组合的控制权，而另一些人也许被保险合同的复杂性吓到了，虽然年金的条款其实是比较简洁明了的。①

其次是经济因素，一般来说，这方面因素客户思考得更多。几乎所有考虑购买年金的人都会在心里评估基于不同预期寿命的年金价值，这意味着客户再次被迫去想象未来要面对的死亡和伴随的可怕景象，如罹患恶性肿瘤去看医生等。购买年金之后会碰到什么问题呢？举个例子，一旦购买年金，退出成本是非常高昂的，客户需要支付退保费用，因为选择退保很有可能是因为客户知道自己也许命不久矣。实际上，保险公司希望那些预期寿命短的人将资金留在保险池中以增加自身盈利，而退保也许意味着被保险人已获取某些与寿命相关的个人信息。在上述情形下，人们往往需要综合考虑自己长寿的可能性，以及年金的收益是否能覆盖提前退保造成的无谓损失。

除此之外，从理财顾问的角度来说，客户购买年金的资金属于保险公司的收入，对理财顾问自身没有价值，因此会缺乏销售动力。为了激发理财顾问的销售热情，年金提供商可能会给理财顾问某种形式的补贴。

上述因素共同导致了如下结果：购买年金的决定对于投资组合是一个非常突然的变化。即使年金的终极目标是保障客户的需求，即使客户最终愿意投资年金，这种突然性还是会造成转换的困难。所以，我们将致力于为类似的客户和理财顾问找到一个更平稳和简单的转换方式。

---

① 有些时候，"复杂"这个词是用来表达某种无法形容的不适感，而不拘泥于字面含义。

何时转换

根据一般的经验，对于退休养老问题，人们通常从 40 岁开始考虑，50 岁开始担心，而进入 60 岁之后可能发展为恐慌情绪。如果理财顾问在客户开始担心养老问题的时候就和他们一起转换投资组合，则可以避免恐慌情绪的产生①。

假设一个人 65 岁退休，那么在 35 岁之前他几乎没什么需要特别去做的事情。② 固定收益类资产的期限一般不会超过 30 年，所以如果客户距离退休年龄还有 30 年以上，现在要做的就是继续努力存钱，然后利用市场波动，在熊市时买入以赚取收益。当距离退休年龄在 30 年以内时，就可以（但也不一定必须）采取一些行动。当然，也有种模式是从一开始就关注退休养老收入，我们将在本章的末尾对此进行介绍。

不同的客户希望在不同的时间进行组合转换，因此为了避免不同客户的投资组合差异过大，理财顾问需要标准化转换结构和流程。换句话说，理财顾问必须降低为不同客户提供定制化服务的成本，才能让自己具备市场竞争力。为了实现上述目标，理财顾问可以选择一种固定的转换方式，而该方式能广泛适用于不同客户和客户类型。

---

① 2008 年秋，美国处于金融危机之中，政府正在准备一项经济刺激计划。消费和国内生产总值（GDP）都因此受到了影响。如果华尔街巨头们能把关注重点放在养老收入上，而不是仅仅销售对冲基金和高收益债券，那么经济刺激计划的成本能降低不少。收入有保障的人更有可能自由消费。这样，退休和临退休人员就不用眼睁睁地看着自己一辈子的积蓄大幅缩水，也不会觉得必须捂紧钱包。

② 当然，对于很早就开始关注养老保障的客户，35 岁之前也可以做一些事情，如可以配置 30 年期的固定收益类证券。如果客户现在 30 岁，那么资产到期后客户仍然处于工作阶段。一旦客户到了 35 岁，就可以开始滚动调整证券的期限结构。

在进行传统的理财规划时，我们往往会依序列出 5 档投资者风险偏好，并分别匹配不同的资产配置方式（一般由股票、债券和现金组成）。60∶30∶10 的组合是比较典型的平衡型资产配置方式——对于保守型投资者，其债券部分的配置比例会更高；对于激进型投资者，债券比例则会更低。然而，在养老金投资组合中，风险偏好的衡量主要用于构建可自由支配的财富子组合，和保底资产配置则没太大关系。[①]

当客户的固定收益类资产的配置比例与转换后的保底配置比例接近时，转换的过程是很自然的。为了说明这一点，表 10.1 再次展示了第七章出现过的资产配置表。该表告诉我们，如果我们希望以初始财富本金的 5% 作为每年的保底支出，且持续至 85 岁，又或者希望以初始财富本金的 4% 作为每年的保底支出，且持续到 90 岁，则应该如何在保底投资组合、长寿保险资产、预防性现金资产以及风险资产中进行比例分配。

你需要关注的是，保底资产品种的选择可能会影响表中的数据。严格地说，表 10.1 中的配置比例是根据购买一揽子本金分离国债或零息债券的成本计算得出的，以保证收入和需求的时点相匹配。不过，如果你的客户仅使用应税资金，那么其或许愿意配置普通债券，这样每年的收益就可以用来支付预期税金。当然，你也可以借此机会告诉客户，把资产放到个人养老账户或罗斯个人退休账户这类税收优惠账户中更有好处。为了储备保底资产，将资金从

---

① 这一观点在理论和实践中都是正确的。在理论层面，保底投资组合意味着如果低于这个水平，就无法保障基本生活需求，所以我们无论如何都要保证保底投资组合的安全。然而，马科维茨和默顿·米勒之前的大多数现代投资组合理论模型都忽略了保底投资组合的概念。在实践层面，如果保底投资组合的安全无法保障，就失去了它的意义。

表 10.1 不同生活需求、年龄和预期通货膨胀率（百分比）的资产配置

到 85 岁的保底资产配置名义值，0% 的预期通货膨胀率				到 90 岁的保底资产配置名义值，0% 的预期通货膨胀率			
年龄	保底投资组合（%）	长寿保险（%）	现金（%）	风险资产（%）	年龄	保底投资组合（%）	长寿保险（%）	现金（%）	风险资产（%）
30	12	1	10	77	30	11	0	10	79
35	15	1	10	74	35	14	0	10	76
40	19	2	10	69	40	17	1	10	72
45	25	2	10	63	45	22	1	10	67
50	31	3	10	56	50	28	1	10	61
55	40	3	10	47	55	36	1	10	53
60	51	4	10	35	60	46	2	10	42
65	65	5	5	25	65	59	2	5	34
70	73	7	5	15	70	65	3	5	27
75	*81*	*9*	*10*	*0*	75	73	3	5	19
2% 的预期通货膨胀率				2% 的预期通货膨胀率			
年龄	保底投资组合（%）	长寿保险（%）	现金（%）	风险资产（%）	年龄	保底投资组合（%）	长寿保险（%）	现金（%）	风险资产（%）
30	28	3	10	59	30	26	1	10	63
35	32	4	10	54	35	30	2	10	58
40	37	4	10	49	40	35	2	10	53
45	43	5	10	42	45	40	2	10	48
50	50	6	10	34	50	47	2	10	41
55	58	7	10	25	55	54	3	10	33
60	67	8	10	15	60	62	3	10	25
65	77	9	10	4	65	72	4	5	19
70	*82*	*11*	*10*	*−3*	70	77	4	5	14
75	*88*	*12*	*10*	*−10*	75	82	5	10	3

续表

	3%的预期通货膨胀率					3%的预期通货膨胀率			
年龄	保底投资组合（%）	长寿保险（%）	现金（%）	风险资产（%）	年龄	保底投资组合（%）	长寿保险（%）	现金（%）	风险资产（%）
30	43	6	10	41	30	41	3	10	46
35	47	7	10	36	35	45	3	10	42
40	52	7	10	31	40	50	3	10	37
45	57	8	10	25	45	55	3	10	32
50	63	9	10	18	50	60	4	10	26
55	69	10	10	11	55	66	4	10	20
60	*76*	*11*	*10*	*3*	60	73	4	10	13
65	*84*	*12*	*10*	*−6*	65	*80*	*5*	*10*	*5*
70	*88*	*13*	*10*	*−11*	70	*84*	*5*	*10*	*1*
75	*92*	*14*	*10*	*−16*	75	*88*	*6*	*10*	*−4*

401（k）计划转移至个人养老账户是不错的选择。想必你也不希望你的客户为所谓的幻影收入承担意料之外的税负。最后需要注意的是，表 10.1 里的保底资产品种是同类型中成本最高的美国国债——因为该品种不存在信用风险。

还有一点，表 10.1 中风险资产一列里有些数字极小甚至为负数，表示该种资产配置方式并不可行。

通过该表可以看到，随着时间的推移，保底资产的配置比例逐步提高，与传统理财规划中固定收益类资产比例的上升趋势是类似的。我们从中可以学到销售及帮助客户转换的诀窍：当客户的保底资产占比提高至其现有投资组合中固定收益类资产的比例时，理财顾问可以向客户提出转换方案，让客户选择是否接受，以减轻理财顾问的责任。随着社会越来越关注养老保障问题，保存鼓励客户转换的书面文档记录变得愈加重要。

无缝衔接的转换

无缝衔接的转换有两个方面的要求。其一,当客户年龄拟对应的保底资产配置比例与现有固定收益类资产的比例一致时,向客户提出其耳熟能详的资产配置概念。只有这样,转换才会成为客户服务的自然组成部分。其二,是要让客户知道,转换的实质是现有模式的自然优化,以保障养老收入,而绝不是要推翻现有模式。所以,转换的时机及其融合的方式都是非常重要的。

转换的第一步仅针对传统投资理财规划中的固定收益部分,该步骤为客户的退休生活提供了基本保障。

作为理财顾问,你不会愿意突然提出配置方向上的重大改变,而表 10.1 可以指导你如何在合适的时间自然地帮助客户转换组合。在这个时候,你和你的客户关注到距离退休的年限,并因此开始考虑组合内固定收益类资产的期限结构,从而采取行动。比较通用的做法是,将单一固定期限型固定收益类资产替换成多个到期区间的组合。[1] 上述调整是非常微妙的,在固定收益类资产配置比例基本保持不变的同时,为未来的退休养老积累了必需且可撤销的保底资产。

随着债券临近到期日,价格将趋向票面价值,且其波动率会下降。因此,前述转换操作避免了过去组合中固定收益类资产的预期波动率分布,在转换后的资产中,波动率被逐步摊销,形成安全的保底资产。

---

[1] 在传统理财规划中,比较典型的固定收益类资产是一些差异化的债券基金。

我们可以把早早开始的转换比作修建一条通往美好退休生活的道路。对于这种"早起的鸟儿"，组合内的固定收益类资产可能只有很少一部分能覆盖退休后的生活期限，此时理财顾问有三个选择：

如果客户收入保持稳定，那么稳扎稳打地"修建道路"通常很有吸引力。当名义提取金额明显高于当前市价时，配置贴现债券是适宜的选择。增加储蓄可以直接影响未来的生活方式和质量，这样的转换符合客户的目标，并且这种模式下客户可以看到"道路的修建过程"。同时客户也明白，作为资产的一部分，"这条道路"不是要决定未来生活水平的上限，而是要保障最基本的需求。另外，再次强调转换是可撤销的，这就意味着目前的修建过程并不僵化。如果有需要，客户可以酌情决定是否要中断或继续"该工程"。一旦发生意外事件，我们也可以低成本地拆除"这条道路"。

如果客户的收入不稳定，那么理财顾问需要在每一特定时间点转换部分固定收益类资产，其余资产则保持原状。

如果年轻客户的投资组合价值很高，但新增资金不稳定，此时"叠加和滚动型"转换可能是最合适的。在该模式下，固定收益类资产将首先转化成覆盖养老早期阶段的一揽子证券，而随着时间的推移，我们会调整资产的期限结构，后推资产到期时间，以满足下一个养老阶段的需求。

如果转换开始得较晚，那么保底资产的配置比例会更高。对于这类客户，若资金不从401（k）计划向个人养老账户转移，则可能很难储备足够的保底资产。在这种情况下，你需要向客户阐明转换的益处，以及将如何处理他们的现有资产。无论你使用何种方法销售你的服务，账户间的资金转移都是有价值的，理财顾问的责任就是实施行动，储备保底资产。

值得一提的是，我们应该把转换当作客户投资组合自然演化的必经之路。也许在某个时间点，投资组合会完全变为以产品为中心，但这仅仅是最终的结果，而不是转换的过程。

构建包含自然转换的业务模式

大多数客户拥有不止一家金融服务提供商，通常包括一位理财顾问、一家共同基金公司以及不同工作经历带来的多个401（k）计划管理人。相较其他人而言，理财顾问有更多机会向客户提出新的建议或方案。假设你有大量的客户，并且你希望为他们提供自动的养老投资组合转换，而无须太多的人为干预，那么此时你的方法是引入黏性资产①，为今后和客户发展更深层次的合作关系留下空间。要做到这一点，你需要证明你服务客户的能力出众。

你的价值在于为客户定制投资组合，以满足他们的个性化需求。在不深究细节的情形下，你通过完成他人无法完成的工作而提高了自身价值。若客户的资产存量和收益稳步增长，你可能成为其主要的理财顾问，并能够争取管理他/她更多的资产。

为了实现上述目标，你可以做一个养老客户服务方面的项目方案书，内容要尽量具体和明确，我相信这会是很有价值的尝试。

突然的转换

突然的转换——听上去好像有点矛盾。然而，这种情形是有可能出现的，尤其当客户遭逢人生重大变故时。此时保持转换后组合

---

① 引入黏性资产使得理财顾问可以长期管理客户资金。——译者注

的可撤销性变得非常重要。

对于生活方式简单的客户来说，如果发生变故后客户的生活方式不变，那么突然或意料之外的转换并不是太大问题。从定义来看，这类客户属于资金富余型，更何况他们的预防性现金资产足够应对意外事件，所以只要适度改变他们可自由支配财富的分配计划便能应付生活中的意外。

通常来说，这种突然的转换需要我们调整养老计划。比起执行一系列交易，重新定制合同的成本无疑更高。所以，为了帮助客户应对退休后可能的意外，你在转换中应该选择灵活且高流动性的资产。

总结

转换过程可以是突然的，也可以是长期的。客户的投资组合越早向养老目标看齐，越容易为其构建养老金投资组合——或者说，尽早为客户准备合适的养老产品，而不是试图强人所难地销售产品。本章阐释了如何避免过于突然的转换，以及如何让转换成为自然的演进过程，从而巩固和加强你与客户的关系。

第十一章

提出方案

目标

提出方案，将关注点从传统理财规划转换到养老金投资组合。
让转换成为业务的自然扩展。

对服务长期客户的理财顾问来说，上一章关于转换的内容在实务中很有借鉴意义。对于为客户提供服务的理财顾问来说，这是向客户展示自身价值的好机会。新的客户可能已经或者尚未开始思考养老收入的问题，此时理财顾问可以站出来向他们介绍这一概念，并展现自身在该领域的实力。

本章将帮助你从保障养老收入的角度审视客户的财务状况，从而向客户提出重新配置资产的建议，并让你明白从哪儿着手可以起到事半功倍的效果，就如同微创手术一样，效果最好同时副作用最小。

当然，你提出的方案需要与客户的生活方式以及保底资产的类型相匹配。基于不同的从业许可资格，你可能偏向于推荐特定的计划类型和配置方式。而由于业务模式的不同，你需要慎重考虑提案中的被动/主动风险管理部分。

审视客户的资产现状

　　首先来看一下客户的投资组合报告——审视投资组合，并基于保障养老收入的视角，以双方都易于接受的方式，与客户进行讨论。

　　通常，我们会按类型列出投资组合中的资产，现举一个例子，见表 11.1。

表 11.1　案例：客户现有资产

固定收益资产	金额（美元）
ABC 公司债，6.25%，2025 年，每年	796 426.53
本金分离国债，2016 年	54 147.15
本金分离国债，2017 年	25 784.36
本金分离国债，2018 年	24 556.53
本金分离国债，2019 年	23 387.17
本金分离国债，2022 年	40 405.44
XYZ 债券基金	350 000.00
固定收益类资产总计	1 314 707.17
权益资产	
LSMFT 被动/主动基金	1 750 000.00
权益资产总计	1 750 000.00
总市值	3 064 707.17

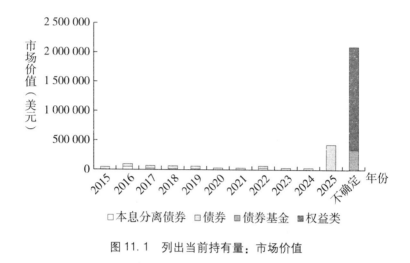

图 11.1　列出当前持有量：市场价值

　　不过，如果以保障养老收入为目标，表 11.1 看起来用处不大。所以，第一步需要将表 11.1 的内容以更实用的形式重新呈现。具体来说，我们会将客户的资产以时间轴形式排列，如图 11.1 所示。在该图中，我们根据产生现金流的预期年份，依次列出了对应资产的市场价值。因为大部分资产没有明确的付款日，所以只能归入"不确定"这一列中。

　　现在我们将重点关注组合中固定收益类资产部分的债券和本息分离债券，以及它们在预期年份的名义金额收入，详见表 11.2 和图 11.2（我们聚焦于固定收益类资产部分以强调对应年份的票息和名义收入金额）。

　　最后一点，此时可以向客户说明为什么纯粹的现金支取计划很有可能导致资金短缺。4% 的提取率看似很容易持续 25 年以上，但实际上如果在退休的早期经历熊市，这一方案可能存在很大风险。

表 11.2　重点关注投资组合中的固定收益类资产部分

	固定收益类资产名义现金流，现有投资组合		
年份	本息分离债券（美元）	债券（美元）	债券型基金
2015		62 500	
2016	80 000	62 500	
2017	40 000	62 500	
2018	40 000	62 500	
2019	40 000	62 500	
2020		62 500	
2021		62 500	
2022	80 000	62 500	
2023		62 500	
2024		62 500	
2025		1 000 000	
不确定			350 000

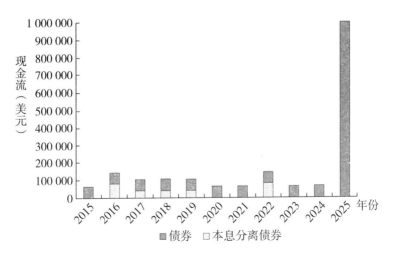

图 11.2　列出当前持有的债券：债券收入

微创手术： 重新配置的方案

上一部分内容中的投资组合并不太适用于保障养老需求。即使理财顾问对刚接触的新客户一无所知，我们仍然可以提出一些养老规划的建议。例如，如何让投资组合的收入状况比之前更加平稳均衡。在表11.3和图11.3中，我们假设了本息分离债券的价格以及5%的固定收益率曲线，并重新配置了部分资产以平滑收入。也就是说，我们通过重组现有的固定收益组合使其更符合养老需求，目的是平滑现金收入，而最后一年的债券收入主要用于应对长寿风险。同样地，如果是在保险组合下，你可以用年金来替代固定收益类资产。

表11.3 案例：调整后的固定收益类资产子组合

年份	替换债券基金后的名义收入金额		
	本息分离债（美元）	债券（美元）	债券型基金（美元）
2015	90 000	62 500	
2016	90 000	62 500	
2017	90 000	62 500	
2018	90 000	62 500	
2019	90 000	62 500	
2020	90 000	62 500	
2021	90 000	62 500	
2022	90 000	62 500	
2023	90 000	62 500	
2024	90 000	62 500	
2025		1 000 000	
不确定			306.33

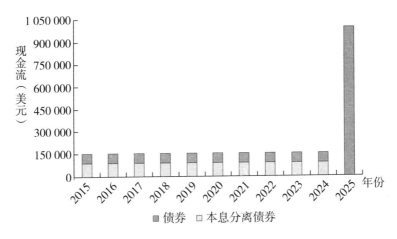

图 11.3　债券重新配置后的名义现金流

上文通过一个简单的例子介绍了如何构建安全的保底投资组合。此时你已经完成了两件事情：其一，你向客户传达了养老金投资组合的概念以及背后的逻辑。其二，通过展示刚才的例子，你为你们以后的合作及组合管理的预期奠定了很好的基础。换句话说，你已经搭建了解决问题的框架，这可以避免一些困难的沟通，例如关于客户的意愿或者方案可行性的沟通等。

生活资金需求和保底投资组合

不是所有的证券从业者都有资格销售保险产品并提供建议，同时也不是所有的保险从业者都有资格销售证券产品并提供建议。然而，在向客户阐明了应该如何做之后，你应该抓住时机更好地处理客户需求。

无论从自上而下还是自下而上的角度来衡量客户需求、当前财富以及理财方式，你都可以找出最匹配客户生活方式的保底资产类别。第三章评估了保底需求以及相应的资金充裕程度：年度生活支出需求超过财富的7%属于资金不足的生活方式，此类客户最适合利用死亡风险货币化的方式构建保底资产。该比例低于7%的客户适合混合型保底资产，而如果比例更低，则可以完全配置资本市场产品。该比例低于3.5%的客户，甚至都没必要讨论保底资产配置问题。因此，在探讨保底资产类别时，最重要的是关注生活方式支出占财富的比例，而不是财富的绝对水平。

保底资产的可持续性很重要，但并不是唯一的考量因素，显然，存在着五花八门的其他因素影响保底投资组合配置的决策，具体内容可以参阅本书第三章。这其中有客观因素[1]，也有主观因素[2]。很多人都是在退休以后才决定购买年金保险。实际上，即使年龄不到 60 岁，也可以开始制订保底资产配置的计划。值得一提的是，由于资本市场产品的交易量大、流动性好，在日后进行保底投资组合的调整更加容易（随着客户年龄的增加，倾向于从资本市场产品为主的配置转向以保险产品为主的配置）。

传统理财规划的类型

在传统理财规划向养老金投资组合转换的同时，大多数客户需要同时管理投资组合中尚未转换的理财规划部分。本书第六章介绍了三种典型的理财计划，它们的实用效果基本相同，但对不同客户的吸引力可能不一样。大致来说，其区别在于，这些理财计划能否用于构建保底投资组合：

---

[1] 一些客观因素，如预期寿命、适用的美国各州破产法等会有影响。

[2] 主观因素，如惰性、认知失调、过往经历等，也会有影响。

- 固定阈值的组合管理方式（计划投资模式）。
- 逐年调整阈值的组合管理方式（灵活投资模式）。
- 在调整阈值前达到最大量（息票投资模式）。

从理财规划向养老金投资组合的转换需要适合的解决方案，每位从业者都有一套自己的方法来应对这个转换过程。在推荐客户从传统理财规划向养老金投资组合转换的过程中，每位理财顾问都有自己偏好的工具和产品。目前的市场足够成熟，所以有足够的合适的产品用于转换。可以确定的是，出于保障养老收入的目的，以往理财规划中单纯的现金支取计划正在迅速被人们抛弃。

资产配置

第七章的公式和表格展示了各类资产的分配比例。幸运的是，许多配置比例和传统理财规划的比例非常接近。需要注意的是，表格中的比例是基于给定的提取率和时间区间，而非特定偏好的最优行为模型。

匹配生活方式的资产与负债的首要任务之一是，在考虑预期通货膨胀率的前提下，估算客户的生活方式成本。鉴于此，社会经济环境显得尤为重要。我们常常用名义金额进行估算，而忽略了通货膨胀的影响。即使保底资产由通货膨胀保值债券组成，我们也应该向客户说明资产和负债是如何相互匹配的，从而构建经预期通货膨胀调整后的保底投资组合。如果不使用通货膨胀保值债券，也不采取其他任何通货膨胀保护措施，那么通货膨胀会导致表 11.4 中以名义金额计价的负债金额不准确。

先不论保底资产配置是否采取了通货膨胀保护措施，表 11.4 中列出了退休后以名义金额计价的资金需求数额。

考虑了预期通货膨胀率后，我们需要调整保底资产的配置方案，从而减轻通货膨胀的影响。如表 11.5 所示，由于通货膨胀，生活方式对应的资金成本将随着时间的推移而提高。同时，该表也能指导我们构建保底投资组合，以匹配未来的支出。

表 11.4　生活资金需求的名义金额会低估实际养老成本

		退休期间每年的生活资金需求（美元）					
		提取资金时的年龄（岁）					
		65	66	67	68	69	70
现在年龄	30	10 000	10 000	10 000	10 000	10 000	10 000
	35	10 000	10 000	10 000	10 000	10 000	10 000
	40	10 000	10 000	10 000	10 000	10 000	10 000
	45	10 000	10 000	10 000	10 000	10 000	10 000
	50	10 000	10 000	10 000	10 000	10 000	10 000
	55	10 000	10 000	10 000	10 000	10 000	10 000
	60	10 000	10 000	10 000	10 000	10 000	10 000
	65	10 000	10 000	10 000	10 000	10 000	10 000

表 11.5　经预期通货膨胀率调整后的金额

		经3%的预期通货膨胀率调整后，退休期间每年的生活资金需求（美元）					
		提取资金时的年龄（岁）					
		65	66	67	68	69	70
现在年龄	30	28 139	28 983	29 852	30 748	31 670	32 620
	35	24 273	25 001	25 751	26 523	27 319	28 139
	40	20 938	21 566	22 213	22 879	23 566	24 273
	45	18 061	18 603	19 161	19 736	20 328	20 938
	50	15 580	16 047	16 528	17 024	17 535	18 061
	55	13 439	13 842	14 258	14 685	15 126	15 580
	60	11 593	11 941	12 299	12 668	13 048	13 439
	65	10 000	10 300	10 609	10 927	11 255	11 593

现在，我们可以将表11.5中的资金需求与第五章讲到的本息分离国债价格对应起来。和第五章一样，我们根据2008年10月9日的债券价格绘制出了表11.6和图11.4。

在2008年10月的时间框架下，图11.4将资产和负债进行了匹配。可以看到，此时保底投资组合的成本相对于资产当前的市值而言存在明显溢价。

表11.6　利用本息分离国债保障生活需求的成本

	生活资金需求（美元）	本息分离国债名义金额（美元）	资产市场价值（美元）
2024	15 580	15 000	7 579.50
2025	16 047	16 000	7 844.96
2026	16 528	16 000	7 399.20
2027	17 024	17 000	7 604.27
2028	17 535	17 000	7 338.39
2029	18 061	18 000	7 534.26
合计	100 775	99 000	45 301

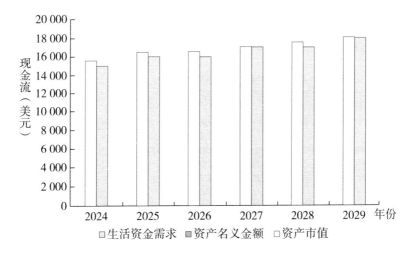

图11.4　匹配资产/负债（2008年10月9日）

被动和主动风险管理

即便投资组合只是为了被动地维持生活方式，定期的再平衡也是很必要的。需要说明的是，这种再平衡不是理财型投资组合里的机械操作，它能让我们欣然提高保底投资组合。对于自己管理投资组合的人来说，此时适合仔细反思生活方式的目标；而对于专业理财顾问来说，此时应抓住宝贵机会与客户沟通资金的再分配。

无论你是如第九章所说积极管理组合风险，还是简单地想要保持组合的运作平衡，第九章里的缓冲垫概念都是很有用的。除了风险管理工具的作用以外，缓冲垫还可以衡量组合中能向风险资产或保底资产转移的调整空间。所以，有时候，我们可能想保持缓冲垫的相对比例或绝对金额不变。

本书第九章的结论表明，根据历史经验，允许主动管理型投资组合承担一点小小的风险，可以有效改善最后的收益结果。在任何情形下，我们都需要保证既定的保底生活方式不受影响。这一结论也说明了为大熊市做好准备的重要性。从某种意义上说，最重要的事情是让客户了解需要储备多少保底资产，以及如果发生意外，你会如何帮助他们全身而退。请记住，你的一部分价值在于帮助客户设计投资组合，而另一部分价值就在于当方案出现问题或突发意外时，你知道该如何妥善解决和应对。

如图 11.5 所示，我们基于 1948—2007 年的历史数据（财政数据和标普总回报指数），运用第九章的风险管理方法，进行了数据回测。图 11.5 中有 5 条线，分别代表这 240 个季度中第 1、25、50、75 和 95 百分位的收益率曲线。在图中，我们可以看到对应100 美元初始投资和 100 美元初始流通量的组合价值。并且，只要出现超额的缓冲垫，保底投资组合部分就可以随之增加。

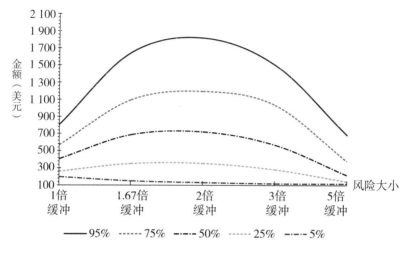

图 11.5 管理退休分配中的风险：历史数据回测

在图中，我们还展示了可自由支配的财富子组合的配置比例。从中可以发现，当风险水平较低时（风险资产配置比例小于 3 倍缓冲垫），最终价值会随着风险的增加而提高；而当风险水平高的时候则恰好相反。

所以说，允许投资组合承担一点小的风险，其收益率能够超越静态的资产配置方式。历史的回测结果表明，只要监督和管理恰当，增加一点风险一般来说是有益的。请记住，在必要时随时准备行动至关重要。

我们不应把风险管理视为投资组合的敌人，正确的理解是，风险管理在有些情景下有帮助，而在有些情景下没有帮助。在我们确定自己处于哪种情景之前，最好的做法是保障"每个人"的保底投资组合（而不是群体"平均"的概念）。

总结

本章主要讨论了在传统投资组合的基础上，提出方案将其转换为养老金投资组合。这种转换可以看作原有模式上的"锦上添花"，同时理财顾问需要保证能应对各种意外状况。比较自然的入手点是向客户展示传统投资组合中的固定收益部分能够转化成客户的定制化方案——这种做法可以简单地在大量客户中复制和扩展。

第十二章

客户定位

目标

在客户定位中，如何匹配客户与产品类型。

养老金投资组合的客户定位。

养老金投资组合和理财型投资组合的客户定位差异。

大众富裕阶层与高净值人群适合的产品显然是不一样的，所以理财顾问需要学会为某一特定客户或群体匹配合适的产品。在传统理财规划中，理财顾问一般会根据风险偏好和个人财富进行细分。然而众所周知，风险偏好其实是难以衡量的，往往会导致客户的失望或抱怨。

本章比较简短，旨在帮助产品提供商和理财顾问了解基于养老金投资组合的客户定位。对于产品提供商来说，本章的内容可以让他们以不同的视角思考产品设计和产品推广策略，甚至可能激发出创新产品的点子；而对于理财顾问来说，则能够更好地掌握"对症下药"的服务技巧。聚焦于保障养老收入的客户定位方式比理财规划的更清晰和客观，从而能够减少未来产品和需求错配的可能性。

传统理财规划的客户定位概念想必大家已经很熟悉了，我们将由此出发，带领大家将关注重点转移到养老金投资组合下的客户定位。

传统投资组合的客户定位

以保障养老收入为核心的业务模式需要有效区分出不同的客户类型及需求，并可以广泛适用于大量客户。很幸运，该模式下的客户定位标准简单、容易衡量且比较直观。

在传统的理财规划中，通常基于个人财富的多少和风险偏好的高低来进行客户定位。风险偏好看似是一个很简单的概念，但作为客户定位的划分标准，风险偏好的程度其实难以准确衡量，因此将其作为划分标准往往不是一个好的方法。先不谈这种方法的缺点，我们来看看表 12.1，该表展示了基于 5 档风险偏好和 4 档财富水平的客户定位标准模型。利用这一模型，公司可以向客户提供标准化或者有针对性的产品组合。

许多公司倾向于专注服务特定的财富阶层或群体。服务于富裕人群通常有更高的利润，因此公司会想牢牢抓住高净值人群和超高净值人群这一细分市场。针对此类客户的产品和服务一般以"独家性"作为卖点①，然而当时尚不清楚这种业务模式在 2008 年的

①　具有讽刺意味的是，骗子们如伯纳德·麦道夫等也通常会用"独家""专享"等概念，引诱注册投资者和海外投资者上当受骗。打个不恰当的比喻，偷窃的利润最高。此类欺诈行为的受害者甚至不敢对外声张，因为他们不愿被人问到一个尴尬的问题："你既然这么富有，为什么不够聪明？"

表 12.1　传统的客户定位方式

	大众市场资产 $W<250\,000$ 美元	大众富裕阶层资产 $250\,000$ 美元 $<W<2\,000\,000$ 美元	高净值群体资产 $2\,000\,000$ 美元 $<W<10\,000\,000$ 美元	超高净值群体资产 $W>10\,000\,000$ 美元
保守				
适度保守				
稳健				
适度激进				
激进				

崩盘之后会有何种表现。在这一年，许多所谓的高利润产品表现不佳，富裕人群重点配置了流动性差的另类资产，他们比大众富裕阶层承担了更多亏损[1]。

让客户按照表 12.1 对号入座并不像外行人看起来那么容易，最大的困难在于衡量客户的风险偏好。大多数公司通常使用一套小的内容空洞、设计粗劣的问卷来进行评分。这么做不像是为了获取客户信息，更像是想让自己免于陷入仲裁或诉讼的纠纷中。保护公司利益和最大限度地发展客户与理财顾问的合作关系是两码事，如果理财顾问能够以保障养老收入为重点并将储备保底资产视作投资组合的目标，就不用那么担心投资者适当性问题。即便需要担心，也仅限于可自由支配的财富子组合。[2]

---

[1]　许多人购买另类资产的原因是认为它与其他资产类别的相关度低，能起到多样化配置的效果。然而，买卖双方经常把低流动性当作了低相关度，并误认为某种组织结构是一个单独的资产类别。

[2]　这部分子组合的管理模式和传统理财规划较为相似。——译者注

养老金投资组合的客户定位

对理财顾问来说，在构建养老金投资组合时，最有用也最简单的信息是客户距离退休的年限。利用这一信息，无论是代理下单还是主动管理模式，理财顾问都可以搭建出与传统投资组合看上去类似且易于扩展的养老金投资组合，唯一的不同在于组合中的固定收益部分由单一固定期限变成了多个到期期限。

对于提供不同产品和多样化投资组合的公司而言，需要对客户进行更精确的客户定位。接下来，笔者将介绍养老金投资组合理念下的客户定位方法，最终目标是告诉公司如何以直截了当和快速便捷的方式重新进行客户定位。

无论财富的起始水平如何，风险高的投资组合的最终回报分布也更分散。同时，投资期限越长，组合回报的离散程度可能越高。在典型的理财规划模型中，投资回报往往被当作是正态分布的，并且其波动率大约与其投资期限的平方根呈正相关。也就是说，四年期投资的收益波动率可能是一年期投资收益波动率的两倍。

当我们从理财规划转换到养老金投资组合时，终点的考量变得更为重要。在养老金投资组合中，终点代表着在每一特定日期满足生活消费所需的财富水平，而客户可以接受的最低水平就是保底资产。

那么，客户有足够的资金吗？在养老金投资组合的框架下，客户定位的第一级划分方法就是评估客户资产与保底需求的相对水平：有些客户资金充足，无须承担任何风险就可以满足保底资产（即资金富余）；有些客户资金偏紧，在不承担风险的情况下仅勉强满足保底资产（即资金受限）；而另外一些客户资金过少，不能在无风险条件下满足保底资产（即资金不足）。

开放式投资策略（Open-ended investment strategies）和投机性终点策略（speculative end-point strategies）很适合用于长期规划。不过，与结果导向的组合相比，最优化的投资组合可能缺乏弹性[1]，所以我们需要确定特定的终点以及对应的最低收入水平，从而增强组合弹性。

图 12.1 展现了客户定位的框架。针对一个始于 $t=0$ 的风险投资组合，我们构建了一个任意的置信区间。图中的预期收益线和无风险收益线分别代表投资组合基于预期收益率和无风险收益率的增长情况。可以看出，保底支出需求在 A 线以下表示资金富余，在 B 线以上意味着资金不足，而处于 A 线和 B 线之间则代表资金受限。除了客户定位标准以外，我们还可以发现，客户的保底资产越少，对不良结果的容忍度越高。

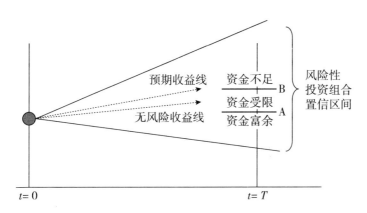

图 12.1 客户定位：保底资产与资产的相对水平

---

[1] 我想以简易操控飞机和 B2 轰炸机作为例子，让大家对此有更直观的感受。B2 轰炸机的设计和操控过于复杂，一般飞行员可能难以驾驭。当 B2 轰炸机的电脑系统出现故障，机组人员就需要做好跳伞逃生的准备了。相比之下，简易操控飞机对大多数机械故障的弹性更好，也很少出现结构故障——因为它的设计足够简单，即使没怎么接受专业训练的人也能驾驶。

需要注意的是，风险偏好指标目前尚未发挥作用。我们首先要判断有没有足够的资产来满足保底资产。在此基础之上，才能考虑风险偏好的问题。实际上，仅当客户的投资组合在保底资产的基础上有条件追求超额收益时，风险偏好指标才有意义。

许多理财顾问认为，基于客户维持生活方式的资金成本来进行讨论会更加容易，因此我们把图 12.1 大致转换成如下资金提取比率。

- 资金富余大致相当于提取率不高于 3.5%。
- 资金受限大致相当于提取率高于 3.5%，但未超过 7%。
- 资金不足大致相当于提取率高于 7%。

基于上述方法，表 12.2 简单地绘制了客户定位的方式，从而有针对性地为客户的养老金投资组合提供合适的产品和解决方案。

表 12.1 和表 12.2 的区别主要在左栏：养老金投资组合下的客户定位标准主要取决于客户维持退休生活水平的资金能力，而不是风险偏好。

请注意，上述细分方式并不是风险偏好指标的替代品。通过上文的分析，我们知道只有在追求超额收益的子组合中衡量风险偏好是有意义的，这样一来，有关投资者适当性管理的风险和责任有可能减轻。不同于过去传统的、未分割的整体组合，即使你现在对子组合中的客户风险偏好判断错误，造成的后果也不会太过严重。

图 12.2 从另一个角度探究了客户定位的方式——将细分市场领域与产品类型相匹配。服务客户需要花费不少时间和成本，所以金融公司通常希望尽量节省花在低净值客户上的时间，而将相关资源集中于高端市场。因此，针对低端市场，产品需要简单和直观，且易于销售。有些公司甚至会觉得服务大众富裕阶层的性价比也不

高，公司可能会为这些人准备客服中心或提供网上指导，但几乎没有任何个性化定制服务。当然，也有一些公司专注于为大众富裕阶层提供高效和个性化的服务。无论是哪种服务类型，定位大众富裕阶层的产品通常会相对简洁明了。

表 12.2　养老金投资组合下的客户定位

	大众市场资产 $W<250\,000$ 美元	大众富裕阶层资产 $250\,000$ 美元 $< W<2\,000\,000$ 美元	高净值群体资产 $2\,000\,000$ 美元 $< W<10\,000\,000$ 美元	超高净值群体资产 $W>10\,000\,000$ 美元
保守				
资金不足				
资金受限				
资金富余				

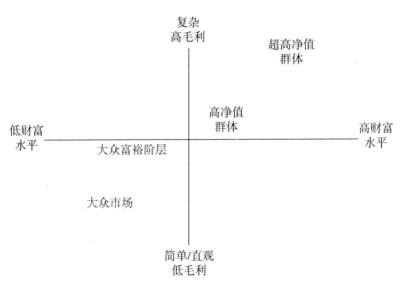

图 12.2　不同客户类型对应的产品特点

　　许多大型公司聚焦于服务高净值和超高净值客户群体，高毛利的复杂产品一般都面向超高净值客户。实际上，行业知名公司通常都有高昂的运营成本和庞大的销售团队，因此也只能服务高端群体以覆盖成本并赚取利润。此类客户通常是通过审查的合格投资者，他们的适当性要求较普通投资者更低，从而便于客户和公司更自由地参与到比较小众和复杂的交易中。

　　图12.3 在图12.2 的基础上增加了具体的产品品种及其在坐标上的定位。从中可以看出，图中各个产品的位置取决于对应的毛利率和目标市场。

　　现在，我们将产品品种和客户维持退休生活的资金能力放在一张图里，如图12.4 所示。很明显，资金不足的客户选择空间最小，而资金富余的客户可以随心所欲地做出选择。当然，这张图仅是一个参考，并没有决定性意义。

图12.3　产品品种的定位和覆盖

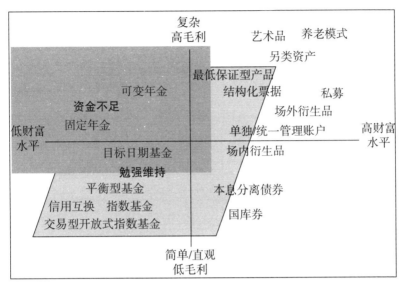

图 12.4 产品、生活方式和资金能力

对于资金富余的客户来说，金融领域仿如一个百宝箱，能够帮助他们达成所有愿望。对于资金受限的客户，选择空间会受到一定程度的限制，有时候其选择也许并不可行。而对于资金不足的客户，限制就更多了，实际上可以保障他们养老需求的选择非常少。

图 12.4 中的二维图虽然很有用，但可能不够完整。如果机械地依赖这张图，你可能会觉得 40 岁的人比 65 岁的人选择更少，而这一结果恐怕是不合理的。所以我们在此基础上，引入了另一个定位标准，即客户年龄。举个例子，如果一位 40 岁的客户目前资金不足，并且未来可能也维持这一状态，那么考虑到他年纪尚轻，理财顾问也许可以在年金之外帮他配置一系列本息分离国债，从而提升客户的满意度，扩大选择的空间，同时也能让前文提到的转换过程更平稳。

图 12.5 展示的内容在前文已有涉及。随着客户年龄的增长，他们可能只在同一个方格里移动，也有可能迁移到不同的方格。

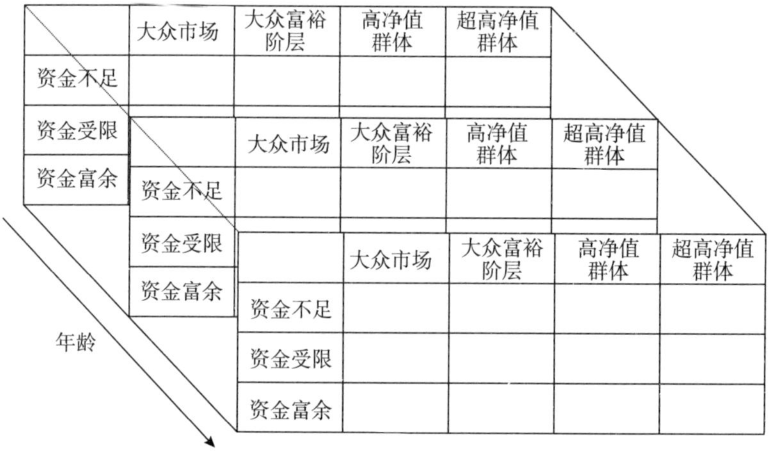

	大众市场	大众富裕阶层	高净值群体	超高净值群体			
资金不足							
资金受限		大众市场	大众富裕阶层	高净值群体	超高净值群体		
资金富余	资金不足						
	资金受限		大众市场	大众富裕阶层	高净值群体	超高净值群体	
	资金富余	资金不足					
		资金受限					
		资金富余					

图 12.5　基于生活方式、资金能力和年龄的客户定位

　　图 12.5 中的小立方体理解起来其实并不复杂。或许有一些客户会"迁移"到其他的类别，但对于大多数客户而言，年龄的差异仅意味着分配比例上的区别，而不会导致全然不同的投资组合。行业内公司面临的挑战就是利用尽可能少的投资组合来"填充"这些立方体。所谓"填充"，是指基于客户养老的资金能力和年龄，为客户匹配适合的产品和服务。从这个角度来看，笔者认为这个行业的竞争会更加充分。目前，大多数养老解决方案是产品导向的，即提供一种"灵丹妙药"式的产品，希望一次性解决所有问题。然而，这类产品往往会导致投资组合突然而剧烈的变化，从而引起客户的不满。因此，我们的目标是构建平稳演变的投资组合。

总结

　　传统的理财规划模式是基于客户愿意承受的波动率来进行客户定位。然而，对于养老金投资组合，低波动率方案也许有所不足，其未必能降低意外重大损失发生的概率，但发生意外损失时，由于低波动率方案收益较低，可能不足以覆盖意外损失。

所以，养老金投资组合下的客户定位将从两个维度出发：其一是客户退休生活的需求现值相对于财富的比例，其二是很容易获取的信息，即客户年龄。在上述细分框架下，为客户匹配合适的产品就会变成一个直接和自然的过程。

第十三章

产品和投资组合样例

目标

产品的分类。

常见客户类型对应的投资组合样例。

举例说明客户细分类型如何影响产品的选择。

　　每当理财顾问们聚在一起，大家的聊天最终会转向两个主题：构建投资组合、交流薪酬情况。当然，在这里我们仅关注投资组合构建的问题。无论是否讨论资产类别、基金系列、基金经理或个别证券品种，有关组合构建的沟通都可以帮助理财顾问了解和分享当下最有效的做法。

　　针对养老金投资组合的构建，我们的讨论需要考虑客户类型。养老金组合的管理方式和产品组合与传统理财规划有些许不同，所以我们将首先介绍各类产品及其如何适用于养老保障框架。之后，我们提供了大致估算需求的方法，以帮助你管理客户预期。最后，通过一系列投资组合样例，指导你如何为特定的客户群体构建投资组合。对于财富水平、生活方式和年龄不同的客户，相匹配的投资组合当然也是不一样的。

产品概览

本部分将介绍投资组合样例中会运用到的具体产品。在目前的市场中，既有模块化产品，也有捆绑式产品。

功能性定义

为了更好地实现投资组合的目标，我们会基于产品的功能性对其进行定义和分类。

- 保底投资组合。此类产品有如下特征：在至少 Y 个时期内，它们可以保证每一时期有至少 X 美元的收入。这种"保证性"是其最核心的特质，即使存在一定程度的信用风险也能接受。保底意味着保障生活水平和生活方式，如果某种产品不能保证最低收入金额，或者不能保证收入的持续时间，则无法提供长期的养老生活保障，所以两个条件是缺一不可的。达不到上述两个要求的产品，可能适合于可自由支配财富的配置，但对保障退休生活来说并不适用。

- 长寿保险。一个人的预期寿命是基于平均寿命水平得出的，但也很有可能活的比预期寿命长，甚至长几十年。所以，长寿保险也非常重要。根据我们的定义，长寿保险其实就是为寿命不确定的人生提供保障。有些保底产品本身就自带长寿保险功能，但长寿保险也可能包括了一些方法，而不仅是指一种产品。我们在这里把保底产品和长寿保险产品分开来讨论，部分原因是为了强调长寿保险的重要性，另一部分原因是希望大家认识到长寿保险产品是控制风险的重要方法之一。

- 预防性资产。此类资产的目的是满足意料之外的、急需解决的需求，因此它们需要有高流动性和安全性。你可以出于防御性或主动性的理由而持有此类资产。

- 超额收益投资组合。从某种意义上说，我们可以把超额收益理解为除了保底产品、长寿保险和预防性资产以外的其余部分。不过，笔者更希望把它当作与理财型投资组合类似的风险资产子组合。在这种情形下，传统的马科维茨理论是适用的，所以当谈论超额收益时，我们需要考虑风险偏好问题。

基本构建模块

表13.1～表13.4分别列示了上述四个类别依次对应的基本产品品种。出于讨论保障养老收入的目的，我们打破了一些特定产品的子类别限制。需要注意的是，这些列表并不是完整的产品目录，所以请不要过分依赖其中的内容。

表 13.1　基本保底产品品种

产品品种	特点
政府债券	安全、有流动性，但在退休前可能不需要产生收入
本息分离国债	可靠且流动性高，无信用风险，易于通过系列组合形成 30 年期的保底资产

产品品种	特点
通货膨胀保值国债	真正的无风险保底资产——无信用风险，且本金会随着城市居民消费价格指数增长（非季节性调整，存在 3 个月的时滞）
储蓄债券	零售形式，不能交易，无信用风险
不可赎回型公司债券	可能包括公司债券和公司零息债券。此类品种存在信用风险，因此比政府发行的品种配置成本低
市政债券	免联邦税，但通常存在信用风险
年金	由于存在信用风险和死亡风险溢价，年金比政府证券配置成本低。大多数年金自带长寿保护功能
最低保证型结构化产品	可用于保底资产配置，但往往是短期的。选择此类产品要高度谨慎，因为它更像是一种赌注，不能满足保底需求，更适合超额收益部分
风险资产＋衍生品	风险资产加上直接对冲也可以用于保底配置。这种方式往往适合股票持仓集中，希望逐步变现的客户

表 13.2　长寿保险产品品种

产品品种	特点
年金	终生提供收入的年金起到了长寿保护作用
递延年金	此品种为固定期限的资本市场型保底配置提供了长寿保护
长期护理保险	严格来说并不算长寿保险。长期护理保险对长寿的人更重要。讽刺的是，那些退休时越健康的人，通常最后越需要长期护理
长寿保险	若投保人长寿，则保险公司会一次性提供一笔收入。目前运用并不广泛

表 13.3　预防性资产品种

产品品种	特点
国库券	短期、超高流动性，无信用风险
已投保的银行存款	短期、超高流动性。如果碰上银行倒闭，只需等待美国联邦存款保险公司解决问题。基于存款的不同形式，可能会有等待期和/或提前取款罚息
已投保的货币市场存款账户	短期、超高流动性。可能需要提款通知期

注：美国联邦存款保险公司为银行和储蓄机构的存款提供保险，识别和监控存款保险基金中的风险，限制银行和储蓄机构倒闭时对经济和金融体系造成的影响，以此来维持和提高公众对国家金融体系的信心。

表 13.4　超额收益资产品种

产品品种	特点
单独/统一管理账户（SMA/UMA）	独立的管理账户负责实现超额收益
投资公司	开放式或封闭式共同基金、单位投资信托、交易型开放式指数基金以及其他遵从 1940 年美国《投资公司法》（the Investment Company Act of 1940）的投资公司
单位投资信托（UITs）、交易型开放式指数基金（ETFs）	此类产品有点特殊，它们通常基于静态或算法结构，因此费用低廉且广泛适合禁止内部交易的账户
目标日期基金	股票基金和债券基金的组合，并且随着时间的推移提高债券部分的配置比例，因此逐渐趋于保守
定期分红基金	定期支付红利的基金。此类品种适合要求定期从超额收益组合中支取资金的退休人员。它更像一种超额收益的分配机制，而不是一个产品
结构化产品和票据	通常作为半衍生品和收益增强型产品出售。票据中内嵌的衍生品免去了签署期权合约的麻烦

续表

产品品种	特点
固定收益类证券	此类品种可以作为超额收益组合中的稳定剂（高评级债券）或投机部分（投资级以下）
权益要求权（权益资产）	权益资产过去是超额收益组合的战略性基础
货币（外汇）	赌汇率走势
商品	赌大宗商品（如能源、贵金属或农产品）品种的价格走势。虽然最近很流行，但并没有可靠证据表明，投资商品可以提升组合的长期收益或降低风险
衍生品	在谨慎监测的投资组合中，用于投机或对冲。许多期权和期货都有高流动性和一定的交易性
未注册证券（未上市证券）	一般只用于合格投资者的投资组合。此类品种通常预期收益较高，以补偿流动性的欠缺。通常来说，购买未注册证券可以理解为在持有某项财产的同时卖出看跌期权（当流动性资产枯竭时）
合伙企业	此品种（尤其是有限责任形式）在合格投资者中很受欢迎
房地产	既可以是房地产投资信托（REITs），也可以是二套房
对冲基金	此类品种的最大价值在于，让个人投资者有机会参与一些自己无法直接从事的交易（如信用交易等）。不过，销售机构常声称的边界增强效果尚待确认
企业所有权	直接的所有权往往伴随着骄傲、成就感、生计、身份和某种程度的束缚。虽然有些人很乐意在退休后出售企业，但也有很多人会尽可能地继续参与管理
可销售的艺术品、珠宝和贵金属钱币和邮票收藏其他可变现的收藏	实物资产能够带来经济回报以及更有意义的消费回报。它们不是一种纯粹的投资，提供的更多是精神上的满足。从长期来看，消费回报较高的资产经济回报低，也就是说，你需要权衡经济效益与精神需求。如果只是追求经济回报，投资组合不应配置此类品种。但是对于爱好者而言，此类资产既可以满足精神上的需求，又能够起到保障养老收入的作用

针对养老市场的捆绑型产品

所有的产品都可以分解为更简单的原材料，公司通常希望将这些原材料进行打包捆绑后，作为"一站式解决方案"的产品出售。表 13.5 是普遍用于养老金投资组合的捆绑型产品列表。

在养老市场，大量的产品都致力于满足保底资产配置和超额收益的需求。产品提供商往往非常希望制造出能够满足退休人员所有金融需求的"灵丹妙药"型产品，其中最简单的例子就是可变年金。从概念上来说，它是一种以简单的方式，将固定年金与共同基金组合在一起的契约。

表 13.5 保底/超额收益组合产品

产品品种	特点
可变年金	年金加上内嵌的共同基金，通常有各种基金可以选择。支付的收入是保底收益加上一定比例的子账户价值（基金）
最低累积利益保证产品（GMABs）	可变年金加上保证一定期限的子账户表现。可以大致理解为年金 + 共同基金 + 价内看跌期权多头
最低年金给付保证产品（GMIBs）	可变年金保证支付，无论子账户的表现如何，都保证给付收益。可以大致理解为年金 + 共同基金 + 价内看跌期权多头
最低提取利益保证产品（GMWBs）	可变年金加上保证一旦开始就不会下降的收入。可以大致理解为年金 + 共同基金 + 远期生效的回望看跌期权多头
保险包型投资组合	将保险的管理与底层资产的管理分离开来，是一种较新的做法。其目的在于让理财顾问保持对客户资产的管理，而失去的资产仅仅是保险费

可变年金的分解很简单：固定年金部分如同一个延期支付的债券，将提供延缓支付的公允收益，因此会折价出售。折价部分对应的资金放在一个子账户里用于投资共同基金。所以，客户的收入组成将是固定年金的收益加上子账户基金价值的一定比例，而子账户的变现取决于客户的预期寿命。通过购买这种捆绑型产品，客户可获得保底收入和超额收益。

可变年金是具有吸引力且切实可行的产品，但客观地说，它存在着两个问题：信用风险以及保底资产和超额收益资产配置之间的不灵活性。保险公司已经尽力提供多样的共同基金品种，作为可变年金的组成部分，供客户选择。然而在实践中，对于广大客户而言，可变年金是养老金投资组合的一大补充，但很难成为满足客户需求的单一产品。

最低累积利益保证、最低年金给付保证和最低提取利益保证三类产品属于可变年金的分支，它们提供了看跌期权来保证可变年金中基金子账户的收益。可变年金的弱点在于子账户部分存在市场风险敞口，最低保证型产品应运而生。本书第十五章将进一步讨论提供这种最低保证型产品的成本。其实，要理解这类产品，最简单的方法就是将其拆解为年金＋共同基金＋看跌期权多头。

很多理财顾问并不喜欢销售保险相关的产品。基于他们的薪酬结构，客户购买保险的资金属于流失的客户资产，无法产生价值。因此，保险包（insurance wrapper）试图解决上述问题——客户可以保留熟悉的投资组合，同时也享受了最低保证型产品带来的好处。对于理财顾问来说，除了保险费以外，客户资产并不会流失。不过，客户需要承担一定程度的信用风险，交易上也可能会遇到一些限制。

表 13.5 所示的基本产品可以用来构建各式各样的养老金投资组合。

住房反向抵押贷款

住房反向抵押贷款是一个经常被大家讨论的话题。在这种贷款模式下，房主（即借款方）继续享有房屋居住权，并且余生都可以定期获得收入。而作为交换，发行方（即贷款方）可以在房主去世后，享有这套房屋的产权。上述模式背后有三个问题值得探讨，即寿命、现金流的时间以及激励效应。

由于发行方会为房主提供终身的定期收入，住房反向抵押贷款其实类似一种即期的固定年金，并且与终身年金一样，长寿风险由发行方承担。不过，它与一般年金的现金流时间不同，发行方只有在交易的最后，即房主去世之后，方能收到付款。

第三点是所谓的激励效应。也就是说，虽然房主会保证房屋的安全以及最低限度的宜居性，但并没有动力去维护或者修缮房屋，以保证其销售价值。所以，综合考虑长寿风险和激励效应，发行方对房屋的估价可能会趋近不含建筑的土地现值。

因此，你需要仔细比较，以决定选择直接出售房屋来购买年金，还是选择利用住房反向抵押贷款来获得收入。同时，信息的披露也很重要，房主需要清楚了解合同中任何关于维修、保险、检查以及其他的约束性条款。

对于强烈希望继续居住在"自己房子"里的客户，住房反向抵押贷款也许是一个好的解决方案。不过，请注意要小心处理刚才提到的问题。

预期管理

为了更有效地探讨保底资产配置，我们举例如下。表 13.6 展示了满足保底消费需求对应的资金成本。具体来说，是为了保证

65 岁到 100 岁之间 10 000 美元的年收入，你在该表左栏所示的年龄配置相应保底资产的资金成本。可以看到，三列数字的标签分别为 5%、6% 和 7%，它们分别代表配置本息分离国债（5%）、公司债券（6%）以及年金保险（7%）对应的资金成本。我们可以将其理解为无风险成本（国债）、信用风险成本（公司债券）以及信用风险加死亡风险溢价成本（年金保险）。不难发现，随着客户年龄的增长，保底资产配置的成本急剧上升，而不同配置方法的成本差异逐渐减小。

表 13.6 说明了一些可能性，但它需要一些工作将其付诸行动。利用公司债券和本息分离国债构建保底资产，要求我们为远期需求储备大量的债券，并不断调整债券资产的期限结构，以匹配各个时期的需求。这种"叠加和滚动"操作起来是比较容易的，但需要规划好未来的行动。

表 13.6　10 000 美元名义年收入的资金成本现值（基于折现率和年龄）

保证 65～100 岁之间 10 000 美元年收入的成本、名义金额、预期零通货膨胀（美元）			
配置年龄	5%	6%	7%
30	31 169	19 995	12 976
35	39 781	26 757	18 200
40	50 771	35 808	25 526
45	64 798	47 919	35 801
50	82 701	64 126	50 213
55	105 550	85 815	70 427
60	134 711	114 840	98 777
65	171 929	153 681	138 540

投资组合样例

通过简要介绍一些投资组合的样例，我们希望告诉理财顾问如何服务不同类型的客户，并激发出一些灵感。基于第十二章提到的客户细分方法，我们提出的样例将匹配以下四类财富水平的客户。

- 大众市场群体。
- 大众富裕阶层。
- 高净值客户。
- 超高净值客户。

同时，我们的案例将覆盖如下三种生活方式。

- 资金富余的生活方式。
- 资金受限的生活方式。
- 资金不足的生活方式。

此外，我们为正要退休的客户和仍处于储蓄阶段、尚在规划养老的客户准备了不同的投资组合。

首先，为了尽量发挥这些例子的作用，你最好先好好了解周围的人，而不要急于为任何特定客户进行财富和生活方式的匹配。其次，养老金投资组合的构建与传统理财规划是不完全相同的，这些示例也再次强调了这一点。本书的目的是帮助客户以及扩展你的业务模式，但同时并不会推翻你原有的整体框架。

大众市场群体 （金融资产 < 250 000 美元）

大众市场群体包括了大量从事不同职业的美国人。有些是节俭的低收入者，有些遭遇了人生的重大变故，还有些虽然收入稍高，却挥霍无度。出于各种各样的原因，算上金融资产和社会保障金，他们的养老净收入可能仅勉强超过贫困线。对于自有住房的群体，这个问题没那么可怕，但还是需要谨慎地安排预算并避免意外发生。

大众市场群体偏好简单、不花哨且成功率高的解决方案。相比低成本却存在风险的方案，成本较高但具备长期优秀历史表现的方案可能更有吸引力。简而言之，该群体愿意为已经实践检验、靠得住的解决方案买单。通常，大众市场群体适合的产品包括存款凭证、固定年金和低成本的共同基金。

例1：大众市场群体——单一选择

事实上，许多人无法靠工作攒下很多钱，他们被迫在法定退休年龄后继续工作。社会保障金收入大约仅达贫困线的2/3，而此类人群几乎没有其他资金用作补充。所以，对于他们来说，需要选择将资金配置于保底资产还是追求超额收益。

一般来说，这一群体有如下两个选择。

（1）即期固定年金。

（2）共同基金（中期债券或权益收益型基金）。

资本市场 权益收益型共同基金同时提供了定期收入和潜在的超额收益，看上去似乎是适合大众市场群体的解决方案。基金红利的支付以及资本利得的再投资带来了稳定的资金来源，并创造了一定程度的向上空间。不过，正确评估客户的风险偏好是很重要的，有时候债券型基金也许是适宜的选择。将50 000美元投资于债券型基金一般每月能产生几百美元的收入，而如果投资于权益收益型基金，可能每季度只有几百美元的收入。

保险 另一种选择是即期固定年金。对于拥有50 000美元资产的客户，购买年金每月可以获得几百美元的补充收入。

年金在特定群体中是非常流行的，不过如果没有足够的资金作为预防性资产，人们可能会觉得有某种程度的束缚和不安全感。

实际上，为大众市场客户确定最佳投资方式通常是比较困难的。不过，投资组合的微小差异可以对大众市场客户的生活质量产生巨大影响，而这就是你提供服务的价值所在。

大众富裕阶层 （250 000 美元 < 金融资产 < 2 000 000 美元）

大众富裕阶层主要由白领专业人员组成（也包括许多小企业主），其中涵盖经理、教育工作者、律师、会计以及大多数金融从业者。在这一群体中，养老金投资组合就像债券加上看涨期权。需要注意的是，请不要直接从字面上理解——那样构建保底投资组合会过于昂贵。这个比喻指的是，我们追求保底收入和超额收益，类似于债券加上看涨期权的收益结构。由于组成保底收入和超额收益资产的品种不同，形成了不同的投资组合。

大众富裕阶层通常没有出生在富贵之家的运气，儿时住的房子往往比现在的要小。他们清楚地知道自己的出身，更不愿意回到过去。此类人群通常受过良好的教育，但缺乏企业家的无畏精神。[①] 用他们自己的话说就是，连续的一垒打也比全垒打失败而三振出局要好。大众富裕阶层可能常常害怕遭遇失败、生活水平倒退回大众市场群体水平，不过他们可以区分开理智与情感。这一群体一般能够理解简单的金融产品和投资组合构建，并且会偏好自己可以理解和指导如何操

---

① 笔者的一位朋友（芝加哥大学的工商管理硕士）曾经遗憾地向笔者表示，由于他中产阶级的出身和家庭教育，他宁愿从事一份令人痛苦不堪的工作，也没有勇气自己创业和承担风险。

作的产品。

尽管很多人的投资组合配置了太多股票资产，大众富裕阶层的养老金投资组合计划还是非常多样化的，并且他们乐于持有类似可变年金或共同基金的增值型产品。

例2：大众富裕阶层——退休时，资金富余的生活方式

根据我们的粗略定义，资金富余的生活方式是指保底生活需求低于财富的3.5%的生活方式。一般来说，收益型投资组合可以实现3.5%及以上的回报，从而不用支取本金。在资金富余的生活方式下，大众富裕阶层和高净值群体的主要区别在于，对复杂型产品的购买欲望和接受程度。

对于生活方式简单的大众富裕阶层，如下两个选择可能最有吸引力。

- 具备超额收益潜力的资本市场收益型投资组合。
- 匹配需求的年金/可变年金加上预防性资产，也许还需要一个小的风险性投资组合以追求超额收益。

资本市场　在资金富余的生活方式下，收益型投资组合要能经受得住长期下行市场的考验。本金保值和追求潜在收益同样重要，并且如果遭遇市场崩盘等极端情况，需要备用方案来锁定保底资产。由于大众富裕阶层往往资金富余，意外的冲击不会影响他们的养老生活计划，仅需要调整财务规划即可。

保险　另一方面，保证最低提取额的年金或可变年金加上超额收益的独立组合，可以为大众富裕阶层的客户提供合适的解决方案。上述方案的优点在于，将保底资产与满足更高层次需求的财产分离开来，从而帮助客户更从容地面对市场周期中的机会。

例3：大众富裕阶层——转换时，受限的生活方式

受限的生活方式是指保底生活需求占财富水平的比例为3.5%～7%的生活方式。这一群体的财富通常会在养老阶段逐渐减少，不过，如果尽早采取行动并进行转换，他们也可以安心舒适地享受退休生活。

虽然该群体有很多可行的选择，但如下两种似乎最有吸引力。

- 资本市场型保底配置加上长寿保险、预防性资产以及追求超额收益的组合。如果客户按年缴款来增加投资组合本金，请注意配置比例保持不变。
- 匹配需求的年金/可变年金/最低保证型产品加上预防性资产，也许还需要一个小的风险性投资组合以追求超额收益。

资本市场　以下两个表展示了配置资本市场型保底资产的成本。表13.7说明了在不同预期通货膨胀率下，保证10 000美元的年收入大致需要的资金成本。对于了解自己想要的生活方式以及对应花费的客户来说，这个表非常有用。

从中可以看到，在65岁以前，表13.7中所有数字都随着年龄的增长而变大，65岁之后则刚好相反。70岁和75岁时的成本降低是由于未来时日无多，所需的保底资产金额也大幅减少。

表13.7　计算成本时考虑预期通货膨胀率
[保证65～90岁有10 000美元年收入的资金成本（折现率为5%）]

配置年龄	名义金额	预期通货膨胀率	
		2%	3%
30	26 828 美元	65 418 美元	102 226 美元
35	34 241 美元	75 621 美元	112 544 美元

续表

配置年龄	名义金额	预期通货膨胀率	
		2%	3%
40	43 701 美元	87 416 美元	123 903 美元
45	55 775 美元	101 050 美元	136 409 美元
50	71 184 美元	116 810 美元	150 177 美元
55	90 851 美元	135 029 美元	165 334 美元
60	115 951 美元	156 089 美元	182 022 美元
65	147 986 美元	180 434 美元	200 393 美元
70	130 853 美元	153 987 美元	167 630 美元
75	108 986 美元	123 415 美元	131 560 美元

　　一般来说，投资组合越早开始关注退休收入，客户的养老生活就越容易得到保障。如表 13.7 所示，对于一位 30 岁的客户来说，保证 65 岁到 90 岁间每年 10 000 美元名义收入的资金成本是 26 828 美元；而对于一位预期通货膨胀率为 2% 的 35 岁客户来说，该项资金成本为 75 621 美元。随着预期通货膨胀率的提高，提早锁定保底资产的直接成本优势也在减少。即便如此，这种方式仍有利于降低未来生活的风险，所以还是被客户偏爱。另外，如果客户不愿意承担潜在的高通货膨胀的风险，配置通货膨胀保值债券可以在很大程度上解决该问题。

　　表 13.8 传递的信息类似，但表达方式不同，即为了保证占财富比例 1% 的保底收入，其资金成本在特定年龄对应的资产配置比例。举个例子，如果要确保未来保底收入达到当前财富水平的 1%，就需要将 2.68% 的财富配置于保底资产。又比如，对于一位 50 岁的客户，如果期望保底收入保持在财富水平的 4%，则必须将 28.48%（4×7.12%）的资金配置于保底资产。可行的保底配置

比例累计不得超过 100%，而且一旦该比例超过 60%，养老金投资组合的其他部分的配置空间就很小了。

简而言之，表 13.8 以占初始财富的比例作为单位，衡量了覆盖 65～90 岁每年 1% 的收益率所需的资金配置比例。三列数据分别基于不同的预期通货膨胀率，而各行数据代表了客户年龄导致的成本差异。

举个例子，如果一位 50 岁的客户期望当前财富的 5% 作为保底收入，并且预期 2% 的平均通货膨胀率，再假设折现率为 5%，那么目前保底资产的配置比例需要达到 58.4%（5×11.68%）。

表 13.8　保证占财富 1% 的保底收入对应的保底资产配置比例（覆盖 65～90 岁）

配置年龄	名义金额比例（%）	预期通货膨胀率（%）	
		2	3
30	2.68	6.54	10.22
35	3.42	7.56	11.25
40	4.37	8.74	12.39
45	5.58	10.10	13.64
50	7.12	11.68	15.02
55	9.09	13.50	16.53
60	11.60	15.61	18.20
65	14.80	18.04	20.04
70	13.09	15.40	16.76
75	10.90	12.34	13.16

此外，长寿保险资产的配置比例预计为 3%[①]，再算上 10% 的预防性资产配置，大概还剩 28.6% 的资产可用于超额收益的子

---

① 如果没有单一的长寿保险，也可以选择递延年金。

组合。

另一个值得讨论的问题是税收问题。保底资产需要放在有税收优惠的养老账户中。如果预防性资产可以产生利息，那么税收递延账户（个人养老账户）或免税账户（罗斯个人退休账户）都是最好的选择。由于超额收益组合的主要收入来自资本利得和股息，税收优惠账户带来的益处不大。长寿保险资产通常是保险产品，因此本身带有自动税延的效果，而且递延年金放在税收递延账户里也会产生一些麻烦。所以，最好把长寿保险资产放到应税账户中。

保险　对于转换较晚或者生活开销相对财富水平过高的客户，保险可能是适宜的选择。随着生活成本相对于财富水平的上升，如果不能（至少部分）货币化死亡风险，就很难维持生活水平并保留超额收益的潜力。

实际上，客户想要的并不是资本市场的解决方案，而是能充分利用死亡风险溢价的保底方案。大众富裕阶层的客户往往容易被可变年金或最低保证型产品的增值特性所吸引。虽然有证据表明，年金在人们退休后的第一次熊市最受欢迎[①]，但市场挂钩年金的定价模式使其在退休前的养老金投资组合中也很有吸引力。保底资产配置的核心就是稳定性和安全性，这意味着许多客户倾向于从多个来源购买固定年金，以降低信用风险。

保险型保底资产的另一个优势在于它通常自带长寿保护功能，所以理财顾问在此基础之上只需考虑配置预防性资产以及超额收益组合（如果年金无法提供的话）。

随着投资组合中保险产品配置比例的提高，我们需要更多的预防性资产。保险属于一种契约而不是可交易的资产，所以它在一定

---

① 请参考《米列夫斯基和年轻人》（*Milevsky and Young*，2002）。

程度上会受更多限制且难以变更或解除。因此，持有预防性资产的目的就是，避免承担过高的成本去改变投资组合中的其他部分。我们把 10% 的预防性资产配置比例作为基准水平，一旦保险产品在投资组合中的比例超过 50%，则可以大致遵循如下法则：保险产品的配置比例每增加 10%，预防性资产配置比例相应提高 2%。举例来说，如果保险配置比例为 60%，那么预防性资产配置比例应该上升到 12%（10% + 2%）。

尽管保险公司尽力向客户提供各种各样的产品，它们也仅是保险公司①。即使不存在信用风险，单一纯粹的保险解决方案也很难卖得好。不过，许多保险公司都有子公司、附属公司，或者与基金公司签署了收入协议，在这种情况下，保险代表也许可以提供更全面的投资组合方案。

例4：大众富裕阶层——退休时，受限的生活方式

对于等到退休时才向养老金投资组合转换的大众富裕阶层，其选择余地变小了。受限的生活方式是指保底生活需求占财富水平的比例为 3.5% ~ 7% 的生活方式。在退休时，资本市场型或保险型保底资产配置仍然都是可行的，但由于保底配置会影响可分配给超额收益子组合的资金，资本市场方案的吸引力开始下降。

养老金投资组合的目标是维持保底生活水平，同时保持承担风险的能力，以满足更高层次的需求。一个全面的解决方案会考虑上述两个方面的平衡。受限的大众富裕阶层在退休时的投资组合倾向于保底投资和追求超额收益的混合型产品。需要强调的是，理财顾问应该意识到，客户对年金种类的偏好可能是顺周期的：当市场走势强劲时，挂钩资本市场的可变年金将更受欢迎；而当市场下行

---

① 此处是指保险公司以营利为目的，存在信用风险。——译者注

时，客户也许会转而选择固定年金。[1]

一般来说，如果需要在退休阶段提供养老收入，保险型保底资产配置方案优于纯粹的资本市场方案。[2] 在保险型保底资产配置下，我们可以放心地分配更多资金来追求超额收益。当然，这种方式也是有代价的，客户必须接受死亡风险货币化。不过，由于客户的一些个人原因，比如子女抚养或者预期寿命较短，保险方案可能就没那么有吸引力了。

如果个人信息表明某人的预期寿命明显短于平均水平，那么可以忽略长寿保护的问题。当其他因素结合在一起导致特定客户不愿选择保险产品，此时提供资本市场解决方案在技术上仍然是可行的。更何况，资本市场产品还有额外的优势——需要时可以迅速变现。

对于该客户而言，与有信用风险的产品相比，简单的本息分离国债虽然昂贵，但具备高流动性且操作便捷。若保底支出需求低于财富水平的5%，大约会剩余30%的资金用于配置预防性资产和追求超额收益。超额收益组合的比例在很大程度上取决于客户自己的偏好和个性。由于该部分资金有限，客户可能希望承担更多风险，并从更活跃的交易中获利。当然，客户也可能倾向于更加保守地使

---

① 2009 年 2 月，在波士顿召开的关于养老收入管理的会议上，一位保险公司的高管介绍了这一现象。

② 机构养老计划的管理人员往往很乐意管理简单的资金，直至退休后资金被转走或年金化。一位华尔街大公司的养老投资主管曾对笔者说："我为什么要改变做事的方式呢？谁在乎退休后流失 70% 的资产？我从事这一行已经 20 年了，即使有资产流失，我的净资产每年都还在增长。"这种态度在一定程度上解释了为什么养老金的顾问咨询业务如此难以开展。大多数养老金规划工作都属于金融公司的养老部门，而养老部门挤满了管理人员。此类部门的动力是为计划发起人服务，并且尽量降低成本。他们是管理人员，并不会在意客户服务。

用该部分资金。无论是哪种选择，都能帮助你清楚地了解客户的偏好。

例5：大众富裕阶层——转换时，资金不足的生活方式

资金不足的生活方式有两种——暂时性的和永久性的。几乎每个人在儿时和求学时期都处于暂时性资金不足的状态。而30岁以后，随着生活方式和收入能力逐渐稳定，永久性资金不足是更为普遍的现象。这类人群绝大部分储蓄率极低，即使收入增长，储蓄率也没什么变化。如果尽早开始行动，则能在一定程度上稍微扩大他们养老解决方案的选择空间。

对于退休之前资金不足的生活方式，仍然存在追求超额收益的机会，此时组合型产品通常占主导地位。只要及早开始，所有可变年金或最低保证型产品的组合都是可行的。在资金不足的生活方式下，客户需要认识到保障养老生活的代价是货币化死亡风险，并放弃资产的控制权。[①] 虽然选择空间有限，但尽早行动可以帮助你更好地保障客户的生活方式，并管理客户的养老预期。[②]

有一种可能的做法是，你在客户退休以前就向其展示保底资金成本，并设定一个目标。当客户了解了自己可以负担的保底需求及其对应的花费时，他们的储蓄行为可能受到积极影响。不过，请不要期待奇迹的发生。当然，对某些客户来说，一个可能达到的终点就是他们追求的目标，所以你需要扮演"健身教练"的角色，激励客户改变当前的行为，从而改善最后的结果。

[①] 保险从业人员有时候不愿意听到这种说法——建立保险契约关系相当于放弃资产的部分控制权。虽然他们承认的确会有一些限制，但并不喜欢这个术语。他们更倾向于认为，通过保险你可以更放心、更自由地使用其余部分的资金。

[②] 资金不足的客户往往对投资组合的收益抱有不切实际的期望。

例6：大众富裕阶层——退休时，资金不足的生活方式

退休时资金不足的生活方式几乎没有任何选择空间。有些人需要延迟退休，而另一些人或许只能达到最低生活水平。如果资金差额较少，则有可能通过可变年金等类似产品获得保底收入及一定比例的超额收益。可变年金每年的超额收益取决于子账户的业绩情况。如果资金严重不足，固定年金将是唯一可行的方案。

高净值群体　（2 000 000 美元 < 金融资产 < 10 000 000 美元）

大部分高净值群体的财富并不是来自遗产，许多人都出身于受过专业教育的阶层。这一群体的显著共性是具有一种企业家精神，即乐观、自信，以及在某些情况下乐于承担风险的开创精神。与需要安全感的大众富裕阶层不同，高净值客户的背景虽然可能类似，但却有着截然不同的眼界以及无畏精神。

我们没必要去猜测高净值客户的财富是来自运气还是实力。很多人认为这类人群已经获得了成功，且没有任何后顾之忧，但事实并非如此。随着财富的增长，他们追求的生活水平也在提高。所以，高净值群体同样分为三类：资金富余、资金受限和资金不足。该群体与其他人之间的差异在于产品的定位和需求。

高净值群体的产品需求不同，主要是因为他们的时间更有价值。虽然他们可能并不愿意，但必须授权委托他人来管理自己的金融事务，以便专注于自己的事业。就如同奶农必须每天在牧场劳作，企业家或者高级专业人员也会受到类似的束缚。所以，此类人群比大众富裕阶层更喜欢包管账户①以及其他授权管理型解决方

---

① 将自己的资金全权委托给理财顾问进行管理。——译者注

案，也比较容易接受增强型方案①。

对于高净值群体来说，税务问题更加重要。他们有太多金融资产，无法都放在税收递延和税收优惠账户中，因此此类人群将对税收筹划策略更感兴趣。他们退休后仍处于高边际税率区间，所以市政债券对他们更有吸引力。有效的策略需要考虑资产放置的账户，也可能包括结构化产品②、工具以及其他允许资产抵押借款而非实现收益的解决方案。

高净值群体的代际财富转移也是一个值得关注的问题。由于遗产税的不确定性，该群体可能不知道应如何分割应税和免税的财产。无论遗产税或其他任何税金有什么好处，税金筹划对此类人群都有极高价值。

例7：高净值群体——资金富余的生活方式

对于拥有资金富余的生活方式的高净值客户，管理型投资组合及静态的收益型投资组合都是可行的。这意味着，无论是主动管理还是被动管理，收费的多产品的统一管理账户（UMA）模式是比较适宜的选择。在这种情况下，我们的重点不是让理财顾问以简单的方式为客户构建投资组合，而是向客户提供一个易于理解和接受的解决方案。

在资金富余的生活方式下，如下投资组合值得考虑。

---

① 人们很容易愤世嫉俗地认为，所谓增强回报或增强型解决方案，仅仅是金融公司为了提高利润的噱头。但实际上，高净值群体可能确实需要集中持仓，又或者的确愿意冒风险投机。

② 在静态或主动的风险管理策略下，有一个有趣的现象。如果一个结构化票据（静态策略）可以保证本金70%及以上的最低价值，那么即使该票据包含了约30%的权益价值，整个票据还是将作为普通收入征税。换句话说，该票据最终将资本利得资产（30%的权益部分）转化为了普通所得税对应的资产。此类票据大多数是缴纳普通所得税的。另一方面，在主动风险管理的投资组合中，此类资产会被分割为两个组成部分。大多数主动风险管理策略提供投资组合保护的效果，与保证型结构化票据的作用是一样的。

- 收益型投资组合，且关注财产转移的节税性。
- 追求资本保值增值的主动管理型投资组合。
- 可变年金/最低保证型产品加上关注更高层次需求和遗产规划的超额收益组合。

资本市场 收益型投资组合有大量固定收益类产品可以选择，从而为高净值客户提供足够的退休后收入来源以及所需的服务。基于交易佣金和咨询费用的投顾模式对此类客户都是合适的。有一种"三层次"方法可能最有吸引力：顶层包括满足客户生活方式需求的收益型产品；下面一层追求适度保守的增长以提供超额收益，并且为顶层的部分亏损提供了一个缓冲区；最底层也是最薄的一层，会更加有"攻击性"，可能包含更复杂的工具或者另类资产[1]。在这一层中，持有死后能进行计税底数上调的资本利得型资产是很有用的。现在各界关于遗产税的争论较多，客户可能从一个小小的终身寿险中获益良多。

主动管理 主动管理型投资组合对高净值客户也是可行的。在这种模式下，你可能需要根据未来需求的现值，来设定一个远高于保底需求的名义保底水平。客户为主动管理支付费用是为了更有效地防范下行风险。对于拥有资金富余的生活方式的高净值客户，把平衡型基金作为底层资产是一个不错的选择。该品种的平衡性能够平滑组合的波动，而其中的固定收益部分又可以为保障客户生活提供必需的收入。除此之外，生活方式简单的人，通常也会偏好这种清晰、直观的投资组合。

保险 年金化或许也是一个吸引人的选择，其中最低提取利益

---

[1] 笔者从未看到另类资产可以提高投资组合的长期业绩表现，并且由于更高的收费，实际情况恰恰相反。那些另类资产的营销商可能会昧着良心希望你能为你所有的客户配置另类资产。即便如此，仍有一些客户会希望甚至要求投资另类资产。

保证产品是最受欢迎的。该产品保证的提取金额略高于经通货膨胀调整后的保底收入，从而保障了客户的生活质量，并且让客户可以较自由地将剩余部分资金用于满足更高层次需求或进行遗产规划。如果客户认为最低保证型产品过于复杂，他们也可以选择更简单的同类工具来达到相同的效果。比如，在固定年金模式下，通货膨胀保值年金就是比较好的选择①。

纳税问题依然值得关注，将资产放在合适的账户里非常重要。另外，对于退休后收入高而应以高税率缴税的人来说，市政债券是需要考虑的品种。

例8：高净值群体——转换时，受限的生活方式

和之前一样，受限的生活方式是指保底生活需求占财富的比例为 3.5% ~7% 的生活方式。此类人群通常可以依靠提取资金来保障晚年生活。然而，尽早采取行动和进行转换有助于构建投资组合及关注养老需求，从而有利于整个过程的顺利进行。服务该群体可能是你业务的最大一部分，你可以做很多事情去帮助他们。

由于他们是高净值客户，而且还有充裕的时间，我们可以采取以下三种方法。

- 静态的资本市场保底配置，结合长寿保险、预防性资产以及追求超额收益的投资组合。很多时候，上述各类资产将按比例累积。
- 主动管理型投资组合，以收益和进一步的储蓄形成保底资产。
- 构建临时性保底资产，以最终转换到最低保证型产品，然后加上预防性资产。也许还有一个小的风险性投资组合以

---

① 如果客户需要固定年金，那么即使通货膨胀保值年金的价格贵，也是可取的。

追求超额收益。

静态资本市场　对于高净值客户，资本市场型保底资产既可以配置本息分离国债等标准产品，也可以选择定制型系列产品①。此类客户的高收入导致他们处于高税率区间，所以这部分资产最好可以放在税收递延型账户或罗斯个人退休账户中。如果部分资产处于税收优惠账户外，客户则可以考虑投资市政债券。不过，这不是一个可依赖的解决方案，也难以扩展。

通货膨胀也是一个值得考虑的因素。通货膨胀并不会导致所有物价同步波动，但受限的生活方式对通货膨胀率的差异比较敏感。由于物价不会同比例上涨，客户总能够找到可替代的活动和消费品，这就意味着整体 CPI 往往夸大了通货膨胀的实际影响。不过，通货膨胀仍然是非常重要的。现在我们回到表13.8，看看2%的通货膨胀率会有何影响。

如果一位50岁的客户期望获得当前财富5%的保底收入，并且预期平均通货膨胀率为2%，假设折现率为5%，那么目前保底资产的配置比例需要达到58.4%（$5 \times 11.68\%$）。

此外，长寿保险资产的配置比例预计为3%②，再算上10%的预防性资产配置，大概还剩28.6%的资产可用于配置超额收益的子组合。

拥有保底资产之后，高净值客户往往要求更复杂的超额收益组合。这种复杂性既可能来自独立管理的子账户，也可能来自更复杂的金融产品。

再次强调，保底资产需要放在税收优惠的养老账户中。如果预

---

①　在一些非正式的交流中，有些客户表示可以接受的最低名义金额是 3 000 000 美元。

②　如果没有单一的长寿保险，也可以选择递延年金。

防性资产可以产生利息，那么税收递延账户（个人养老账户）或免税账户（罗斯个人退休账户）都是最好的选择。超额收益组合可以放在完全应税账户中。显而易见，市政债券也应该属于完全应税账户。长寿保险资产通常是保险产品，本身带有自动税延的效果，并且递延年金放在税收递延账户里也会产生一些麻烦。所以，最好把长寿保险资产放到应税账户中。

主动管理 主动管理型投资组合非常适合高净值客户。然而问题在于，简单的底层资产更易于主动管理，但高净值客户通常期望投资组合的复杂性更高。正如华尔街公司所说，如果市场的流动性依赖于少数流动性的提供者，有时候则很难主动地进行风险管理。例如，对基于捐赠的投资组合进行主动风险管理是非常困难的。

从积极的方面来看，有一种简单直接的投资组合保护方法——综合运用高度多样化但流动性强的资产类型。基于股票、债券、商品、货币和其他交易型资产构建投资组合不会增加复杂度。需注意的是，关键问题不在过程，而在选择正确的基础投资组合。

保险 保险型保底资产可能是客户最终的归宿。然而，向保险的转换对客户来说可能过于突然和剧烈，因此暂时性配置国债的迂回策略可能会奏效。在需求难以清晰预计的情况下，很难过早地实现年金化。类似年金的契约型解决方案通常在情况比较明朗时应用更为普遍。问题的核心是让客户的关注点从理财规划转换到保障养老收入上，这既是一个长期的转换过程，也是一个中间步骤，其目的在于为客户的解决方案提供更多选择。[1]

---

[1] 这里不是主张要告诉客户什么对他们有益。然而，关注点的改变有时可能让人无所适从。更何况，死亡（除非是关于别人的）永远是一个令人不愉快的话题。大多数人宁愿幻想不太可能实现的彩票中奖，也不愿思考更有可能发生的死亡。

最终，由于预期寿命正常，也没有子女抚养需求，客户可能会选择充分利用死亡风险溢价的保底资产解决方案。如果担心可能的早逝或子女抚养问题，死亡抚恤金可以在一定程度上解决该问题。高净值客户通常偏爱可变年金的增值特性，而最低保证型产品往往是这类产品中最受欢迎的品种。同时，传统投资组合的保险包也是一个不错的选择。需要注意的是，由于保险契约包含信用风险，选择多个发行人比单一、集中的保单更可取。

保险型保底资产配置通常自带长寿保护功能。当保险的配置增加，我们需要更多的预防性资产。当你急需的金额超过了约定的最大提取额度，可能会引发最低保证型产品额度安排的重大调整。在下行市场突破最大提取额有可能导致灾难性后果，后续的提取额会因此大幅降低。

除了保险产品内嵌的获取额外收益的条款外，高净值客户可能还想要一个额外的超额收益组合。内嵌条款的超额收益空间也许十分有限，缺乏吸引力。当然，这也取决于客户的个人偏好和理财顾问的实践情况。有些高净值客户会希望用更"刺激"的产品来完善投资组合。

我们把10%的预防性资产配置比例作为基准水平。保险产品配置比例每增加10%，预防性资产配置比例相应提高2%。例如，如果保险配置比例为60%，那么预防性资产配置比例应该升到12%（10% +2%）。

例9：高净值群体——退休时，受限的生活方式

如果高净值客户等到退休时才开始制订养老收入保障方案，选择余地就会变小。如前文所述，资金受限的生活方式是指保底支出占财富水平的3.5% ~7%的生活方式。在退休时，主动管理和静态的资产市场型或保险型保底配置仍然可行。无论采用哪种方案，

过晚的养老规划都意味着可用于追求超额收益的资金变少了。

静态资本市场 在退休时，由于时间已经不足，配置本息分离国债是最简单的。如果客户对政府债券的低收益率不满意，你可以真诚地告诉他们保底配置的核心是安全性，而超额收益组合会有更高的预期风险和收益。如果客户无法接受上述观点，那么静态的资本市场保底配置可能并不适合他/她。

再次强调，通货膨胀保护至关重要。无论是通过购买通货膨胀保值债券还是其他方法，你都要在一定程度上帮助客户抵御通货膨胀的风险。

保底资产配置完成后，此类客户同样需要预防性资产、长寿保险资产以及追求超额收益的组合。该群体通常要求组合的复杂性更高，这种复杂性既可能来自独立管理的子账户，也可能来自更复杂的金融产品。

税务问题依然值得重点关注。保底资产需要放在税收优惠的养老账户中。如果预防性资产可以产生利息，那么税收递延账户（个人养老账户）或免税账户（罗斯个人退休账户）都是最好的选择。超额收益组合可以放在完全应税账户中。显而易见的是，市政债券也应该放到完全应税账户中。长寿保险资产通常是保险产品，本身带有自动税延的效果，并且递延年金放在税收递延账户里也会产生一些麻烦。所以，最好把长寿保险资产放到应税账户中。

主动管理 即使在受限的生活方式下，主动管理型投资组合也非常适合高净值客户。不同之处在于，受限的生活方式意味着相对较多的保底资产和较少的缓冲垫，我们的回旋余地变小了。问题的关键是如何选择主动管理型投资组合的底层资产。由交易型开放式指数基金和交易型期货构成的投资组合波动率较低，且具备实现超额收益的潜力，很受高净值客户的欢迎。请记住，主动进行风险管理的秘诀在于，底层资产必须有足够高的流动性，以便迅速抵御风险。

保险 在退休时，保险型保底资产配置通常优于资本市场产品配置。正如保险公司常说的，保险型保底资产配置可以让你放心地用更多资金去追求超额收益，这种说法有时并不仅是一种广告宣传。在该方案下，客户需要愿意货币化死亡风险，并且接受"长寿比早逝更划算"的交易。当然，由于子女抚养问题或预期寿命短等其他个人因素，特定客户可能并不喜欢保险。

如果预期寿命正常，也没有子女抚养需求，客户可能会选择充分利用死亡风险溢价的保底资产解决方案。如果担心可能的早逝或子女抚养问题，死亡抚恤金可以在一定程度上解决该问题。高净值客户通常偏好可变年金和最低保证型产品。同时，传统投资组合的保险包也是一个不错的选择。再次提醒注意，由于保险契约包含信用风险，选择多个发行人比单一、集中的保单更可取。

在资金受限的生活方式下，如果采取行动较晚且选择了保险包，那么账户内可能会有一定的追求超额收益的空间，但基本是在保险包之外。然而，如果使用了最低保证型产品，则可用于单独的传统超额收益组合的资金就所剩无几了。

例 10：高净值群体——转换时，资金不足的生活方式

尽早采取行动的主要好处之一就是，让我们有机会改变自己的行为，从而改善最终的结果。当客户预料到自己"晚景凄凉"，则可能会增加储蓄，积极采取措施保障未来的养老生活。对于许多白手起家的高净值客户而言，他们坚韧不拔的精神和态度会被未来的挑战激发，从而奋起迎接挑战。在这种情况下，静态的资本市场方案和保险方案仍然都是可行的。[1] 除了增加储蓄外，也有些人会选

---

[1] 请参看本书第六章的例子。

择延迟退休或半退休，该方法可以显著提高客户保障养老后期需求的资金能力。举个例子，假设有一位 50 岁的客户计划 65 岁退休，并且保底支出需要持续至 90 岁。如果该客户延迟 3 年退休（即减少 12% 的养老年限），那么满足保底支出需求的资金成本现值[①]可以下降约 20%。这一事实表明，养老早期占用了更多的资金。

对于那些资金不足，并且无法有效改变现状的客户，前景并不乐观。他们最终可能会选择年金，且几乎没有其他替代方案。在资金不足的生活方式下，客户需要认识到保障生活需求的代价是货币化死亡风险，并放弃资产的控制权。虽然选择空间有限，但转换阶段可以让你有效地向客户传递正确的信息和观念，并引导他们采取合适的行动。

例 11：高净值群体——退休时，资金不足的生活方式

如果资金不足的程度较轻，则仍然有可能通过可变年金等类似产品，在满足保底支出需求的同时追求潜在超额收益。可变年金每年的超额收益取决于子账户的业绩情况。如果资金严重不足，固定年金将是唯一可行的方案。在极端案例中，高净值客户最后甚至只能依靠补助金生活。需要说明的是，高净值群体资金不足的生活方式与一贫如洗是不一样的概念，但它确实表明，客户的养老目标没有实现。

你也许会觉得此时可以让客户的投资组合承担更高的风险，以追求更高收益。我们会在第十四章深入讨论该问题。可以预见的是，对于某些客户来说，这或许是一种合适的策略，但总的来说，这将是一场赌博，有可能进一步恶化客户的处境。

超高净值群体 （金融资产 > 10 000 000 美元）

在这里，我们没必要概括性地介绍超高净值群体的共同特点。

---

① 假设折现率 $r = 5\%$。

部分原因是他们过于特殊、难以一概而论，另一部分原因是该群体中的每一个个体都值得你提供个性化和定制化的服务。超高净值群体中的大部分人甚至不需要考虑养老需求，只是有些人希望当意外来临的时候，可以有某种形式的备选保底方案。他们的需求一般包括财富管理、节税型财产转移以及遗产问题等。因此，从某种程度上看，类似前文的样例可能无法给服务超高净值客户的理财顾问提供很大帮助。

总结

本章首先介绍了用于养老金投资组合的产品及其分类，之后根据第十二章的客户定位方式提供了一系列样例，以供理财顾问在实践中参考。

第十四章

帮助客户构建养老金投资组合

目标

提供有效信息，以帮助客户理解养老金投资组合的构建过程。

让客户知道理财顾问的信息需求。

让客户了解理财顾问能为他们做什么。

本章内容更适合客户阅读。理财顾问和客户之间的关系并不只是商业关系，理财顾问了解他们的客户，并能够与客户产生某种程度的共情。这种关系比理财顾问的职业生涯更持久，甚至可以持续终生。理财顾问发自内心地希望为每一位客户提供养老保障，而整个养老规划的实现离不开客户的支持。

投资组合有时被人们比作一个需要浇水、除草和修剪的园子。即便如此，你的组合也并不一定是花园，而可能是一个菜园，你努力工作存钱并不只是为了装饰你的园子。① 大多数人储蓄是为了将

---

① 努力工作存钱肯定有特定的目的，如收获蔬菜等。——译者注

来之需。无论你想用来购买游艇和汽车、办婚礼、支付大学费用、满足养老需求，还是给子孙留下遗产，你的投资组合本身并不是目的，而是实现目的的一种手段。鉴于此，为了最大化投资组合的效用，你和你的理财顾问需要清楚地了解你储蓄的目的。

你的理财顾问可以从多方面提高你的退休生活质量。你们可能很熟悉理财顾问在信托和房地产方面的能力，这些方面当然很重要，但它们仅与你养老的最后阶段相关。实际上，理财顾问的最大价值在于帮你构建投资组合——既能够满足你的保底养老需求，又可以支持你更高层次的欲望。最适合你的投资组合取决于你的年龄、财力、生活方式、未来计划、面临的风险以及你的风险偏好。

一个适当的养老金投资组合可以保证你的生活方式免受市场和经济周期的影响，让你夜夜安眠。图 14.1 展示了如何利用和分配传统投资组合的资金来满足养老需求。保底资产的作用是保障你需

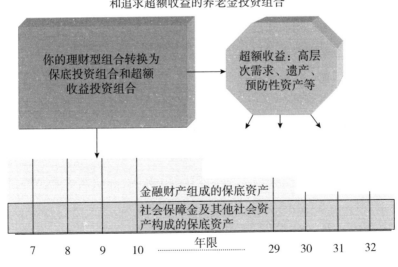

图 14.1　从理财规划向养老金投资组合的转换

要的最低生活水平，而追求超额收益的部分是为了进一步提高你的生活质量。请注意，这并不代表养老金投资组合没有风险，事实上风险仍然存在。你的高层次欲望意味着你需要明智地选择和衡量风险。养老金投资组合的核心就在于将风险从保底资产部分剥离出来，以保证你的基本生活需求。换句话说，我们将投资组合分为保底部分和超额收益部分，而风险仅存在于超额收益部分。

当你和一位理财顾问建立了合作关系，他会掌握一些关于你的投资组合构建所需的信息。不过，如果要真正构建一个满足你特定需求的定制化投资组合，理财顾问还需要了解全面的信息。

近期的市场动荡让我们知道，如果短期内需要资金，一个分散化配置的投资组合并不能有效抵御市场下行的风险。尽管从长期来看，市场往往能够回归正轨，但对于有短期资金需求的人来说，这种回归效应于事无补。30多岁的人能充分利用市场下行周期的机会来获利，此时波动性是有益的。相反，对于已经或者即将退休的人，波动不再是好事，眼看着自己多年悉心规划和节俭生活的成果化为泡影，他们痛心不已。

你希望保障养老阶段的生活方式，并确保资金能够一直维持到你的生命尽头。然而，在这个过程中你很可能犯错误。比如，如果投资组合构建不当，它将面临资金很快被耗尽的风险。你当然不愿意很快就把钱花光，所以另一个极端做法是，为了避免风险，你可能过于节俭，无法享受你辛勤劳动的果实。上述两种做法分别代表着破产和错失机会。没有人希望在贫穷中死去，也不希望临终时因没有好好享受生活而后悔。

好消息是，我们可以采取一些措施来确保你的投资组合能满足自身需求。养老规划的过程存在着大量亟待解决的问题，不过也有无数的解决方案。实际上，有很多方法可以帮助你拨开迷雾找到正确的道路。你提供的信息非常关键，因为这样你的理财顾问才能知道对于你和你的退休生活来说，什么是最重要的。

选择适合你的投资组合并不仅仅基于你的财富水平和风险偏好。实际上，与财富水平相比，更重要的是你的生活支出与财富水平的相对比例。除了满足基本的生活需求外，你还要能够抵御变幻莫测的风险，同时保留追求更高生活品质的可能。简而言之，你的理财顾问的目标如下：锁定保底资产，追求超额收益。

图 14.2 说明了你需要怎么做才能帮助理财顾问提高工作的有效性。该轮辐图展示了养老金行业协会（RIIA）[①] 建议的理财顾问工作流程（以下简称 "RIIA 流程"）。客户关系是车轮的核心，而辐条代表理财顾问为了保障客户生活和深化客户关系应采取的措施。

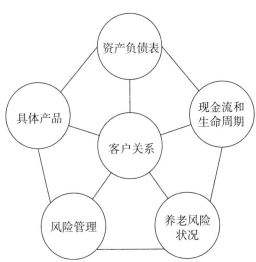

图 14.2　养老金行业协会建议的养老规划理财顾问的工作流程

---

① 该协会属于非营利性组织，致力于帮助理财顾问丰富知识储备、提升服务水平、更好地将理论付诸实践，网址：www.RIIA-USA.org。

为了保证客户退休后的收入来源，RIIA 流程的前三个辐条要求理财顾问了解客户的资源，倾听客户的计划，并评估客户面临的风险。后两个辐条则涉及运用产品和技术为客户提供正确的投资组合方案。尽管理财顾问是这方面的专家，客户提供的信息和帮助对于构建定制化投资组合仍然非常关键。

RIIA 流程同样可以归结为锁定保底资产，同时追求超额收益。保底的概念是保障客户在养老期间维持既定的消费水平或生活方式。所以，保底部分需要在面对各种需求、风险和不确定性时，能够支撑客户的生活。此外，RIIA 流程也承认个人更高层次的欲望并不会随着客户的退休而消失，所以它鼓励在条件允许的前提下，为客户追求超额收益。

图 14.3 在此基础上，展示了你和理财顾问应该如何进行对话和沟通。理财顾问需要你提供信息来构建一个匹配你需求的投资组合。有了正确的信息，理财顾问可以准备合适数量和种类的保底资产，从而帮助你抵御可预见的和计划外的风险，同时最大限度地保

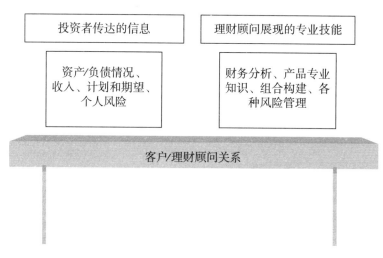

图 14.3　构建养老金投资组合时需进行的互动交流

留实现超额收益的潜力。对于不愿意提供个人信息的客户，通用型投资组合也是可行的，但效果比量身定制型投资组合差得多。

了解你的资源

图 14.2 中的第一个辐条是估算你的需求和财力。你的资产可以衡量你满足自身需求的能力，当我们将需求和能力结合在一起考虑，就可以知道是否需要采取行动去增加资产或重新评估需求。

对许多客户来说，了解他们的资产和现金流很具有启发性。和公司或企业一样，个人也有资产负债表和损益表。虽然个人的资产负债表并不像公司的法律文件那么严谨规范，但概念是一样的。

从概念上说，如图 14.4 所示，客户与公司的资产负债表高度相似。在左列，是你拥有的所有资产，这里所说的资产并不仅仅包括金融资产，也包括你的汽车、不动产、邮票收藏及其他有价物品。根据年龄的不同，你最值钱的资产可能并不是房子，而是你未来赚钱能力的现值。在有些模型框架中，资产划分为金融资产、人力资产和社会资产三类。

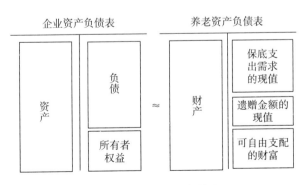

图 14.4 养老资产负债表

金融资产一般是指那些相对容易变现的资产，它分为金融财产和实物财产两类，包括股票、债券、不动产、汽车、艺术收藏品等。人力资产主要包括未来预期收入现金流的现值。社会资产则是你可以依赖的社会保障机制，如社会保障金、医疗保险、医疗补助等。

资产负债表的右列是你的负债，包括抵押贷款等固定债务，以及一些难以确定的负债金额，例如今后食品消费账单的现值。总的来说，负债部分就是指你为了保障余生的生活所需要的资金总额。同时，它也有可能包括你去世后希望留下的遗产或者捐给慈善机构的资产金额。

在公司的资产负债表中，左列资产部分与右列负债部分的差额称为所有者权益。当资产超过负债，那么所有者权益为正；当负债超过资产，那么公司的净资产为负，面临破产。

对于个人来说，上述概念比较类似。如果你的资产超过了负债，你就拥有富余的资金。在谈论养老问题的时候，负债代表着保障未来生活需要的资金成本现值，而富裕的资金可以用来追求潜在的超额收益。

为了制作你的资产负债表，你需要考虑如下问题：

资产方面

- 你的年收入是多少？

- 你有社会保障金吗？

- 你是退役军人吗？有资格享受美国退役军人管理局的相关津贴吗？

- 你还可以享受其他任何政府补贴吗？

- 你享受确定收益型养老金计划吗？
- 你在退休后可以享受雇员保险金吗？
- 你是自由职业者还是雇员？
- 除了薪酬以外，你是否有其他额外收入？
- 你是否有能够发展为职业的爱好？
- 你曾经考虑过自己创业吗？
- 你的养老账户［如401(k)、403(b)、个人养老账户、基奥计划（keogh）等］中有哪些资产？
- 你还有其他金融财产吗？
- 你有任何形式的实物财产吗？
- 你还有其他可以出售或作为资金来源的资产吗？

负债方面

- 你的抵押贷款金额是多少？
- 你有车贷吗？
- 你换车的频率如何？
- 你每月缴纳的保费是多少？
- 你需要的最低限度的年度开销是多少？
- 你预计未来有大额支出吗？例如子女婚礼的费用。

　　根据上述问题的答案，部分金额将计入资产/负债的总存量（如不动产、抵押贷款），而其他金额将决定每年的现金流量（如社会保障金、年度开销）。理财顾问将帮助你估算未来现金流的现值，使得资产负债表的数据以可比口径呈现。

　　评估需求和能力的另一个维度是考察你如何支付目前的开销。这种方法衡量了生活方式和收入的相对水平，从而可以帮助我们确定最适合你的保底资产类型。如表 14.1 所示，个人损益表基于纯现金流对收入和支出进行比较。

需要注意的是，当你退休后，你的支出会发生变化。举个例子，与工作相关的开销，包括通勤费和服装费等可能会减少，或被一些新的开销所取代。

表 14.1　了解你的个人损益表

收入	支出
薪金	家庭日常支出
其他收入	工作相关支出
投资组合收益	教育支出
接受馈赠	应付税款
	其他支出

生活方式和生命周期

资产、负债表及损益表非常关键，但需要你提供更多的信息。只有你自己知道你计划何时退休、完全退休还是半退休、想要怎样的养老生活，以及采取怎样的行动。如图 14.5 所示，虽然大多数人会计划单一的职业路径，但不同的职业路径之间仍然存在很大差异。比如，有些人可能有多个工作和退休周期。在关于生命周期的传统观念中，你在年轻时学习技能，努力工作，在退休后则享受悠闲的生活。

| 青少年时期 | 工作/储蓄阶段 | 退休养老 |

图 14.5　传统生命周期观念

将你的计划、目标和期望告诉理财顾问，可以帮助他们为你构建合适的投资组合。有时候甚至会有意想不到的效果。

在笔者过去常光顾的纽约 74 号大街的某个市场，有一位全职员工 B 先生。我们曾有过长时间的谈话。他在那家商店工作了大约 30 年，平均年收入约 30 000 美元。他出生于英属圭亚那（British Guiana）[现在的圭亚那（Guiana）]，但很小的时候就搬来了纽约。有一天，他告诉我他即将离开这里。他和他的妻子（一位护士助理）在圭亚那买了套海滩别墅，准备搬过去安度晚年。当他告诉笔者他们的金融资产包括价值 300 000 美元的通货膨胀保值债券以及少量的指数基金，我感到有些吃惊。这些资产带来的收益足够他们实现养老生活的梦想。他们的生活需求很简单，而且拥有足够的资源。这个案例非常简单，笔者真诚地祝愿他们保持快乐和健康。

不是每个人都想遵循传统的生命周期。有些人永远不会退休，有些人会慢慢进入退休阶段，还有些人会把退休视作开启新生活的机会。无论你准备完全退休、开一个小店铺，或者从事一个全新的职业，在构建投资组合时，你都需要清楚地知道你处于生命周期的哪一阶段以及想要过怎样的退休生活。下面一组问题可以用来引出一些相关的基本信息。

一组基本问题

- 你/你的配偶距离退休还有多久？
- 你的孩子（若有）多大了？
- 你的孩子（若有）成年之后，你还会为他们提供经济支持吗？
- 你/你的配偶准备完全退休还是部分退休？

- 你退休后有创业计划吗？

- 你的养老账户的年缴款额是多少？

- 你的雇主提供的养老计划年缴款率是多少？

- 除了养老账户以外，你每年还有多少其他储蓄？

- 你目前的总生活开销是多少？你预计退休后保持不变吗？

- 退休后，你的生活方式会有哪些大的改变？

- 退休期间，你准备住在哪里？

- 退休后，你准备培养什么业余爱好吗？

- 退休后，你计划怎样旅行？频率如何？

- 你主动改变未来计划的可能性高吗？

- 你计划给子女留下遗产吗？

退休生活方式面临的风险

出于如下两个原因，你有必要了解你的生活方式面临的风险。其一，知道有哪些风险后，我们能够采取相应措施以避免风险导致的不良后果。举个例子，人们购买碰撞保险就是为了发生意外后可以免于承担高昂的汽车维修费用。同样，我们退休后面临的许多个人风险也是可以投保的。其二，对于那些无法直接投保的风险，我们也可以持有额外的现金资产来应对相关的支出，又或者配置一些有适量灵活性的保底资产。

对你的理财顾问来说，通过构建资产组合，保障你养老期间定期现金流的收入是相对容易的。重点在于，要保证现金流收入能应对意外事件导致的生活方式的变化。我们可以选择资本市场产品或者保险产品，如利用本息分离债券和年金就可以很容易地完成基本的保底资产配置。在此基础上，我们还希望保底资产能经得起风险和不确定性的考验。你的生活方式可能受个人事件、你的投资情况，或者更广泛的社会现象的威胁。

即使你的理财顾问精通投资组合构建以及投资风险管理，如果想更有效地抵御社会和个人风险，你与理财顾问的对话沟通和协调规划必不可少（见表 14.2）。

所谓个人风险，是指能够对个人经济造成影响的事件。如健康状况、火灾、洪水等，但通常与商业风险或公共政策无关。许多个人风险都可以通过保险来化解，我们投保的个人风险一般包括寿命、医疗、长期护理、财产、意外事故等。当然还有一些个人事件可能打乱我们的计划，例如给成年子女提供经济支持。有了合适的保险或计划类型，你就可以最大限度地降低被迫调整投资组合的可能性。即使你没有为特定负面事件投保，你仍然有办法最小化其对投资组合的影响。实际上，你不可能也不应该为每一种可能性投保。所以，通过仔细权衡并和理财顾问讨论你的个人风险，以及弄清投保的成本，你就可以为你的个人风险排序，并决定哪些风险可以投保，哪些风险可以自己承担。

表 14.2 第一道防线：了解你的风险

个人风险	投资风险
家庭/火灾/洪水	市场风险——市场波动
汽车	信用风险——债券违约
财产	操作风险——犯错
偷窃/诈骗	公共政策风险
个人负债	通货膨胀
急性疾病医疗	税法修改
寿命	应付税款
长期护理	否认主权债务
子孙	战争

你面临的商业和投资风险主要包括股票下跌、债券违约的风险。你的理财顾问应该擅长以适宜的方式帮助你避免投资风险。许多人认为降低投资风险最典型的方法是分散化配置资产并持有一部分的政府保护证券；也有一些人会选择使用期权和其他衍生品来对冲风险。无论你的投资经验和风险偏好如何，理财顾问都可以帮助你应对熊市低迷、公司破产的风险，以及个别公司或行业发生的负面事件。

公共政策风险的范畴很广，如明确但危险的通货膨胀问题，或者意料之外的税法修改，这些都会对你的整体规划产生影响。所以，理财顾问需要随时保持警惕，关注诸如社会保障私有化、医疗保险、个人养老账户和401（k）计划的税收递延政策等相关法律的变化。

保障生活方式有两种最简单的措施，即预防措施和保护措施。预防措施意味着持有现金资产以防不时之需，所以预防措施其实是一种自我保险的方式。而保护措施是指通过某种契约或手段来降低客户承担的风险。在个人风险领域，保护措施一般是指为了防范风险和意外事故而购买的保险；而在商业和投资领域，保护措施通常指资产配置策略和交易性金融工具。

处理风险的方法包括以下几种。

- 预防措施。持有政府证券和政府担保存款。
- 分散化配置。持有股票和债券共同基金，以避免"所有鸡蛋放在一个篮子里"。
- 风险分摊。购买保险。
- 对冲。通过期权和期货来对冲风险。

基于你的基本保底资产，你需要知道做出一些调整是否会导致整体保底资产的重新配置。实际上，有些类型的保底资产相对更难以改变。

生活方式和保底资产类型

当你进行养老规划时，你的生活方式相比于个人财富的相对水平比生活方式的绝对水平更重要。随着财富的增加，维持某种特定的生活方式会变得更容易。

前文中，我们讲到了 B 先生的故事。他的生活方式可以说非常简单：他和妻子将搬到圭亚那的小海滨别墅安度晚年。他们没有子女，也不用自费承担医疗支出。圭亚那临近赤道，也无须暖气费用。他们不仅可以享受社会保障金，还拥有一个债券投资组合，可以起到缓冲作用。

对于大多数拥有家庭或者熟悉的社群关系的人来说，移居到海外低成本国家也许并不可行。不过，相对生活方式的差异会对养老金投资组合的构建产生重要影响。

我们在前面讨论了资产负债表以及如何将相关个人信息传达给你的理财顾问。现在，我们将重点关注你的资金（财富）和需求（消费和期望留下的遗产）之间的差异。简单地说，可自由支配的财富部分就是指你可以用来追求超额收益、满足冲动消费，或者应对未投保风险的资金。

图 14.6 说明了资产负债表在保障生活方式和满足高层次欲望方面的重要性。理财顾问和客户需要了解资产负债表中的资源（资产）及需求（负债），以便于构建最适合客户的投资组合。在确定你需要的保底资产种类和拥有的超额资金时，最核心的是关注

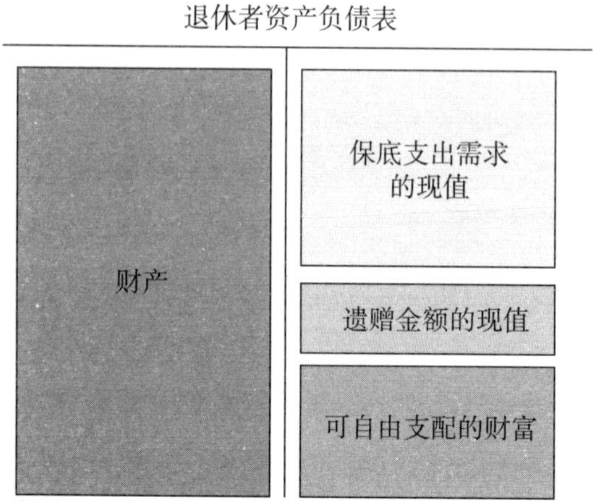

退休者资产负债表
保底支出需求的现值
财产
遗赠金额的现值
可自由支配的财富

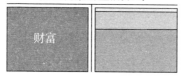

图 14.6　你的退休资产负债表

资金富余的生活方式
财富
可以选择任意类型的保底资产，
且追求超额收益的空间很大。
资金受限的生活方式
财富
可以选择任意类型的保底资产，
但追求超额收益的空间有限。
需要准备相应措施以应对突发事件。
资金不足的生活方式
财富
必须购买年金和/或重新评估计划。在货币化死亡风险的前提下，可以锁定保底资产，但不太可能获得超额收益。

图 14.7　生活方式和保底资产配置

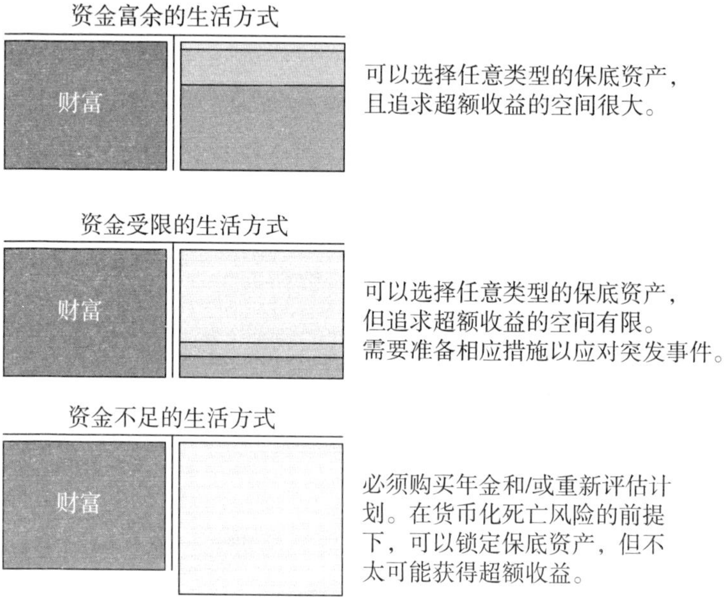

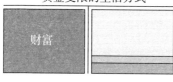

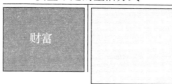

图中每一个方块的相对大小。① 在之前的章节，我们将个人的生活方式分为三类。请记住，该分类是基于相对财富，而不是绝对财富水平。

图14.7展示了客户的生活方式如何影响投资组合的构建。从中可以看到，维持生活方式的资金成本需要与你拥有的财富做比较。只有少数幸运儿拥有资金富余的生活方式，有能力无限期地满足自身需求。有些人最终可能入不敷出，而大多数人必须非常小心谨慎。

人们常常幻想中彩票或者积累更多的财富。在幻想中，生活总是变得更容易，烦恼消失，幸福满满，而在实际情况中，即使对彩票中奖者而言，也并非如此。现实生活往往没这么简单，因为财富的变化会导致生活方式的改变。对于消费主义者，他们不会将增加的财富存下来，以获得更多调整空间，反而会去追求新的更昂贵的生活方式。这并不是道德问题，但我们必须正视该问题。

所以，理财顾问需要了解你相对于自身财富水平的生活方式。事先计划好合适的投资组合比事后再调整容易得多。

对于拥有资金富余的生活方式的退休人员来说，选择空间几乎是无限大的，金融领域仿佛是他们的"牡蛎"。此类人群每年生活所需资金一般不超过自身财富的3%。对于该类客户，理财顾问可以为他们配置如下几类保底资产。

---

① 我居住在一个高度多样化的小镇。我有一些邻居的年收入是全国平均水平的10倍以上，但他们的生活方式过于奢侈，以至于没有任何储蓄。另一些人收入水平类似，但平日里很节俭，因此每年能存下30%以上的收入。对于低收入人群，情况也是一样的。奢侈和节俭不是绝对的，而是相对的。人们对消费的耐心和不耐烦在退休后不太可能改变。奢侈或节俭都不是道德问题，而是人性的问题。

- 保险型产品，如年金。
- 资本市场产品，如债券或本息分离债券。
- 收益型产品，如高分红基金。

如果你属于这一类人群，你非常幸运。这类客户通常可以无限期保障自己的养老需求，且不用提取本金。由于支出占财富的比例很低，他们可以通过自我保险抵御大多数风险。在这种情况下，他们可以不受任何限制地追求潜在超额收益。这类客户非常少见，他们十分幸运。

在那些几乎没有回旋余地的有一定压力的生活方式下，人们的选择空间则有限。收益型养老计划可能不再可行。不过，只要每年所需资金低于财富的7%，仍然有不少方法可以用来配置保底资产和追求超额收益。此类客户的保底配置有如下几种选择。

- 保险型产品，如年金。
- 资本市场产品，如债券或本息分离债券。

如果你属于这一类，你需要仔细考虑你的养老计划。该类客户如果没有配置保险或者预防性资产，则其应对意外冲击的能力是有限的。不过不用担心，你并不孤单，该类别涵盖了大量的客户。好消息是，这些客户也能拥有可靠且有效的解决方案，但我们必须非常小心地构建他们的投资组合，并密切监控。

在资金不足的生活方式下，人们的选择空间就非常小了。实际上，此类人群的养老前景是最不乐观的。当然，如果客户不需要留下遗产，那么理财顾问仍然有可能为他们进行保底资产配置。他们可以选择年金，接受"长寿比早逝更划算"的交易。需要强调的是，该群体几乎没有能力应对未投保的风险。当然，此类客户也有其他的选择，如延迟退休或者降低生活水平。

人们常常喜欢和周围的邻居做比较。图 14.8 的内容表明，即使属于同一类生活方式，相对于财富水平的生活方式差异也可以导致不同的投资组合构建方法，以确定保障你养老需求的最佳方式。举个例子，虽然同属于资金富余的群体，你的投资组合可能与另一个支出占财富比例更高的人的完全不同。

每一种保底资产都有自己的优缺点，选择保底资产时需要同时考虑金融和个人因素的影响。个人因素使得上述过程既是一门科学，又是一门艺术。实际上，它在很大程度上取决于你的计划在未来发生根本性改变的可能性。

为了探究保底资产类型之间的差异，我们现在需要解释一下之前提到的保险和资本市场的含义，然后介绍基于保险产品和资本市场产品（如股票和债券）的保底资产配置的主要区别。

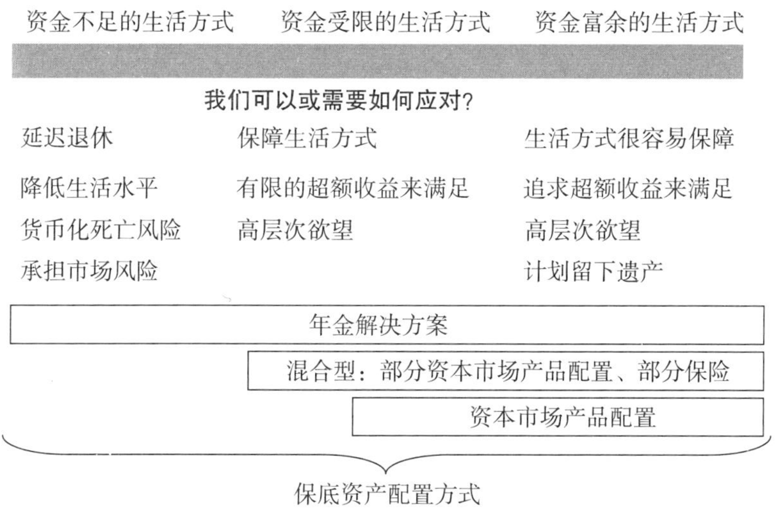

资金不足的生活方式	资金受限的生活方式	资金富余的生活方式

我们可以或需要如何应对？

资金不足的生活方式	资金受限的生活方式	资金富余的生活方式
延迟退休	保障生活方式	生活方式很容易保障
降低生活水平	有限的超额收益来满足	追求超额收益来满足
货币化死亡风险	高层次欲望	高层次欲望
承担市场风险		计划留下遗产

年金解决方案

混合型：部分资本市场产品配置、部分保险

资本市场产品配置

保底资产配置方式

图 14.8　不同的保底资产配置方式

两者的主要区别之一是产品的交易方式。资本市场产品作为证券进行交易，而保险产品是基于个人签订的合同。

资本市场产品属于金融工具，包括股票、债券、货币、期货和期权等。美国政府发行的证券一般可以说是无风险的[①]，而其他所有证券都有风险。首先，市场会上下波动；其次，公司可能发展壮大，也可能失败破产。分散投资有助于控制后者带来的风险，但市场波动的风险仍难以消除。

大多数资本市场产品在交易所交易，交易所好比是一个拍卖市场。当客户决定出售股票时，有多个潜在买家竞价购买这些股票。这种交易是标准化的，无论谁购买你的股票，你都能得到回报。在交易所交易时，产品、清算交收规则等全部是标准化的。

用于保底资产配置的典型资本市场产品是债券和本息分离债券。债券实质上是投资者借给公司的贷款。最简单的债券会在给定期限内支付固定利息，并在到期后偿还本金。对于养老投资组合而言，债券是很有用的保底资产。本息分离债券更有意思，该品种其实就是把债券的本金和利息分割开来，并各自重新形成定制型保底资产。对于资金富余的人来说，股票分红或许是不错的选择。不过，一般情况下，权益品种用于保底资产配置的可能风险太高。作为交易型证券，资本市场产品非常适合那些仍处于工作和储蓄阶段的人，尤其在未来的需求和能力尚不明确的情况下。

保险产品不能在交易所交易。保险产品以个人合同的形式出售，一般不可转让。[②] 最标准的养老保障型保险产品就是年金。年

---

① 实际上，甚至政府债券也存在违约风险。例如，苏联（Soviets）曾拒绝偿还沙皇（Czarist）和克伦斯基（Kerensky）政权欠下的债务。政府不仅拥有印钞机，还有独一无二的能力去否认债务和取消法律追索权。

② 保险受益人通常可以更改，但被保险人不能更改。

金本质上是保险公司发行的债券，其支付的期限取决于你的寿命，而支付的金额取决于你这一年龄段人群的平均死亡率。在最简单的年金中，你可以定期获得收入，直至死亡为止。保险公司往往希望签订足够多的保险合同，以保证平均的盈利。由于寿命是不确定的，年金及其他与寿命相关的产品都是很好的保底资产品种，可以防范长寿风险。

在介绍下一部分内容之前，笔者想强调如下几点，希望你能牢记。

- 寿命（长寿）。
- 发行人风险。
- 可撤销性。
- 应付税款。

长寿是件好事，但伴随着资产在你去世前耗尽的风险。发行人风险是指发行人违约的可能性，导致你无法收到应得的收益。可撤销性非常有用，因为有时候你可能必须改变原定计划。应付税款问题，无论在你工作期间还是退休以后，都相当重要。

- 债券和本息分离债券有固定期限。[①] 长寿是一种福气，但是由于社会保障金大约仅达贫困线的三分之二，没有足够财力的长寿可能意味着会陷入无助的贫穷。债券和本息分离债券是易于买卖的"万能型"工具，可以定制化满足你的

---

① 有些债券永不到期，它们被称为永续债（更古老的名字叫康索尔债）。此类品种起源于 19 世纪初的英格兰：拿破仑战争（Napoleonic Wars）后，英国人希望更好地把控所有机构和部门发行的债务，他们完全不知道自己一共欠了多少钱。所以，他们决定收回所有债务，对其汇总，并作为永续债重新合并发行。

特定需求。不过，它们通常只能覆盖一段固定的期限。预期寿命取决于平均死亡年龄，而相当一部分人能够活得比预期寿命长。[1] 所以，你需要预留一笔资金来防范长寿风险，或者购买与寿命相关的保险——如年金或者纯粹的长寿保险。

- 债券和年金存在发行人风险。借款方（以发行债券或其他契约形式）有可能无法偿还所欠债务，这就是发行人风险。无论你属于债券持有人、退休金领取人还是年金领取人，发行人风险都有可能严重威胁你的养老生活。债券和年金对公司来说，意味着日后的支付义务。其实你可以把年金看作附带"死亡风险溢价"的债券，而所有的债券都暗含发行人无法偿还的风险。就像前面提到的，公司可能发展壮大也可能失败破产。为了应对此类风险，你可以采取两种保护措施：分散投资和评级。分散投资可以将风险分散开来，而评级可以让你了解债券的信誉度[2]。唯一可以称作无风险的保底资产品种就是美国政府发行或担保的证券。

- 资本市场型保底配置的可撤销性高。有时候，个体会经历突然的无法预料的变化。这种变化可能是好的，也可能是坏的。你规划的期限越长，方案的灵活性就越重要。即使前期成本不高，一个不可撤销的方案最终也会变得非常昂

---

[1] 死亡率分布是不对称的，这意味着平均数并不处于中点。有些人活得比预期寿命长得多，因此即使一般人在预期寿命的年份前死亡，整体的平均寿命还是会上升。出生时的预期寿命往往会因英年早逝的人而向下倾斜。另一方面，65 岁以上的人的预期寿命，则因那些极其长寿的人而向上倾斜。

[2] 评级可以发生改变，公司的合并会削弱分散投资的作用。理财顾问的优势之一就在于他们能监控到个人投资者可能不太容易注意到的变化。

贵，所以你必须高度关注可撤销性。某些情况下，可能需要减少保底资产配置或者缩短其覆盖期限。交易型证券不用花费什么力气和额外成本就能在市场出售，虽然其价格通常有变化，但这是公平的交易。年金也可以回售给发行人，可是其定价就没那么透明了①。

- 税务问题非常重要。你应缴税的税率是多少？你如何看待未来的税率？你和你的理财顾问交流过投资组合结构的税务问题吗？再次强调，税务问题很关键。你需要将投资组合的资金在应税账户和税收优惠账户［如401（k）计划、个人养老账户和基奥计划］中进行分配，最大限度地提高养老规划的有效性。年金定期向你支付现金，会产生应税收入，所以没有必要将年金放在税收递延型养老账户（如传统的个人养老账户）中。另一方面，本息分离债券和通货膨胀保值债券即使没有支付现金，也会产生应税的幻影收入，因此将此类资产放于税收优惠的养老账户中非常有好处。总的来说，你需要尽可能充分和明智地利用养老账户享受税收优惠政策。

理财顾问需要什么

我们深入讨论了制订适合你的养老计划所需的各方面的准备工作。现在，我们调整一下思路，看看最终的结果。

首先，你向理财顾问提供的相当一部分信息是用来帮助他们估算养老期间你的投资组合需提供的年收入，以满足你的保底支出需求。其次，另一部分信息有助于理财顾问采取一些措

---

① 向发行人回售年金保险被称为退保。

施，从而避免或减轻意外事件对你生活方式的影响。最后一部分信息的目的在于，让理财顾问了解你更高层次的需求以及财产遗赠的相关计划。

总结

为了构建适合你的养老金投资组合，你需要向你的理财顾问提供一些信息。你需要了解自己拥有的资源和期望实现的计划，你告诉理财顾问的信息越全面，最后的效果就越好。理财顾问需要知道如下一些信息。

- 你计划何时退休？
- 你想过怎样的生活？
- 你的储蓄意愿如何？
- 你要为后代留下什么遗产吗？
- 对你而言最重要的风险是什么？
- 你有哪些资源用来实现你的目标？

第十五章

账户拯救行动，错误和谬论

目标

介绍常见错误， 解密长期收益和长期风险。

运用技术手段制订解决方案， 帮助客户从金融危机中恢复过来。

对于少数已经建立养老金投资组合的人来说，2008 年并不算糟糕的一年，反而是相当不错的一年，或者最坏情况也只是向上的超额收益减少了。只要投资组合构建合理，保底资产不会受到任何影响。并且，那些配置了本息分离债券的保底资产还有不少的浮盈。

遗憾的是，大多数人没有科学合理地规划养老收入。对他们而言，2008 年是一场灾难。在很多简单的案例中，客户的投资组合价值缩水了 35％ 以上。其中，最惨的是多基金经理管理的统一管理账户和养老理财计划：费用、低流动性和羊群效应等因素共同导致了超过 40％ 的亏损。一些人的养老计划将永远改变，愤怒和失望的情绪充斥在客户群体中，这时，很多理财顾问会担心客户流失。本书的目的在于指导理财顾问为客户做正确的事情。为此，我们首先介绍两种常见的用于挽回损失的错误方法，之后继续讨论哪些事情是可以做的。需要明确的是，很多人已经无法回到过去的起跑线，而我们能做的就是去挽救可挽回的部分，谨慎地承担有限的风险，并承认有些损失可能是永久性的。

本章的第一部分内容将介绍，当传统理财型投资组合的亏损过大导致养老期间资金不足时，我们不应该做什么以及可以做什么，来帮助客户摆脱困境。在讨论如何摆脱困境之前，我们首先会介绍一些普遍的错误和谬论。这些错误和谬论在有些情况下是错误的，而在其他情况下，它们所蕴含的风险比其宣称的更高。当然，客户或许有承担一定风险的意愿，但不应盲目承担风险。

然后，我们将说明如何以正确的方式帮助这些深陷泥潭的客户。我们的讨论比较广泛，但对于那些试图从 2008 年的危机中恢复的人，这个话题是非常有针对性的。我们致力于制订渡过危机的行动计划，并告诉大家需要做些什么来掌控局面。

错误和谬论

在养老和养老规划中存在很多错误和谬论，其中大多数是同一类错误的各种变体——认为能解决困难，而且稳妥和无风险的方案一定存在。笔者想在这里强调那些更加致命的错误，因为它们看似有一定程度的"合理性"[1] ——听起来合情合理，具有一定的吸引力，并且看上去似乎经得起检验，但实际上并非如此。它们背后存

---

[1] 该词由美国喜剧演员史蒂芬·科尔波特（Stephen Colbert）发明，用来形容听上去言之凿凿的观点，但实际上无法被证实或证伪。

在风险，构建的投资组合可能令客户处于非常危险的境地，如果遇到危机，会造成灾难性后果。

更高风险将带来更高的收益前景

这个问题存在着好几种变体，其中最明显的错误是，通过配置风险较高的资产，负债部分就能以较高的利率进行贴现，从而使客户获得更好的收益。

在资产负债表上，如果将安全性资产置换为风险资产，当前资产的价值既不会增加，也不会减少。资产负债表的结构发生了变化，但资产的价值不变。真正发生变化的是未来资产价值的概率分布。投资风险较高的资产，未来结果分布的均值和方差将更高。对于企业来说，就需要更多的资本作为缓冲垫，以避免资产减值导致未来无力承担偿债义务的风险。相反，如果负债对应的是无风险资产，则不存在资产减值的可能性，因而也不需要风险资本。

风险较高的资产可能有较高的预期回报，但它们相应地会以更高的折现率来折现。简而言之，风险较高的资产具有较高的折现率，但负债则没有。高风险资产需要我们准备更多资本作为缓冲垫。如果配置了风险较高的资产，未来可能没有足够的资金来应付负债。换句话说，资产的风险越大，损失偿债所需资金的可能性就越高，也意味着需要更多的资本来保障资产的安全。

长期风险更低

投资期限并不重要。如果期限很重要，那么人们就会认为，从长远来看，保障投资收益不低于无风险利率所需的套保成本将会下降①。

---

① 请参考博迪（Bodie，1995）。

但实际上，任何交易型资产的远期价值都是由未来 T 期交割的期货价格决定的，而这一远期价格一直以无风险利率作为增长率。

为了了解投资组合的套保成本，我们在表 15.1 中举了一个简单而实际的例子。假设你的客户持有一揽子非分红股票的多头仓位，且客户想持有 T 期后再卖出。客户提出要以最低成本来保证从现在起到 T 期之后出售股票的收益。现在我们将说明套保的操作过程，以及套保价格是如何形成的。

假设某个提供担保的交易商同意在未来某日购买这部分股票。由于不想自身有过多风险暴露，交易商将会到市场中，通过卖空一揽子股票并持有空头直到 T 期来对冲仓位，卖空收益会放入一个无风险账户中。当 T 期来临时，客户将交付股票，担保人用其平仓空头头寸。此时，客户收到的是扣除担保人 T 期空头头寸资金成本（借贷成本）后的无风险收益。

由于不想承担风险，担保人能给出的最高价格是远期价格减去累计借贷成本，$F_T = S_t e^{(r_f - b)(T-t)}$，其中 F_T 是 T 期的远期价格，S_t 是当前时刻（t 期）的现价，r_f 是无风险利率，b 则表示空头头寸借入股票应支付的利率，e 是连续复利计算时所需的自然对数的底（约为 2.718 28）。

表 15.1　对股票收益的套保流程

	现在	T 期
客户	希望锁定 T 期销售价格	• 交付股票 • 收到款项
担保人	卖空一揽子股票，将卖空收益放入无风险账户中	• 收到股票，用其平仓空头头寸 • 支付款项

　　远期价格代表套期保值的成本，这正是所谓的"未来平值点"。大多数人对"平值"这一概念并不陌生，它是指期权中，某一标的物的现价与期权对应的行权价相等的情形。而未来平值点，则是指未来的行权价恰好是使看涨、看跌期权具有相同价格的点。[1] 在实践中，借贷成本是较低的，容易借入的高流动性证券成本往往只有很少几个基点。

　　上述解决方案中，客户无须为套保预付费用。请注意，套保成本与投资组合的预期收益无关。对担保人来说，唯一的问题是"如何进行对冲以及对冲的成本是多少？"

　　如果客户愿意为套保预付费用而不参与远期交易，那么期权也是一种解决方案。但是，远期价格仍然是 T 期到期期权分布的中心，这意味着无风险收益率对应的价格永远都在"远期平值状态"，即远期价格是看涨、看跌期权拥有相同价值时的行权价。

　　诚然，在两个到期期限不同但执行价格相同的看跌期权中，到期日更远的看跌期权的价格更便宜。但事实上，真正能用来比较的两个期权应该满足如下条件：随着日期的增长，期权的行权价也应随之增长，而增长的速率应该采用无风险利率。也就是说，对于一个行权价为 K_1，期限为 T_1 的期权，所对应 T_2 的期权行权价应该是 $K_2 = K_1 e^{r(T_2 - T_1)}$。

　　现在，假设两个期权的行权价格具有相同的时间调整后的货币价值，即根据它们的到期日，相对"远期平值状态"而言，两者

---

① 期权的价值是由未来资产价格的分布来决定的，并不依赖于当前的资产价格，所以事实上平值的看涨与看跌期权价值并不相同。真正的价值相同的看涨与看跌期权应该考虑到价格在未来的变化。在一年期限和 3% 的无风险利率下，若要使看跌和看涨期权的价值相等，行权价格应该比现价高 e^{03}。

处于相同距离的位置上。而对于两个相同货币价值的期权，到期日越远的期权价格越高。所以，保障投资组合相对于无风险利率的收益所需成本会随着时间期限的拉长而增加。因此，无论是否均值回归，股票的预期收益的关键在于对冲的成本。

当然，如上讨论并不意味着股票的预期回报率由无风险利率决定。股票的预期回报基于正的 β 值，高于无风险利率。在资本市场，避免收益低于无风险利率的成本不会随着时间的推移而下降，故套保是可行的，但是任何保证资产收益率高于无风险收益率的行为，都意味着购买一个实值的看跌期权。[①]

这种谬论的第二个版本声称，投资组合的波动性随着时间的推移而下降。实际上，该说法混淆了平均波动率与总波动率的概念——也就是混淆了平均收益与累积收益。诚然，在某段时期内，采样的平均收益的周期波动率可能会随着采样周期数的增加而下降，下降比率是增加期数的平方根。但是，累计收益的波动率则刚好相反，它是以平方根的速度增加的。

举个典型的例子，有些人认为如果年波动率为30%，那么16年的波动率将只有7.5%。这不仅是一个谬论，而且非常愚蠢。如果我们根据这个思路倒推，就会得出期限越短，波动率越高的错误结论——如年波动率为 30%，则单个交易日的波动率大约为480%。

在多时期分析中，用对数变化来计算收益率是最简单的方法，$r(t, t+1) = \text{Ln}(P_{t+1}) - \text{Ln}(P_t)$。收益率 r 可以进一步分解为平均收益率 μ 和一个随机项 ε。$r \equiv r(t, t+1) = \mu + \varepsilon(t, t+1)$，并且随机项有方差，$\text{var}(\varepsilon(t, t+1)) \equiv \sigma^2$。剩下的部分就很简单了。

---

① 也就是说你要付出更多的成本。——译者注

我们从初始价值为 P_0 的投资组合开始，持有 T 期的累计收益可以写为：

$$\mathrm{Ln}(P_T) - \mathrm{Ln}(P_0) = r(0, T) = \sum\nolimits_{t=0}^{T-1} r(t, t+1)$$

通过使用对数价格，中间价格 P_1、P_2 等相互抵销，留下了终值 P_T 作为我们的初始价值，然后加上累计收益：$\mathrm{Ln}(P_T) = \mathrm{Ln}(P_0) + \sum\nolimits_{t=0}^{T-1} r(t, t+1)$ 或者 $P_T = P_0\, e^{\sum_{t=0}^{T-1} r(t,t+1)}$（连续复利）。为了看清这个错误的原因，我们来扩展收益总和的组成成分：

$$\sum\nolimits_{t=0}^{T-1} r(t, t+1) = T\mu + \sum\nolimits_{t=0}^{T-1} \varepsilon(t, t+1)$$

由于假设收益率的方差为常量（这不是一个必需的简化条件，但可以保持公式简洁），$\mathrm{var}\left[\varepsilon(t, t+1)\right] \equiv \sigma^2$ 和 $\mathrm{var}\left[\sum\nolimits_{t=0}^{T-1} r(t, t+1)\right] = \sigma^2 T$。这意味着投资组合的累积收益具有总预期收益 μT 和标准差 $\sigma \sqrt{T}$。换句话说，投资组合的长期风险与期限的平方根成正比。

通过等待，自然摆脱困境

这一谬论认为，通过延长投资期限，客户可以自然地渡过难关。它是基于下述观念，即仅为养老初期准备保底资产，就能保证现金支取方案的顺利实施。[①] 有些人认为，风险资产占

---

① 他们通常的做法是，准备好 65 岁到 75 岁间需要的保底资产，然后希望在 75 岁前，保底资产能够延伸覆盖后面的年份。

比较高的组合的预期收益最终能战胜波动性。然而，参考刚才讲到的"长期风险更低"的谬论，我们可以很容易地驳斥这一错误观念。

假设不存在长寿风险，同时进一步假设除最后一年外，我们已准备好其他所有保底资产。那么这是一个安全的策略吗？正如我们在上一个案例中看到的，保证收益率不低于无风险利率所需的套保成本并不会随着时间的推移而降低，反而会提高。因此，对于最后一年资金相对不足的人，资本市场的定价机制决定了这一方案成功的概率无法增加。打个比方，这是一场结局未知的赌博。客户的资产状况最终可能变得更糟，也可能变得更好。你可以乐观地期待，但成功的概率并未提高。

如何摆脱困境

自 2007 年第四季度起，市场剧烈下跌。由于信贷问题的本质，由联邦政府以外的机构发行的固定收益类金融工具并不安全。而结果就是，大多数投资组合中的权益和固定收益类资产价值大幅缩水。客户的传统理财型投资组合具有对称风险，分散化配置无法提供足够的保护。许多牢守仓位或者逆市调仓的组合都经历了接近自由落体式的下跌。①

木已成舟，覆水难收。所以，我们现在的任务是让剩下的资产发挥最大的作用。世上没有灵丹妙药。有些人认为，最好的方法是继续满仓投资，期待未来市场反弹带来光明，而这会让客户处于跟

---

① 有一种说法是，如果你在别人惊慌时仍坚定不移，那么你也许误判了形势。

以前一样危险的境地。[①]

　　显而易见的是，在宏观层面上，锁定保底资产可以提振投资者的信心，并有利于促进自由的消费支出。当生活得不到保障时，人们往往会退缩并选择延迟消费。因此，在宏观层面，保证保底资产的安全对经济有促进作用。当然，改善经济并不是你的任务，但如果越多的人对个人的未来有信心，消费就会越快恢复。

评估当前境况

　　第一步是评估未来生活需求现值以及投资组合当前价值的相对水平。如果客户仍然处于资金富余的状态，那么并没有多大问题，只是损失了向上的超额收益，未来的退休生活方式仍可以得到保障。然而，如果客户的投资组合价值缩水过多，导致未来资金不足，那么接下来还有更困难的讨论在等着我们。

　　许多人会陷入上述两个极端之间的危险境地。客户是否在过去五年购买了房地产？如果是，即使他们有标准的抵押贷款，若杠杆比例超过4∶1，那么该项资产也很有可能处于水线以下[②]。而那些在佛罗里达州（Florida）、亚利桑那州（Arizona）、内华达州（Nevada）和加利福尼亚州（California）等阳光地带购买了房屋的退休人员，情况就更糟糕了。在这些州，即使杠杆比例是3∶1，资产仍有可能在水线以下。

---

① 即使市场似乎正在好转，外部突发事件也会导致意想不到的结果。举个例子，截至2001年的劳动节，科技泡沫破裂引发的市场衰退似乎已经基本过去了。纽约时报2001年9月11日的头条新闻报道了市长向大家致意，说明9月10日没什么重要新闻。9月11日的开市前指标和纽约当天的天气一样好，直到上午8点46分（此处指"9·11"恐怖袭击事件）。

② 此处是指资产的当前市值低于对银行的债务，客户处于资不抵债的状况。——译者注

当然，处于水线以下并不等于总负债超过总资产。但是，他们的资产产生现金流的能力可能受到打击。

如果客户仍然有赚钱的能力，那么请牢记，延迟退休或复出工作也是一种选择。他们的工作意愿可以留待下一部分内容中讨论。现在，请计算如下几种情景下收入的现值：全职、兼职、工作一年、工作五年等。

下列问题的答案会很有帮助：

- 投资组合剩余部分的当前价值是多少？
- 客户生活方式所需资金成本的现值是多少？
- 是否有可以推迟或延期的未来负债？
- 是否愿意继续保持工作状态？
- 生活方式中有没有一些部分是次要的？
- 是否可以从整体上简化生活方式？
- 是否拥有可以变现的其他资产？

分情况讨论

接下来，我们准备对客户的当前境况进行分类讨论。有些客户可能需要调整养老金投资组合，但基本上没有大问题。他们或许对遭受的损失感到不满，并且后悔没有及时改变投资方式，不过他们未来的生活仍然有保障。

有许多人则处于危险境地，需要付出努力和保持警惕。不过，通过生活方式的调整、审慎的承担风险以及稳健的风险管理，几年后最终能收获更好的结果。该群体的成员可能面临一定程度的资金不足的问题。如果尚未退休，他们或许可以在退休前修正投资组合。同时，他们有必要承担一些额外的风险，但需要谨慎和仔细地考虑后再做出选择。

第三类群体的资金严重不足。该群体中的大多数人已经退休了，且无力重返工作岗位。他们面临着生活水平的大幅下降，如果不愿意承担非常大的风险（或许是不明智的风险），最好的方法可能是通过年金的方式，来保证一定水平的定期收入——但是这一水平可能远低于过去的预期。

制订行动计划

在完成境况评估后，需要着手为你的客户制订计划。请注意，对于上述每一类别，你给出的选择方案都有可能令某些客户不快。你希望提供预期成功率最高的方案，但同时也要根据客户的需求进行调整。对于资产状况健康和处于危险境地的客户，你能有好几种选择；而对于损失严重的客户，则没什么选择的余地，他们最好的结果也许就是不再损失更多的本金。

请确认你已准备好。你可能需要和情绪非常激动或愤怒的客户进行讨论。为了说服客户，你必须清楚地明白为什么你提议的计划是最好的。

资产状况健康的客户

从表面看来，这应该是最容易应付的客户群体，但仍有可能相当困难。好的一面是，相对于生活方式的需求而言，他们的资金仍然富余，并且还拥有一定的可自由支配财富。而另一方面，大部分的可自由支配财富也许已经消失了。过去他们觉得自己处于小康的状态中，而现在可能会感到预算变得紧张了。有时候，实际情况和人们的感受也许并不一致。

对于该群体，最安全的计划是立即转换为养老金投资组合。通过彻底的转换，使生活水平避免进一步的下降。他们很可能认识到之前的损失只是抵消了一部分未来的收入，并且在市场出现转机时，他们仍有机会追求超额收益。由于此类客户仍处于资金富余状态，该计划可以静态（第七章）或主动（第九章）的方式进行，这两种方式都是值得推荐的。

该客户群体无须延长工作年限或降低生活水平。他们做出的任何合理调整都有利于重振追求超额收益的子组合，并可能使组合更符合他们的期望。

如果客户不愿意选择这种最安全的方法，那么所有的投资组合结构都会对其生活方式构成威胁。假设有一位客户仅储备了二分之一的保底资产，而将其余资产全部用于追求超额收益。显然，他期望未来的上涨可以保障生活需求。然而，该计划的风险就在于某些时候，客户可能连剩余需求对应的资金现值都达不到。如果采取被动策略，那么成功或失败的结果就是二元的；如果采取部分主动的策略，也就是说产生的整体或部分收益可以用来满足保底支出需求，则部分成功的可能性更大，但仍存在失败的风险；如果采取完全主动的策略，那么该过程就能得到更好的管理。

处于危险境地的群体

若客户剩余资产价值与生活需求资金现值的差额在20%以内，则可以判定其处于危险境地。从资金差额20%到资金充足的客户，都属于该类别，但这一群体几乎没有资金配置预防性资产或追求超额收益。

对于该客户群体，延长工作年限、推迟消费、简化生活方式以及变现其他资产都是很有效的选择。现在，假设理财顾问已经与客户讨论了上述选项，因此我们接下来提出如下两种投资组合方案：

方案1：年金是一种选择吗？虽然在一年前客户也许对保险解决方案并不感兴趣，但由于客户现在处于危险境地，保险成了更可行的选择。货币化死亡风险或许能够为他们创造少许潜在超额收益的空间。通过改变保底资产的类型，这类客户可以放弃投资组合的控制权来换取对养老生活的保障。

方案2：承担有限的风险。对于这一方案，你需要了解客户能够接受的最低生活水平。这通常意味着将一些不必要的项目和许多度假旅行支出从保底概念中移除。这些项目会被重新定义为美好的非必需品。上述做法的核心在于构建真正的最低限度的保底资产。在静态框架下，人们可以在该水平上保证基本生活，并且当我们不考虑预防性资金时，可以将其余资金用于追求超额收益。这通常意味着，在某些年份，客户将享受到充裕的额外资金，而在有些年份收入却很低。在一个动态的方案中，你需要对止盈策略与止损意愿进行合理规划。其技巧在于科学利用资产的波动率，而不是任其摆布。你需要了解何时应该停止操作，并且坚守准则。如果你希望设法弥补损失并能够回到起点，那么聪明的做法就是去合理寻求规避风险的方式。

客户可能愿意让自己的生活方式多承担一点风险以走出困境，但这本身也是一种风险。请记住，我们在本章前半部分学到的：保障收益率不低于无风险利率的套保成本并不会随着时间的推移而降低。简单来说，市场对成功的前景并不乐观。有鉴于此，我们需要管理客户的预期，谨慎衡量和监测风险。

我们不主张坚持到底的策略或者仅覆盖养老早期阶段的策略。坚持到底的策略提供了扭转下滑趋势的希望，但如果没有应对上涨或下跌的计划，则仍然存在风险。随着时间的推移不断滚动保底资产的方式也不值得提倡。虽然这种方案对仍处于工作和储蓄阶段的人来说可能是有效的，但人们单纯期望保底资产可以随着时间的推移而增长则是一种错误的想法。

损失严重的群体

这一群体已经不太可能回到资金充足的生活方式，预期生活水平严重下降。延长工作年限并变现其他资产也许可以缓解该问题，但并不是"灵丹妙药"。有些人会接受新的现实，而有些人则拒绝接受现实。

一个安全的选择是充分货币化死亡风险，并在尽可能高的水平上实现年金化。即便如此，客户的生活水平还是会下降，客户仍然要痛苦地面对这个结果。

在这种情形下，风险策略非常危险，因为已经没有回旋的余地。此时，不存在可行的静态或主动策略可以摆脱困境。换句话说，想要承担有限的风险，并回到资金充足的状态，对于他们而言存在不可逾越的障碍。从本质上看，风险意味着投资组合需要很高的 β 值，或者使用杠杆，然而这两种方式都不适用于大多数养老金投资组合。尽管破产法提供了一个类似看涨期权的机制[1]，但是以任何审慎的专家或者投资者的标准而言，这一方案背后的风险高得令人无法接受。

掌控当前的局面

我们在此提供了许多选择，都带有一些明确或者潜在的主动管理的色彩。如果你在实践中更习惯聚焦于静态策略，那么在某种程度上，你需要为这些客户放弃你的传统观念。你可以重温本书的第九章，了解如何通过不那么频繁的监测实现你的投资目标，但不频繁绝不代表不需要监测。

在整本书中，我们都在尝试展示养老金投资组合与传统理财规

---

① 这里是指通过破产使损失控制在一定范围内。——译者注

划有哪些不同。笔者想要传递的观念是，综合期限和生活方式需求的考量，对投资组合做出的简单改变，可以对退休生活的质量产生重大的影响。我们进一步展示了，上述改变大部分都很简单、可扩展，并且能够融入你当前的业务模式。希望你思考如何将养老规划服务纳入你的业务范围，这对你和你的客户都将大有裨益。

总结

2009 年，数万亿美元的客户资产烟消云散。受损客户的指责和抱怨已经接近尾声，而收复失地的计划正在拉开序幕。理财顾问需要帮助客户重建投资组合，并重获客户的信任。

在零售金融领域，有大量解决方案用于治疗"生病"的投资组合。然而，这些方案就好比金融领域的民间偏方，通常起不到改善作用，反而可能使情况更糟。在 2008 年的金融危机之后，金融咨询服务的可信度遭到了前所未有的质疑，大家亟须重获公众信赖。因此，本章揭示了有关长期风险的诸多谜团。长期投资是有风险的，风险往往随着时间的推移而增加。需要记住，市场的实际情况和我们的期望可能完全不同。

我们还探究了在实践中摆脱困境的最佳步骤。在过去 25 年中，一直容忍错误观念和糟糕建议的业务模式最终破坏了我们的生活。零售金融业的声誉和前景受到了 20 世纪 30 年代以来最大限度的质疑。读到这里，你们也许开始担心自己的未来。不过，本书的目的不是要讨论客户和金融服务行业面临的挑战，而是着眼于构建一个更有利于客户和理财顾问的业务模式。笔者希望这对你和你的客户有所帮助。

附录 A　生命周期规划的理论研究历程

为了帮助我们理解个体在一生中是如何做出消费、投资规划决定的，学术界已经提出了许多不同的模型。其中，雅里（Yaari，1965），萨缪尔森（1969）与默顿（1971）在这一论题上做了开创性的工作。他们的模型普遍认为，作为完整生命周期研究的组成部分，投资与消费的最优决策问题往往需要整体考虑。而所有模型的结果都指出了消费（相对于收入的所有行为）决定对个人财富的重要性，也着重指出了个人对于降低消费波动的重视程度。

早期的模型主要关注消费选择对于总财富（而非总收入）的重要程度、平滑消费的重要程度以及传统模型的推论——对于风险厌恶的个人来说，为了保障一个较为稳定且平滑的消费规划，他们愿意付出一定的成本。而近期的研究方案在此框架下有所拓展。一些更为现代的模型能够帮助我们理解，在个人设定其独特目标时，会产生多么巨大的表现差异。举例来说，托尔普（Thorp，2005），霍尔内夫（Hornff，2006）以及夏普（Sharpe）、斯科特（Scott）和沃森（Watson，2007）的研究是可以参考的。我们还会跟随学术的进展，来介绍一个更加一般化的行为模型，正如拉克斯

（Lax，2002）指出的那样，该模型允许个人的生活水平受到"习惯养成"现象的影响，从而出现保底生活方式偏好随着财富的增加而逐步增加的现象。对于我们的目标而言，这些一般性的模型是最引人注意的，因为这些模型能够帮助我们把不同的人群区分开来，并且帮助我们能够更好地了解应该如何将各类解决方案应用在不同类型的人群上。

模型

因为经济学模型中各类简化条件的存在，这些模型除去粗略概括作用之外的用处不大，所以这些模型往往达不到预期的效果——这些模型非常适用于课堂教学，却经不起现实的考验。因此，相较于专注钻研单个模型的结论，更有效的研究方式是概览大量的模型，从中精炼出这些模型结论的共同点。这样，我们就能够通过整合共同点的方式，更便捷地判断各种信息的实用价值。而在行为经济学中，双曲型绝对风险厌恶型的效用函数是一类覆盖宽泛的函数类别。它包括了现实中所有常用模型的效用函数，各类常用模型往往是 HARA 型函数的特例。而该模型的宽泛性使我们能够更好地看到不同财富的人群在风险偏好方面的不同表现以及相应的不同结果。

接下来，我们要借助 HARA 的框架，展示个体在有限的人生中是如何选择无风险资产与风险资产的配比的，又是如何做出消费和投资的选择的。在我们讨论的情况中，我们首先假设每个人都有一个固定的最低消费需求。① 而该模型可以很容易地拓展到最低值

---

① 有些作者会将最低需求的消费水平称作生存必须消费，由于对生存必须消费这一概念可以有不同的主观说法，我们在本书中用消费下限（consumption floor）以及生活方式下限（lifestyle floor）来表达相同的意思。

随时间变化的情形中——这似乎是更能反映实际行为的模型。

我们假设投资者对消费的偏好函数会随着时间而改变，时间点 t 对应的偏好函数如下：

$$U(C,t) = \delta^t \frac{(C - C_F)^\lambda}{\lambda}$$

其中，U 代表投资者的效用函数，δ 为折现率（刻画投资者对消费的提前偏好），C 为每期的消费，λ 为投资者的风险厌恶参数，C_F 为最低消费需求。记 W 为总财富，α 为配置风险资产的比例，r 代表风险资产的收益率，r_f 为无风险收益率，那么投资者的生命周期投资消费最优化问题可以表述为以下形式：

$$\max E[U(C_t, C_{t+1}, \cdots, C_T)] = \max E[\sum_{i=0}^{T} U(C, t+i)]$$

$$= \max \sum_{i=0}^{T} \delta^i E\left[\frac{(C_{t+i} - C_{F,t+i})^\lambda}{\lambda}\right]$$

其中，财富数值满足 $W_{t+i+1} = (W_{t+i} - C_{t+i}) \times [\alpha_t r + (1 - \alpha_t) r_f]$ 以及终值条件 $C_T = W_T$。当最低消费水平固定，且风险资产的收益率符合对数正态分布时，英格索尔（Ingersoll，1987）证明了最优消费规划能表达为以下形式：$C_t^* = C_F + f_t^{pct}(W_t - PV_{未来最低消费})$。

上文中的最优形式说明，投资者每期的最优消费是由最低消费需求以及可自由支配财富（超出最低消费需求）按一定比例构成的。通常，f_t^{pct} 的值是由剩余生命年限、风险厌恶程度、风险资产的分布参数及无风险收益率共同决定的。在各类特殊模型中，f_t^{pct} 得到的不同结果也说明了，在对风险资产进行刻画时，保留模型的灵活性非常重要；同时它也指出，大量的所谓"万能方案"都是存在缺陷的。

通过简单的例子，我们可以获取一些有关支取比例的直观感受。对于一个最低消费需求 $C_F = 0$ 而偏好函数为对数形式的投资者而言，可支配消费的提取比例 f_t^{pct} 由剩余年限与提前消费偏好共同决定：

$$f_t^{pct} = \frac{1}{1 - \delta^{T-t+1}}$$

而对于一个完全没有提前消费偏好（$\delta = 1$）的投资者而言，可支配消费最优提取比例函数可简化成以下形式：

$$f_t^{pct} = \frac{1}{T - t + 1}$$

对于这样的个体，可自由支配财富的支取速率将在其剩余生命年限中保持恒定。而现行 IRA 支取规划的最低支取比例在形式与上面的公式相似，仅仅是将 $T - t + 1$ 替换为精算中的预期寿命。根据前述推论可以得出的直接结论是，仅对那些清心寡欲的投资者（他们生活所需的最低消费水平为 0 且没有提前消费偏好）而言，上述的支取计划是最优的。当个体生活方式最低的需求①接近或者超越其所拥有的财富时，他们也会有更大的动机将死亡风险货币化，或者承担更多的市场风险。

而在某些模型中，f_t^{pct} 会依赖投资者风险厌恶系数。通常，在这一类模型中，风险厌恶程度越高的人，在退休的早期表现得越节俭。直到提前消费偏好和所剩无几的寿命两大因素的作用超过风险厌恶因素，这一现象才会改变。在这种情形下，对于恒定的最低消费水平（$C_{F,t} = C_{F,t+1}$）而言，投资者的消费会随着时间逐渐增加；而消费增加的速度可能是缓慢的，也可能是十分迅速的。

虽然所有的模型得到的最优投资方式都希望将消费资产分割为

---

① 这可以解读为生活方式的最低需求中包括了计划遗赠的部分。

最低消费需求加上一部分可自由支配的财富的形式，但是每个单独的模型在如何创造可自由支配的财富、如何对其进行提取方面，都给出了特有的解决方案。

举一个具体的例子，英格索尔（1987）证明了配置于风险资产的最优比例应该是如下形式：

$$\alpha_t^* = \frac{W_t - C_t^* - \left(\dfrac{\hat{W}_{t+1}}{1 + r_f}\right)}{W_t - C_t^*} \alpha^P$$

其中 C_t^* 为投资者生活水平下的最低消费，α^P 为没有最低消费限制时的最优投资比例，$\hat{W}_{t+1}$ 为未来生活支出下限在 $t+1$ 时刻的现值。该最优投资比例说明，为了满足投资者未来生活方式的需求，最优解决方案中会将最低消费水平所需的部分资产锁定为无风险资产进行配置，而剩余的部分才会配置到风险资产。

到目前为止，我们假设生活水平的最低需求是名义（不考虑通货膨胀）以及恒定的。而名义且恒定的生活水平下限意味着，当名义消费水平随通货膨胀提高时，这一最低下限（该下限代表的实际消费水平在不断下降）就会显得越发无关痛痒；同时，投资于风险资产的比例随着时间的推移会不断提升，这样是不符合我们观察到的投资行为的。经验研究得出的结论是，在退休之后，投资会慢慢远离风险资产。

生活水平的提升与 "习惯养成" 现象

自亚伯（Abel，1990）与康斯坦丁尼德斯（Constantinides，1990）完成重要工作以来，"习惯养成" 现象在解释消费和投资决策过程中的应用越来越频繁。相关模型涵盖的范围很广，并且与观察到的典型事实相一致——个体的生活水平会随着财富的增长而提高，但是当财富下降时，生活水平却不会以相同的速度下降。

下面的大部分内容是基于拉克斯（Lax，2002）的工作展开的，他利用了一个简单的"习惯养成"模型来推导最优的消费–投资策略。"习惯养成"模型不难理解，这一理论源自生活经验，人们总是能很快地适应一个更高的生活水平。而这之后，他们会非常不情愿再返回原来的较低的生活水平：他们希望能够保持住他们已经习惯的生活水平。在拉克斯提供的框架中，他设定：

$$C_F(t) = \rho C_F(t-1) + hC(t-1)$$

其中，ρ、h 是恒定的，并且 $\rho + h < r_f$。

对上面的方程可以做如下解读：当前的消费下限可以表达为上期的下限与消费的函数形式。简而言之，上述方程可以看作实际消费水平的短暂提高引起消费水平下限的逐步上升。而名义消费下限恒定是 $\rho = 1$、$h = 0$ 时的一个特例。当 $\rho = 0$ 时，消费下限变得易于改变，并且具有了所谓的马尔科夫性质。

拉克斯通过推导得出，它的模型具有以下封闭形式的解：

$$C_F^*(t) = X(t)W(t) + Y(t)C_F(t)$$

其中 $X(t)$ 刻画的是财富的增长速度，$W(t)$ 代表当期财富，$Y(t)$ 代表消费的增长速度，而 $C_F(t)$ 代表当期的消费下限。其中，财富以及消费的增长速度是由个人特定的历程与偏好决定的。

对于上述的"习惯养成"模型，风险资产的最优配置由下式给出：

$$\alpha_t^* = \alpha^P\left\{1 - \left[\frac{PV_t(\text{FHL})}{W(t) - C(t)}\right]\right\}$$

其中，α_t^* 为最优的配置策略，α^P 为原始模型的最优解，而 PV_t（FHL）为未来消费金额的现值。消费水平下限上涨的速率由消费下限的初始水平决定。高起始水平的"习惯养成"这一名词指的是，个人初始的消费下限相对于总财富较高的情形；而低起始水平的"习惯养成"这一名词指的是，个人初始的消费下限相对于总财富较低的情形。在可行范围内，两个极端的初始情形会造成非常迥异而有趣的结局。

高起始水平的 "习惯养成"

当起始的消费下限相对于财富水平较高的时候，未来消费水平上升的空间会随之变小。图 A.1 展示了"高起始水平习惯形成"的模拟结果，其中采用的拉克斯模型参数为 $\rho = 0.5$，$h = 0.5$。该图告诉我们，在拉克斯模型中，如果消费下限的初始值相对于财富处于较高水平，那么整体的组合财富会迅速下降，并且生活方式改进的空间也会变得很小。值得注意的是，虽然随着投资者逐渐习惯更高的消费水平，消费水平下限也在逐步提高，但是实际消费水平提高的速度是非常有限的。

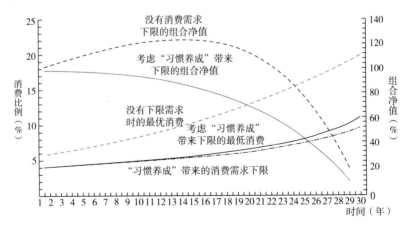

图 A.1 拉克斯模型结果：高起始水平的"习惯养成"结果

低起始水平的 "习惯养成"

图 A.2 与图 A.3 展示了低起始水平的 "习惯养成" 情形下模拟结果的特点。在这种情形下，投资者初始几乎没有消费需求下限，但随着其消费的增长，下限就出现并逐步提高了（仍然是 $\rho = 0.5$，$h = 0.5$ 的情形）。值得注意的是，在图 A.2 中，消费需求下限随着消费水平的提高而高速上升。初始时，个人对生活方式毫无需求，但是这种情况迅速改变，生活方式的需求会随着财富的增长而迅速提高。

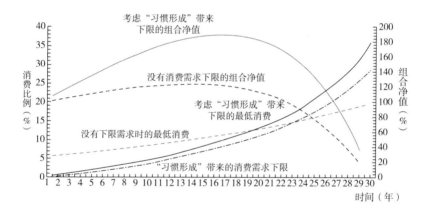

图 A.2　拉克斯模型结果：低起始水平的 "习惯养成" 结果

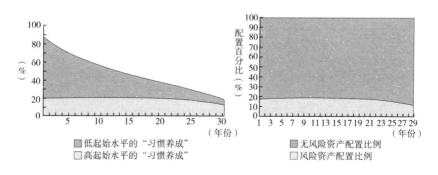

图 A.3　不同情形下风险资产的配置比例

293

在图 A.3 中，组合配置显示出一个非常有趣的情形，因为其展现的结果与风险资产配置比例随着剩余年限逐渐下降的传统观念是吻合的。图 A.3 也向我们展示了，在"习惯养成"现象中，高起始水平与低起始水平得到的风险资产配置比例的演进过程是截然不同的。一旦投资者退休，随着最低消费水平的上升，投资组合会配置更低比例的风险资产，而更高比例的资产会投向对生活水平的保障上。

对于一个较长的时间区间而言，未来消费需求的现值是很高的。所以，对于那些还有较长时间需要考虑的投资者而言，这一因素会推高无风险资产的配置比例；拉克斯将此现象称为年龄效应。但从这一点出发，随着剩余年限区间的缩短以及消费需求现值的减少，这一现象会导致无风险资产配置比例逐渐下降。然而，对于那些剩余年限较长的投资者而言，相较于剩余年限较短的投资者，他们的消费水平会更高。这会使其配置更多的无风险资产，来应对上升的消费水平需求。这意味着在经历了之前的消费水平之后，未来的消费水平会在此基础上逐渐上升。相较于其财富而言，如果投资者初始的消费水平较低，那么消费水平下限只会逐渐提高，所以他们配置于风险资产的比例会随着时间而下降。否则，在投资者初始配置于保障消费需求的资金比例就已经很高的情形下，由年龄效应带来的影响（无风险资产比例随时间下降）会与未来习惯消费水平提高所带来的影响（无风险资产比例随时间上升）抵消。

生命周期投资与消费行为的经验研究

事实上，似乎并不存在对所有人而言都合理的最优资产配置和消费计划。从这个角度来看，那些据说是无所不能并且提供了完美退休计划的产品，事实上最多也只是符合了某一部分人的需求——

即使它的确是有效的。因此，理解行为背后的动机，并且为个体间的种种差异留下或多或少的灵活性，从而能够满足不同人群的不同情形，是退休解决方案成功的最核心的要素。我们致力于为不同的个人投资者提供可行、最优并且定制化的消费与资产配置建议，同时也努力让模型适用于群体客户。我们将在下面展示一些与本书论题相关的经验研究得到的重要的结论。

资产配置，风险承受能力与财富

- 巴杰特·史密斯（Bajetlsmit，1999）利用有关健康与退休的调查，发现了投资者具有相对风险厌恶递减特性的证据。

- 在消费者金融调查（Survey of Consumer Finance，简称 SCF）以及美国教师退休基金会（TIAA-CREAF）提供的面板数据中，阿美里克斯（Ameriks）与扎尔迪斯（Zeldes，2004）并没有发现任何支持在仅考虑年龄的情况下，风险厌恶程度逐渐提高的证据。这一点发现尤其重要：单一的年龄因素并不会带来逐渐减少风险暴露的诉求；与其说这一现象是由年龄引起的，不如说年龄增长与风险暴露降低仅仅是同步发生的两个现象。而在应用中，这一结论告诉我们，生命周期中下滑曲线的设计更可能成为退休后资产配置规划（而不是退休前的配置规划）的解决方案。

- 卡罗尔（Carroll，2000）根据金融消费调查（SCF）的数据，指出较为富裕的投资者相较于一般投资者，在风险资产上的配置比例会高很多，这体现了 DRRA 现象的存在。

- 戈梅斯（Gomes）与迈克利兹（Michaelides，2004）同样根据金融消费调查的数据，发现风险厌恶程度越高的家庭，会偏向于配置更少的财富在风险资产上。

附录 B 专业人员使用指南

本书主要面向金融专业人员，此处的金融专业人员包含许多子类型和专业群体。为了更好地实现本书的目的，我们针对不同的群体详细阐释了本书对其实践的直接影响。我们主要考虑以下几类专业人员。

- 代理下单的销售人员。
- 募资人。
- 保险规划师。
- 财务规划师。
- 投资组合经理。

对每一类群体，我们都进行了简短的定义，然后讨论该类专业人员应该如何充分利用本书为自身的实践提供参考。针对每一类群体，我们都介绍了如何吸引滚动资金、创造黏性资产、为自身寻找机会以及为客户创造策略价值。

代理下单的销售人员

代理下单的销售人员通常被称为"经纪人"。这些专业人员持有系列 6 或系列 7 的注册资格证书。许多人持有 FINRA（美国金融业监管局）执业证书和保险从业执照。

大多数交易驱动模型不需要对客户有深刻的了解。交易通常是一项批量业务，只需要简单且可扩展的讲解。这些专业人员时刻关注于研究企业、企业行为以及成功的客户流。[①] 这是一个将卖方分析师创造的观点和利益转变为价值的群体。销售能力可以通过理财规划和竞争得到提升，寻找能够吸引各类客户的可重复交易也是一种提升销售能力的重要方式。

如果除了年龄之外没有其他详细的客户资料，以代理下单的销售人员可以帮助客户建立一个养老金投资组合，只需在他们现有的投资组合中添加本息分离债券（见第五章）。现时和未来的交易机会主要来源于四个方面。

流动资产。当我们试图从 401（k）计划中吸引流动资产时，IRA 账户的优势是能够为特定客户定制投资组合。为此，构建保底投资组合明确了资产和退休后生活方式之间的联系。大多数 401（k）计划针对不确定的客户，因此 401（k）计划较少提供普通债券型基金以外的资产，这无益于锁定退休组合的保底资产部分。通过流动资产，你可以按照客户需求定制投资组合，并且能够很好地实现可拓展性和税收效率。

理财规划。虽然客户仍在储蓄和积累资产，但购买本息分离债券是战略性行为，即将年度缴费专用于保底投资组合；或者使用战术型策略，即当利率很高时，购入本息分离债券，当费率较低时，

---

① 事实上，忽略那些极差的推荐记录，卖方分析师推动了资本的流动和观点的交流。

等待后续的机会购入。购买和增加头寸是大多数客户的天性。他们喜欢建立自己的仓位。这与客户贪婪的天性相适应，也有利于提升他们退休后的生活水平。

流动计划。堆叠和流动是一种利用现有上市资产进行对冲的过程，当负债的到期日超出市场现有的最长到期资产时，需要使用该策略。例如，一位 40 岁的客户可能会在 25 年后即 65 岁时退休，而当前国库券市场上市期限最长为 30 年，客户可能愿意使用 IRA 或流动资产来购买 25～30 年期间的本息分离债券。假设客户的寿命能够超过 30 年，其在 30 年期的位置需要放置好几倍的资产（堆叠）以期在将来可以购买之后到期的国库券（滚动）。随着时间的推移和已上市债券期限的推移，所持债券期限开始向前蔓延，部分堆叠的债券被卖出，并向靠近负债期限的方向匹配。对于以交易为导向的销售人员来说，堆叠和滚动的能力决定了当前和未来的交易。

保险的资本市场。一旦资产累积结束，客户退休，其最低投资组合的交易就会明显减少。在这一点上，客户和理财顾问考虑对投资组合进行部分年金化是有好处的。客户可能对已累积资本的最低投资额感到满意，但考虑长寿风险能够给客户带来一定的好处。这为单纯地讨论长寿保险或年金提供了机会。现有保底投资组合的年金化也有利于充分利用死亡率的优势来提高保底投资组合的水平。总而言之，你可以获得服务佣金，而客户可以获得更高的保底投资额。

募资人

募资人根据资产管理规模（AUM）获得报酬，他们通常是实际理财经理的补充，并重点将资产引向共同基金和独立管理账户（SMA）。与经纪人一样，他们常常拥有 7 系列和 66 系列注册资格证书。

从传统意义上来说，募资人与其客户以及他们所依赖的基金经理有着紧密的联系。通过审视资产管理人的想法、胜任能力以及找到可以为各类客户服务的资产管理者和投资组合的能力，募资人可以增强其聚集资金的能力。养老金作为投资组合结构中的基础而存在。尽管募资人和交易代理人的报酬的计算机制不同，但两者都受益于偏定制化的策略，这些策略既有针对性，同时又带有一定的客观性。

我们的目标是，在除了年龄没有其他详细客户资料的背景下，吸引更多的资产，创造更具黏性的资产。

流动资产。当我们试图从 401（k）计划中募集流动资产时，一个自然的方法是持有固定到期日的金融工具，这样可以帮助客户建立保底投资组合，同时吸引能够获得收益的资产。对于一些募资人来说，如果使用特定的本息分离债券并且费率结构不涉及单个证券，可能会需要使用基于交易和费率收益的混合模型。

无可否认，在撰写本书时，几乎没有基金专门针对固定时间段内的养老金而设计。目前，相对较新的一种做法是采用保险覆盖的投资组合构建方法。从长期债券基金转变为随着退休时间临近而缩短到期日的混合基金，这个过程很简单并且可以自动化，但它比由成熟工具构建的实际保底投资组合的风险更大。

理财规划。在积累期间，无论是在固定还是可支配的配置方法下，将资产从普通基金转移到保底投资组合，可以改善整体投资组合并创造出更具黏性的资产，它强调了从资产积累到资本收获的变化过程。

保持资产管理规模：对于募资人而言，保险的概念往往被忽视。保险通常意味着资产正在消失。但是，有两种类型的保险产品可能会给投资组合带来一定的好处。首先是纯粹的寿险，作为储备和递延年金，寿险足够便宜，能够在尽可能减少资产浪费的同时为客户提供切实的利益。一般情况下，25 年期的保险每美元可获得约10 美分的收益，寿险策略在损耗最少的资产的同时，可以提高理财顾问和客户之间的信任水平。另一种可以考虑的保险产品是前面提到的覆盖型保险（wrapper）。在这种情况下，资产依然在管理范围内，但需额外支付保险费来保证投资组合中被覆盖部分的收益。这些覆盖型保险相对较新，但该产品是专为基于费用的市场设计的。

保险规划师

保险规划师出售的是人寿保险产品和解决方案，他们非常偏好与养老金相关的产品。持有美国金融业监管局 7 系列执照的从业人员可以提供各类保险产品和金融产品。

在对个别客户的需求和风险有更清楚了解的情况下，保险规划师能在养老金市场中获得更大优势。针对退休者的综合需求及如何保证客户的稳定生活，规划师也可以提供一系列稳定的养老金产品。某些附带上行收益的原始保险产品仅有保险的一种用途，如指数连接产品、可变年金、最低年金给付保证以及最低退保利益保证。当然，其他限制更小的产品拥有更多的功能，从而吸引不同的客户。保险发行者更偏向把上行潜力植入产品中，而不再是将其附加在保险产品上。但许多同时在资本市场和保险市场中工作的规划师或许会发现，附加比发行植入更受客户的欢迎。

保险规划师在工作中碰到的一些问题包括：由于需要对投资组合进行大幅调整①，解决方案难以实施；撤销困难②；背负过于复

---

① 也有人将这一问题归结为认知失调，也就是说，部分人认为大幅度调整的原因可能是之前的组合有缺陷。伴随这一问题的第二个问题是，为什么问题会在现在而不是过去或者将来出现？

② 虽然一些人认为可撤销的年金可以更便宜一些，但事实尚无定论。年金解约的行为会传达出一些关于年金持有人预期寿命的信息，通常情况下，预期寿命缩短的年金持有人更可能解约。

杂或者过于昂贵的产品①。即使规划师最终的目的是提供保险产品，较为灵活的方法也能带来更多优势。相较于单纯地关注保险产品，规划师可以把资本市场和保险市场产品结合起来，从而建立起和客户间的良好关系。一个方法是先配置更多的资本市场产品，在对投资者进行教育的过程中逐渐使客户观念发生转变，这有助于建立一个对双方都有利的关系。

总的来说，规划师的目标是通过深度了解客户的需求和风险状况，吸引更多的金融资产。

来自非税收优惠账户的资产。保险产品大多针对中低端市场，且保险合约（特别是附加死亡风险的合约）有延期缴税的特性，使得它们对拥有高额资产和超高额资产的人群来说更有吸引力。一旦401(k)计划和个人养老账户被剔除在外，使用折价债券建立保底投资组合将成为税收的噩梦。但如果保险合同里有延期缴税优惠，除了养老账户的税收优惠之外，人们可以从资本市场保底投资组合产品中获得独特优势。

安全的保底支出。保障保底支出的安全性是必要的。保险规划者可以保底支出为卖点，同时也可以以保底支出的安全性为卖点。资本市场产品有一个缺点，即它们不考虑长寿风险；而年金的缺点则是不同发行方的产品不够多样化。一些机构已经开始提供单一合同、多发行方年金，将其视为一种弥补年金缺点的方法。关注养老金市场的保险规划者也许会发现，即使保底支出捆绑产品包并不吸引客户，他们仍旧可以售出与保底支出安全性相关的部分。

---

① 声誉问题可能是难以预测的，但是想当然地认为声誉问题不存在也是愚蠢的。

财务规划师

财务规划师提供全面的财务规划，通常只收取费用。这些只收取费用的财务规划师一般持有 7 系列和 66 系列的执业证书；还有一些人则想考取合格金融规划员的证书（CFP），以在保险产品领域受到更好的培训。这一群体可能会发现相关养老金专业头衔的价值，诸如养老金管理专业领域的退休金行业协会等。

在与客户有着牢固的关系，并对他们有详细了解的基础上，财务规划师非常适合为客户提供全面的养老金解决方案，包括以下内容。

生命周期规划。生命周期规划是建立养老金解决方案的重要前提。规划过程需要时间和精力。然而，它既提供了一定程度的标准化，也提供了经验知识。规划过程本身可以获得收入，特别是在不需要实际管理资产的情况下。

流动资产。当财务规划师试图从 401(k) 计划中吸引流动资产时，帮助客户习得保底投资组合的知识和能力对双方都是有价值的。财务规划师可以轻易地为许多客户进行大规模的保底投资组合构建，特别是使用诸如本息分离债和年金之类的基础工具。即使在最低水平下，了解保底投资组合开始的年份和期望的投资额度也为未来的行动提供了目标和指南。

理财规划。在积累的过程中，财务规划师能够为客户提供有价值的信息，例如他们当前的投资组合所应负担的最低投资额。因此，财务规划师和客户能够构建一个有保底和超额收益的投资组合，使得保底投资组合没有被锁定的风险变得明确。从概念上讲，划分保底和超额收益投资组合使财务规划师能够帮助客户双边分析保底和超额收益投资组合的累积明细表。

综合解决方案。随着他们对客户需求和风险的了解的加深，财务规划师可以提供全方位的解决方案，不只是构建保底和超额收益投资组合，还能够创建一个投资组合，它能够抵御退休投资组合的许多典型风险，并且在市场低迷的情况下具有弹性。

投资组合经理

投资组合经理通常不直接面对客户。他们主要在机构里工作、管理共同基金和交易所交易基金。大多数人有美国金融业监管局 7 系列和 66 系列的执业证书。令人惊讶的是，即使对那些拥有高级认证学位的人，特许金融分析师（CFA）研究所提供的特许金融分析师证书也很受欢迎。

目前，很少有投资组合经理在养老金领域中构建投资组合。有些可能会被称为"第一代"养老金投资组合构建方法，例如所谓的"目标日期基金"，其目的是积累退休资产。然而，这些构建方法是微不足道的，已存在的可以被描述为"虚有其表"。退休收入领域中投资组合创造的机会是无限的。投资组合经理的目标不同于面向客户的专业人员，因为他们想要创造一种产品，使其从一个基金向一个定向账户滚动是一个不太吸引人的选择。目前，"40 法案公司养老金"正在快速发展，关注这个领域的发展将是有趣的。

在不了解客户的情况下，人们可能会认为投资组合经理解决养老金投资组合的能力不足，但事实并非如此。投资组合经理对养老金投资组合市场影响最大的领域如下。

积累和消耗资产。创造一种在一段时间内累积保底投资组合并且伴随着已知、固定支出的投资组合（封闭式、开放式、票据、单位投资信托和交易所交易基金）的机会比比皆是。从思想上来看，这些投资组合是对众多封闭式和单元投资信托实践的自然延伸。实际上，这和保障保底投资组合是不同的，并取决于其是否为完全纳税或税收优惠账户。

保底和超额收益投资组合的金额支取管理。投资组合可以通过结合累积超额收益投资组合和覆盖固定时间期限的保底投资组合进行构建。无数的机会存在于超额收益投资组合的潜在来源和支付选项，如线性加速或递延保底投资额。

词汇表

理财计划：理财计划是指在给定风险水平的情况下最大化预期收益的投资组合，这类投资组合为未来支出提供资金，尤其适用于未来支出离目前足够远，以致投资者并不认为需要为未来的消费支出储备流动资产的情况。

年金（名义）：年金（名义）是指在固定期限或者不定期内的支付现金流。传统的年金只在持有人的有生之年进行偿付。这样一来，不定期年金就成为伴有死亡风险的永续年金。你在未来的存活概率可能使年金比永续负债更便宜。

年金（实际）：年金（实际）是指在固定期限或者不定期内的支付现金流，并且每笔现金流的数额会随着某种价格指标的变动而调整。变动的目的是保证各期提供的现金流都有相同的购买力。

平值：当标的资产的价格与以该资产为标的资产的期权行权价相同时，称该期权为平值期权。例如，如果股票 ABC 当前的交易价格为 100 美元（该价格也称即期价格，即当前购买的价格），以 ABC 为标的资产的期权行权价为 100 美元，则该期权就被称为平值期权（有时被称为"平值，即期"）。

平值，远期：与上面的"平值"类似，但是对等的是标的资产的远期价格。对于期权交易员来说，标的资产的远期价格及其分布是期权定价和对冲的基础。

资产负债表（企业）：企业资产负债表是一种双向填列的报表，一端是企业的资产，另一端是负债和所有者权益。所有者权益起到平衡资产和负债的作用。当资产恰好等于或者超过负债总额时，称该公司有偿还债务的能力。资产负债表的填列需要遵守严格的会计准则，虽然会计准则可能使真实价值变得模糊不清。

资产负债表（经济）：经济资产负债表是一种双向填列的报表，一端是企业的资产，另一端是负债和所有者权益。在确定某一实体的市场价值时，经济资产负债表是一种非常有效的工具。这种资产负债表会将实体视作一系列资产的组合进行估值，其中可以有无形资产以及难以被考虑在企业资产负债表之内的资产。例如，一种类似外科医生做手术的做法是，展示公司资产的历史成本，这些资产包括建筑、检查表和各种检查工具。然而，经济资产负债表会将资产的当前价值和所有权变更后的现值一同展现出来。因而对于同一个科目，经济资产负债表上填列的数值可能与企业资产负债表不同。

资产负债表（退休者）：退休者资产负债表是一种经济资产负债表，应用合理的市场价格对有形和无形的资产和负债进行估值。

自下而上估计：自下而上估计是指从最具体的细节数据开始的估计方法，需要用到一系列具体项目和精确数据，参见自上而下估计。

资本市场线：资本市场线代表着由不同比例的风险资产和无风险资产构成的组合能够获得的最高收益。像图形所展现的那样，资本市场线以无风险收益率为起点，向上倾斜，并且是与有效边界相切的线中斜率最大的直线。

资本市场财富：资本市场财富等于当期金融资产加上未来投入

金融资产的现值。

固定比例投资组合保险策略：固定比例投资组合保险策略是一种动态再平衡投资组合的风险管理方法，以使组合资产低于最小值的风险保持在一个恒定的比例。CPPI 是一种有效的动态配置方法，允许在确保投资组合最低价值的基础上增强预期收益。

相对风险厌恶不变：具有相对风险厌恶不变特征的投资者在其资产总额变动的时候不会改变其风险厌恶水平。无论其财富升降，投资者都会持相同比例的风险资产。

保底投资组合：保底投资组合是指为了满足客户的目标保底投资组合，其每期所需的最低金额。所需金额的多少取决于客户想要维持的生活方式。一般情况下，其与保底生活方式支出相同。

CPPI 票据：CPPI 票据是基于 CPPI 方法构建的结构化票据，能够提供本金保护，并主要暴露上行风险。

信用风险：信用风险是指由于对手方违约或者无力向债权人偿还合同规定的数额所带来的风险。

缓冲垫：参见投资组合缓冲垫。

风险厌恶系数递减：风险厌恶系数递减是多数投资者展现的一种风险厌恶行为，当投资者所拥有的财富增加时，投资者会更乐于投资风险资产。反之，在退休之后，随着投资者资产的逐步减少，投资者的风险厌恶程度逐渐上升。

可自由支配的财富：与企业资产负债表中的所有者权益相似，可自由支配的财富是指客户资产负债表中资产减去负债所得的差额。

分散化：分散化是指"不要将鸡蛋放在一个篮子里"，分散化通过将风险分散从而降低特定风险带来的影响。分散化确实可以降低风险，但只是在某些特定的情况下。许多学者已经认识到，分散化能够降低某种特定资产带来的特定风险，但仍会包含与金融市场整体环境相关的风险。

动态配置：动态配置是指基金对于不同资产的配置比例会发生变化的一种资产配置方法。两种主要的动态配置方法为可支配法和公式法，可支配法依据一种灵活但有明确定义的标准进行调整。公式法根据预先设定的准则进行调整。参见静态配置。

保底组合：参见保底投资组合。

最低保证型产品：最低保证产品是对各类有最低保障的产品的概括，包括但不限于 GMABs、GMIBs 以及 GMWBs 等。

最低累积利益保证：该产品在可变年金的基础上加入了对某部分组合在某段时期内的收益保障。通常是年金 + 基金 + 做多看跌期权。

最低年金给付保证：该产品在可变年金的基础上加入支付保障，不管某部分组合的表现如何，一旦支付开始，就会保障投资者能够获得的支付额。通常采用年金 + 基金 + 做多远期看跌期权。

最低提取利益保证：该产品在可变年金的基础上加入回撤保障，即一旦支付开始，支付数额就不能下降。通常采用年金 + 基金 + 做多远期回望期权。

人力资本：人力资本是指未来工资收入的现值。

利润表：利润表是指列示所有收入和支出费用的报表。

投资组合保险策略：这是一种相对新的概念，该策略尝试将保险管理和标的资产管理分离，允许理财顾问管理资产而保险只为"消失"的资产部分提供资金。

保底生活方式支出：参见保底投资组合。

市场风险：市场风险是指客户的投资组合中所持有资产的市场价值发生变动，损害投资组合价值的可能性。对于多头来说，这种风险是指资产价格下跌的风险。

现代投资组合理论：现代投资组合理论狭义上是指马科维茨（1952，1959）的研究强调分散化的作用。分散化确实很重要，但是其对保护客户投资组合来说还不够充分。

中转资金：中转资金是指财富发生换手但是还没有尘埃落定。中转资金通常与离婚、借新还旧、企业出让和遗产继承有关。收集运作中的资金一直是理财顾问的技能之一。

价值状态：价值状态是指期权实值、平值或者虚值的具体数额。

导入客户：一种公认的行业术语，指带入一个新的客户并且把客户关系整合到理财顾问的商业实践中的过程。

平滑过渡点：平滑过渡点是指固定收益类证券的配置比例与推荐给客户的最低组合配置比例最接近的时间点。

投资组合缓冲垫：投资组合缓冲垫是指投资组合现值和最低组合现值的差，衡量了在不影响保底投资组合的前提下，投资组合能够承受的最大损失。

现值：现值是指未来收入的当前价值。例如，一年后收到的100美元在当前的价值就是其现值。对个人投资者来说，这100美元的现值的大小取决于投资者的耐心和预期风险。从市场角度来看，这100美元的现值的大小可以参考一年期利率水平。

风险分摊：一个保险术语，是指风险共担，使风险在整个群体之中进行分散。

风险共担：参见风险分摊。

风险转嫁：风险转嫁能够使一个事件的风险完全转嫁到另一个群体上，典型的风险转嫁工具是期权工具，如看涨和看跌期权。

套筒：套筒是指将产品按照所属类别汇总的做法，可以用于菜单驱动式投资组合模板的构建。通常，大型咨询公司会引导其理财顾问在不同产品类型之间进行配置，而不是在特定产品之间进行配置。咨询公司会建议理财顾问在某一特定的产品类型（套筒）上分配 $x\%$ 的资产，而不是在将 $x\%$ 的资产投资到某种特定产品上。这样，理财顾问在面对客户时有一定灵活操作的空间，包括推荐不同的产品、基金和基金经理。例如，如果建议配置大市值的股票，在大市值套筒内部，就会有一系列理财顾问可以推荐的大市值型基金。

社会资本：社会资本来自某些社会协议的现金流折现，不包括直接付款。社保收入和转移支付都被包含在社会资本内。

堆叠和滚动：堆叠和滚动是指对冲期限长于市场现有产品期限的风险暴露过程，在这种情况下，对冲是使用期限最长的流动资产进行堆叠的过程，随着时间的推移，堆叠之外的部分会慢慢具备流动性（可交易），从而可以将堆叠部分继续向前滚动。

静态配置：静态配置是指从基金成立到到期，基金中各类资产的配置比例保持不变的配置策略，其包含周期性再平衡的配置策略以实现其静态目标，参见动态配置。

自上而下估计：自上而下估计是从高层次开始进行估值的过程，即在对细节进行加总之前先从终点位置进行估值。参见自下而上估计。

通货膨胀保值债券：该类债券的面值会按照通货膨胀率的水平进行调整，在每个月末，通货膨胀保值债券会按照三个月前的城镇 CPI（而不是季度调整的城镇 CPI）重新计算账面价值。在通货紧缩的时期，通货膨胀保值债券的面值最低为 1 000 美元。通货膨胀保值债券的付息频率为每半年付息一次。

可变年金：可变年金包含共同基金的年金。一般情况下，可变年金会提供一系列的基金选择。支付的金额一般是在最小值的基础上加上一定比例的附加基金价值。

本书于 2008 年 9 月至 2009 年 7 月编写，这期间的大部分时间，市场都处在"抽风"的状态，与其整天盯盘，还不如做一些更有意义的事情。当然，写书也不意味着笔者在一个真空环境中独自工作，没有其他人的慷慨帮助。

许多人在专业技能、章节设置、行文风格上为本书做出了贡献。许多人帮助研究、佐证或定义文中的论点。还有一些人为笔者提供了写这本书的动力。

退休收入行业协会（RIIA）的成员和分支机构提供了很多帮助，包括弗朗索·瓦格达恩（François Gadenne，RIIA 主席），史蒂夫·米切尔（Steve Mitchell，RIIA 首席运营官），鲍勃·鲍威尔（Bob Powell，市场观察网的编辑），艾文·特纳（Elvin Turner，特纳咨询有限公司），格雷格·切里（Greg Cherry，RIIA 研究委员会主席）和里克·米勒（Rick Miller，明智金融）。

兹维·博迪（Zvi Bodie，波士顿大学），拉文德拉·科内鲁（Ravindra Koneru，普林斯顿大学基金会），拉里·考利考夫（Larry Kotlikoff，波士顿大学），约翰·兰伯特（John Lambert，美国银行），刘方（Fong Liu，巴克莱），亚·卢萨迪（Annamaria Lusardi，达特茅斯大学），摩西·弗斯基（Moshe Milevsky，约克大学），阿曼多·里科（Armando Rico，美林）和内文卡·夫弗拉贾克（Nevenka Vrdoljak，美国银行）提供了极富智慧的建议。

在文章具体的写作和推敲过程中，约翰·卡尔（John Carl，退休学习中心），伊丽莎白·陈（Elizabeth Chen，美林证券），基思·海燕（Keith Heyen，富国银行），米迦勒·口口（Michael Higuchi，美林证券），汤姆·瑞斯（Tom Latta，美林证券），大卫·马斯托（David Musto，摩根大通），肯思·皮肯（Keith Piken，美国银行），鲍勃·拉斯特（Bob Rafter，退休学习中心），吉姆·罗素（Jim Russell，美林），乔治·威尔班克斯（George Wilbanks，罗素雷诺兹），布鲁斯·沃尔夫（Bruce Wolfe，安联），乔·齐特（Joe Zidle，美林）和杰夫佐恩（Jeff Zorn，西北互助保险）提供了慷慨的帮助。

还有很多人激励笔者完成本书的写作，包括卡齐·阿里夫（Kazi Ariff，美国银行），哈维"跳过"勃兰特（Harvey "Skip" Brandt，喜达屋），格伦·沃曼（Glenn Worman，摩根士丹利），吉姆·加特拉尔（Jim Gatheral，美林），劳拉·迪弗雷亚（Laura DiFraia，美联银行），道格·曼彻斯特（Doug Manchester，高盛），格洛丽·亚纳尔逊（Gloria Nelson，雅富顿营销），史黛丝·史考斯（Stacy Schaus，太平洋投资管理公司），鲍勃·特里斯特（Bob Triest，波士顿联邦储备银行），王大斌（Dabin Wang，巴克莱）和莱维·茨威彻（Lainie Zwecher）。

我还想提一下约翰·威利国际出版公司（John Wiley&Sons）的伙伴们，他们的辛勤工作使得本书得以出版，包括帕米拉·范吉森（Pamela van Giessen），艾米莉·赫尔曼（Emilie Herman），凯文·霍尔姆（Kevin Holm）和凯特·伍德（Kate Wood）。

Abel, Andrew B. 1990. "Asset Prices Under Habit Formation and Catching Up with the Joneses." *America Economic Review Papers and Proceedings* 80: 38–42.

Ameriks, John, and Stephen D. Zeldes. 2004. "How Do Household Portfolio Shares Vary with Age?" SSRN Working Paper.

Ando, A., and F. Modigliani. 1963. "The 'Life Cycle' Hypothesis of Savings: Aggregate Implications and Tests." *American Economic Review* 53, no. 1: 55–84.

Arrow, K. J., and G. Debreu. 1954. "Existence of Equilibrium for a Competitive Economy." *Econometrica* 22, no. 3 (July): 265–290.

Backus, D. K., A. W. Gregory, and C. I. Telmer. 1993. "Accounting for Forward Rates in Markets for Foreign Currency." *Journal of Finance* 48: 1887–1908.

Bajtelsmit, V. L. 1999. "Evidence of Risk Aversion in the Health and Retirement Study." Proceedings of the Risk Theory Society.

Basak, S. 2002. "A Comparitive Study of Portfolio Insurance." *Journal of Economic Dynamics and Control* 26: 1217–1241.

Black, F., and R. Jones. 1986. "Simplifying Portfolio Insurance." *Journal of Portfolio Management* 14, no. 1: 48–51.

Bodie, Z. 1995. "On the Risk of Stocks in the Long Run." *Financial Analysts Journal* 51, no. 3 (May–June): 18–22.

———. 2003. "Lifecycle Investing in Theory and in Practice." *Financial Analyst Journal* 59, no. 1 (January–February): 24–29.

Breeden, Douglas T. 1979. "An Intertemporal Asset Pricing Model with Stochastic Consumption and Investment Opportunities." *Journal of Financial Economics* 7, no. 3: 265–296.

Brunnermeier, Markus K., and Stefan Nagel. 2006, December. "Do Wealth Fluctuations Generate Time-Varying Risk Aversion? Micro-Evidence on Individuals' Asset Allocation." SSRN Working Paper.

Carroll, Christopher, D. 2000, July. "Portfolios of the Rich." NBER Working Paper.

Campbell, John Y., and John H. Cochrane. 1999. "By Force of Habit: A Consumption-Based Explanation of Aggregate Stock-Market Behavior." *Journal of Political Economy* 107: 205–252.

Cesari R., and D. Cremonini D. 2003. "Benchmarking Portfolio Insurance and Technical Analysis: A Monte-Carlo Comparison of Dynamic Strategies of Asset Allocation." *Journal of Economic Dynamics and Control* 27: 987–1011.

Constantinides, George M. 1990. "Habit Formation: A Resolution of the Equity Premium Puzzle." *Journal of Political Economy* 98: 519–543.

Duffie, D., W. Fleming, H. M. Soner, and T. Zariphopoulou. 1997. "Hedging in Incomplete Markets with HARA Utility." *Journal of Economic Dynamics and Control* 21: 753–782.

Dybvig, P. 1995. "Dusenberry's Ratcheting of Consumption: Optimal Dynamic Consumption and Investment Given Intolerance for any Decline in Standard of Living." *Review of Economic Studies* 62: 211–287.

Friedman M. 1957. *A Theory of the Consumption Function.*" Princeton, N.J.: Princeton University Press.

Gale, William G., and John K. Scholz. 1994. "Intergenerational Transfers and the Accumulation of Wealth." *Journal of Economic Perspectives* 8, no. 4: 145–160.

Gomes, Francisco, and Michaelides, Alexander. 2004. "Optimal Life Cycle Asset Allocation: Understanding the Empirical Evidence." SSRN Working Paper.

Horneff, W. J., R. Maurer, O. S. Mitchell, and I. Duis. 2006. "Optimizing the Retirement Portfolio: Asset Allocation, Annuitization and Risk Aversion." NBER Working Paper 12392.

Ingersoll, J. E. 1987. *Theory of Financial Decision Making.* London: Rowan-Littlefield, Savage.

Kingston, G., and S. Thorp. 2005. "Annuitization and Asset Allocation with HARA Utility." *Journal of Pension Economics and Finance* 4, no. 3: 225–248.

Lax, Yoel. 2002. "Habit Formation and Lifetime Portfolio Selection." SSRN Working Paper.

Markowitz, H. 1952. "Portfolio Selection." *Journal of Finance* 7, no. 1 (March): 77–91.

———. 1959. *Portfolio Selection, Efficient Diversification of Investments.* New York: John Wiley & Sons.

Merton, R. C. 1969. "Lifetime Portfolio Selection Under Uncertainty: The Continuous Time Case." *Review of Economics and Statistics* 51, no. 3: 239–246.

———. 1971. "Optimum Consumption and Portfolio Rules in a Continuous-Time Model." *Journal of Economic Theory* 3: 373–413.

———. 1973. "The Intertemporal Capital-Asset Pricing Model." *Econometrica* 41: 867–887.

———. 1992. *Continuous-Time Finance.* Malden, Mass.: Blackwell.

Milevsky, M. A. 1998. "Optimal Asset Allocation Towards the End of Life." *Journal of Risk and Insurance* 65, no. 3: 401–426.

———. 2001. "Optimal Annuitization Policies: Analysis of the Options." *North American Actuarial Journal* 5, no. 1. 57–69.

Milevsky, M. A., and V. R. Young. 2002. "Optimal Asset Allocation and the Option to Delay Annuitization: It's Not Now or Never." Discussion Paper PI-211, Pensions Institute, Birbeck College, University of London.

Richard, S. F. 1975. "Optimal Consumption, Portfolio and Life Insurance Rules for an Uncertain Lived Individual in a Continuous Time Model." *Journal of Financial Economics* 2: 187–203.

Samuelson, P. 1963. "Risk and Uncertainty: A Fallacy of Large Numbers." *Scientia* 98: 108–113.

———. 1969. "Lifetime Portfolio Selection by Dynamic Programming." *Review of Economics and Statistics* 51: 239–246.

Sharpe, W., J. S. Scott, and J. G. Watson. 2007. "Efficient Retirement Financial Strategies." Pension Research Council Working Paper Series, 1–29.

Thorp, S. 2005. "Risk Management in Superannuation." Ph.D. Dissertation, University of New South Wales, Australia.

Wachter, J. 2000. "Habit Formation and the Cross-Section of Asset Returns." Unpublished paper, Harvard University.

Yaari, M. E. 1965, "Uncertain Lifetime, Life Insurance and the Theory of the Consumer." *Review of Economic Studies* 32 (April): 137–150.